JN095935

シリーズ・保育の基礎を学ぶ❷

実践に活かす
子ども家庭福祉

佐久間美智雄・坂本　健

編著

ミネルヴァ書房

「シリーズ・保育の基礎を学ぶ」刊行にあたって

　社会福祉に関する代表的な資格として，保育士，社会福祉士が挙げられる。両資格とも養成校で学んで資格を取得するのが一般的な方法であるが，その養成課程において，社会的養護を中心とする子ども家庭福祉についての学びはというと，十分な量と質が担保されているとは言い難い状況がある。確かに多くのことを学ばなければならないし，第1，資格を取得してもそれを子ども家庭福祉分野で活かす機会は，それほど多くないものと予想される。もちろん保育所は子ども家庭福祉の実践の場として大きな位置を占めるものだが，「保育」として独立しているように感じられる。児童福祉施設における実践を鑑みた場合，保育所が圧倒的多数であり，次いで健全育成を担う児童館，その後にこれら2つの通所施設を除いた児童福祉施設等ということになる。したがって社会的養護の領域において実践を担う従事者数は，保育所保育士数からすると格段と少なくなる。しかし社会的養護の重要性には，大きなものがあることには論を待たない。子どもたちのより良い生活の構築に当たり，それを支援する職員には，高度な実践の「知」を有することが期待される。

　この度「シリーズ・保育の基礎を学ぶ」として，社会福祉に関する教科目について，実践に活かす上でのバイブルとなることを目標として，全7巻での出版を企画した。指定保育士養成施設のシラバスに沿いつつ，社会的養護施設の実践に丁寧に触れ，子ども家庭福祉における今日的課題を積極的に取り入れることを基本とした。就職への学生の動向をみると，様々な理由から社会的養護関係施設への就職を躊躇することが多いようだが，子どもの全生活を支援する点では苦労も多いが，その分喜びを享受できるのも事実である。これから施設で働こうと考えている皆さんを後押しする，及び毎日の実践に全力で取り組んでいる皆さんにとって，いつでも参考にしていただけるような内容となるよう心掛けた。

社会福祉はさまざまな隣接分野との接点が多い領域だが，近年再犯防止という観点から，社会福祉と司法との連携が強化されている。筆者は矯正分野において長年受刑者処遇に尽力された景山城佳氏から，「心に絆を打ち込む」ことの大切さを学んだ。東日本大震災以降，「絆」という言葉は耳にする機会が多いが，浅学な筆者は「絆」という使い方についてはあまり理解していなかった。『広辞苑第7版』によれば，「絆される」の意味として，「特に，人情にひかれて心や行動が束縛される」との説明が付されている。社会福祉分野と矯正分野では，対象者が異なるわけであるから，そのアプローチの仕方に相違があって当然である。しかし，人を対象とするという点からすれば，社会福祉や教育に従事する私たちも，その対象者に対し「絆」を打ち込むぐらいの気概をもって取り組むことが必要ではないかと考える。そしてこれまでの実践において蓄積されてきたノウハウを令和の時代に継承させていくために，本シリーズが少しでも貢献できれば望外の喜びである。

　年間の出生数（2019年）が90万人を割った今日，持続可能な社会福祉の構築のために，実践知を結集し，魅力ある子ども家庭福祉実践を作り上げるための基礎として，本シリーズが活用されることを願う。赫赫たる子ども家庭福祉の実現に向けて，執筆者一同，読者の皆様と共に努力を重ねたいと思う。

2020年2月

坂本　　健

ま え が き

　社会は時代とともに変化し，家庭のあり方も多様化してきている。そうした
状況の中で，子ども家庭福祉において，児童虐待を受けた子どもや障害のある
子どもなど社会的養護の対象となる子ども，保護者対応や地域の子育て，子ど
もの貧困問題など生活課題も多様化しており，それらの諸課題に対する支援を
行う保育者の役割は重要である。それゆえ，保育者の資質および専門性の向上
は喫緊の課題となっている。支援する保育者は自分の価値観や物の見方・考え
方などを基盤としながらも，多様な価値観や考え方をもつ人たちを受け入れ，
共に「子どもの最善の利益」を考え，行動していくことになる。子どもを第一
優先とすることはもちろん，子どもの生活基盤である家庭への支援も重要である。

　筆者は保育士養成校の教員だが，現場に出た卒業生が学校を訪ねてきて私た
ち教員に，障害児を受け持つことになり「障害児のことをもっと勉強しておけ
ばよかった」とか「あの時の授業のことが現場に出てみてわかった」とか「保
育は正解が一つではないから難しい」といった話をする。

　「理論と実践は車の両輪の如く」という言葉がある。「学びと実践」という言
葉に置き換えてもよいかもしれない。学びが実践を導き，実践が学びを構築す
る。理論（学び）と実践がうまくかみ合ってこそ専門性が高められるのではな
いだろうか。理論だけでは課題解決にはならない。常に学び続けることこそが
対象者の理解，そしてよりよい支援へとつながっていくのだと考える。

　本書は「実践に活かす」ことを目的として構成しており，保育者になるため
大学や専門学校などで学ぶ学生のテキストでもあるが，現場での実践でも活か
せる内容でもある。ぜひ繰り返し読まれる本であることを願っている。

2020年10月

佐久間美智雄

目　　次

<table>
<tr><td>第1章</td><td>現代社会における子ども家庭福祉の意義
と重要性</td></tr>
</table>

1 「子ども観」の変遷と子ども家庭福祉の理念

(1)「子ども」はどのような存在か

1)「子ども」の定義

「子ども」の定義は一つではない。子どもの権利条約（政府訳「児童の権利に関する条約」）では18歳未満の者と定義されている。一方，日本国内の各種法令では，「子ども」の範囲についての定義が法令によって異なっている。児童福祉法では18歳未満としているが，ひとり親家庭への支援を定めた母子及び父子並びに寡婦福祉法では20歳未満としている。また，児童福祉法は児童福祉施設による社会的養護等の援助を，18歳を超えても必要に応じて提供すると規定している。「子ども」に関わる社会制度には，年齢で区切り難いさまざまな課題が存在している。

2)「守られる存在」「自律に向かう存在」としての子ども

私たちの社会は，まだ自立に至らない期間の守られるべき存在として「子ども」を捉え，その福祉を実現するためのしくみを整えてきた。それは最初，どこの国でも，危機に直面する子どもに対して最低限の保護を与えるしくみでしかなかった。しかしやがて，最低限の保護にとどまらず，一人ひとりの子どもの育つ権利を保障し，自己実現へと向かうことができるウェルビーイング[1]を実現することが社会の責務であると考えられるようになった。

現代においては，世界のほとんどの国が子どもの権利条約に批准し，子どもは大人と同様の基本的人権を有し，それを保障されるべき存在であることが，理念的には共有されている。その権利には，子どもが意見を表明する権利や表

現の自由なども含まれる。

　ところで，子どもについて「大人と同様の基本的人権」「意見を表明する権利」が言われることに，疑問を感じる人もいるだろう。たとえば，乳幼児を思い浮かべるならば，権利を行使するどころか，もっぱら大人に依存して命をつないでいる存在のように見えるかもしれない。現実世界で，子どもは親や周囲の大人たちに依存せざるを得ず，絶えずその大人たちの有り様に巻き込まれていく存在である。しかし，だからこそ，周囲の大人，あるいは社会がまず，子どもを独立した人格として認め，子どもが本来もっている権利を尊重し，子ども自身で権利を行使できるように育つこと（自律）を支えなければならないというのが，「子どもの権利」，あるいはこれから学ぶ「子ども家庭福祉」の理念であるといえる。

（2）「子ども観」の歴史的変遷
1）子どもは「小さな大人」とみなされていた

　私たちの社会が，現在のような「子ども観」に至るまでには，子どもの権利という概念さえなかった長い歴史があった。日本の子ども家庭福祉の歩みについては第3章で詳説されるが，ここではイギリスに目を転じてみたい。

　ヨーロッパにおいても，中世は多産多死の時代であった。農民層や手工業者層の子どもたちは召使いや徒弟（親方の元で無給で働く見習い）などとして7〜8歳から働いていた。特権階級を除いては，生活は厳しく短命だった。特権階級においても7歳くらいになると，子どもは大人と同じような服を着て同じような振る舞いをすることを求められた。子どもは7歳頃までは人として見られず，それを過ぎると「小さな大人」とみなされ，大人への準備期としての「子ども期」が認められていなかった。

　子どものための福祉の制度はなく，イギリスにおいては，教会の救済，地縁・血縁，ギルドなどの相互扶助が困窮者を助けていた。孤児や棄児は教会が中心となって施設に収容し，働けるようになれば徒弟に出された。

　イギリスで1601年に制定された「エリザベス救貧法」は，国家による社会保

障制度の始まりとされる。この法律では，貧民を「労働能力のある者」「労働能力のない者」「扶養が保障されない子ども」に分類し，労働能力がないとされた病人などは救済されたが，労働能力があるとされた者は監獄や懲治院に入れられ強制労働を課された。子どもも徒弟に出され，やはり働くことを強いられた。

2）「子ども期」を保障する

18世紀の後半からイギリスでは紡績の機械化などの産業革命が起こり，工場制機械工業が隆盛となった。都市の工場では，貧困層が労働者となって働き，過酷な児童労働が広がった。[(4)]

紡績工場の経営者ロバート・オーウェン（1771-1858年）は，このような状況を問題視し，「人間の性格は環境によって形成される」（環境決定論）と唱え，労働者の生活改善に力を入れた。工場のまわりに5歳までの幼児学校，10歳までの初級学校，働きながら学ぶ夜間の成人学校からなる「性格形成学院」をつくり，貧困の中にいる子どもたちの教育に心を砕いたことから「保育所の父」と呼ばれる。児童労働を規制する1819年の工場法成立に貢献した。

ロバート・オーウェンの教育思想は，子ども発見の書と言われる『エミール』（1762年）を著したルソー（1712-1778年）の影響を受けている。ルソーは，大人とは異なる「子ども期」の独自性を説き，子どもは自発的に探究心をもって自ら育つ存在であるとして，社会がそれを損なってはならないとした。ルソーの考え方は，フレーベルも含めた西欧のその後の教育思想に大きな影響を与えた。

18世紀以降，社会が豊かになるにつれ，市民の子どもにも娯楽が与えられ，教育の対象となり，「子ども期」を子どもとして過ごすことが許されるようになっていったが，貧困層の子どもに手が差し伸べられるのは，後の時代まで待たねばならなかった。

1834年，イギリスでは福祉費用の抑制を目指した新救貧法が成立した。この法律は，救貧行政の統一，劣等処遇，院内救済を原則とし，1795年に始まったスピーナムランド制度によって広がっていた救貧手当などの院外救済を禁じ，

救済は最下級の労働者以下の処遇であるべきとした。子どもに関しては，それ以前から大人の犯罪者や病人などとともに労役場などに収容され劣悪な環境で生活する実態があった。やがて，こういった状況を改善しようと，民間の救済活動が活発化していった。1840年代には，慈善事業家たちによる貧困学校の設立運動が起こり，その普及は少年非行の抑制につながったと言われる[5]。

トーマス・ジョン・バーナード（1845-1912年）は，1870年にロンドンにバーナードホームを開設し，浮浪児・非行児・被虐待児を救済した。また，小規模な施設でケアを行う小舎制や，里親への委託，未婚の母の救済など先駆的な取り組みを行った。バーナードは，親権に対して[6]，不道徳な親や劣悪な生活環境から子どもを分離する施設の監護権を主張し，1891年の児童監護法の制定につなげたが，この考え方が1908年の児童法にも引き継がれた[7]。

このようにイギリスにおける児童福祉は，教会を中心とした慈善活動，労働力化と児童労働からの救済，治安を目的とした保護などさまざまな側面をもちながら発展し，19世紀には子どもの育成のための保護が民間で行われるようになり，それが法制度に反映されていった。やがて20世紀を迎え，社会全体の民主化が進展するにつれ，子ども権利保障に向かう動きはより確かなものとなっていく。

3）子どもを権利主体と捉える

20世紀の2回の世界大戦は未曾有の犠牲者を生み，人類に深い反省をもたらした。国際連合は，1948年に世界人権宣言を，1966年にはこれを条約化した国際人権規約（社会権規約，自由権規約）を採択した。子どもに関して，1924年に国際連盟が採択していた児童の権利に関する宣言を国際連合が拡張し，1959年に新たな宣言として採択した。さらに，1979年の国際児童年の実施を前に，コルチャックの故国であるポーランドが児童の権利に関する条約の草案を提出した[8]。各国による約10年にわたる審議の末，1989年に児童の権利に関する条約（以下，子どもの権利条約）は採択に至った。日本は5年後の1994年に批准した。この経緯および条約の概要については，第3章で詳説する。

子どもの権利条約は，子どもが生命を守られ，その発達を最大限に確保され

4

る権利，さまざまな困難において保護され援助される権利を有していることを示している。さらに，子どもが自分に関わる事柄について意見を表明する権利，表現の自由，プライバシーが守られることなどが保障されるべきことも示している。前者を「受動的権利」，後者を「能動的権利」として分ける見方もあるが，子どもの権利条約では，いずれの内容も，子どもを権利主体として捉えていることに注意しなければならない。

（3）子どもの権利実現への模索

1）子どもの権利委員会の働き

　世界各国の状況はさまざまであり，子どもたちもさまざまな環境の中で生活している。紛争下で命さえ危機にさらされている地域もあれば，児童労働，児童婚，教育機会の不平等・喪失などが問題になっている国もある。豊かな暮らしが保障されているように見える先進国でも，差別，いじめ，貧困などの深刻な問題が存在する。

　現在，196の国や地域が子どもの権利条約の締約国となっているが，これらの国や地域は，条約の実行と進捗状況報告を行うことを義務づけられている。条約によって設置された国連・子どもの権利委員会が定期的に開かれ，締約国政府から報告を受けて進捗状況を審査し，勧告を行うことで，子どもの権利の実現を推し進めようとしている。また，子どもの権利委員会は条約の規定についての解釈を「一般的意見」というコメントの形で発表して，各国が共有すべき理念や認識などを示している。[9]

2）日本における子どもの権利の実現

　経済成長は低迷期にあるものの，現在の日本は「経済大国」と呼ばれる比較的豊かな国である。当初，日本の社会では，子どもの権利条約を発展途上国や紛争のある国に関するものと考え，日本には関係ないと捉える風潮があった。しかしその後，学校におけるいじめ・体罰，子どもの貧困率の高さ，児童虐待相談対応件数の増加などが社会問題となり，日本においても深刻な子どもの権利侵害があることが認識されるようになった。

子どもの権利委員会への日本政府の報告とそれに対する委員会の総括所見の公表は，第5回（2019年3月）まで実施されている。これまでの総括所見で日本政府に再三求められてきたこととしては，子どもの権利に関する包括的な法律の制定，婚外子差別や無国籍児問題など差別的な制度の解消，子どもの貧困対策，障害をもつ子どもの権利保障，子どもへの暴力（体罰，児童虐待）の防止，いじめ・自殺の防止，社会的養護の小規模化や里親への移行，少年司法の厳罰化の修正などがある。子どもの権利委員会の指摘および国内の議論の高まりを受けて，関連する国内法の改正も進められてきた。たとえば，以下のような改正が挙げられる。

① 　出生後に日本人に認知されていれば父母が結婚していない場合にも届出によって日本の国籍を取得できることになった2008（平成20）年の国籍法改正。

② 　親が子どもを監護・教育をする権利義務についての規定に「子の利益のために」という文言を追加して懲戒権に制限を加えた2011（平成23）年の民法820条の改正。

③ 　嫡出ではない子（法律上の婚姻関係にない男女の間に生まれた子）の相続分が嫡出子の相続分と同等とされた2013（平成25）年の民法900条の改正。

④ 　子どもの権利を明記（第1条）し，社会的養護において里親等の家庭養護優先の方向性を打ち出した2016（平成28）年の児童福祉法改正。

⑤ 　従来男子18歳，女子16歳とされてきた婚姻年齢をともに18歳とした2018（平成30）年の民法731条改正（施行は2022年）。

⑥ 　親権者のしつけに際しては民法820条の範囲を超えて懲戒してはならないとした2019（令和元）年の児童虐待防止法14条の改正。

　日本においても法制度の整備は徐々に進んでいるが，軸としての子どもの権利の概念が十分に根づいているとは言い難い分野もあり，今後もさらなる議論が求められている。

（4）子ども家庭福祉における家庭支援の重要性

1）子ども支援と子育て支援

　子どもの福祉の実現にとって，直接的な環境である家庭の有り様は非常に重要である。現行の児童福祉法は，第1条で「全て児童は，児童の権利に関する条約の精神にのつとり，適切に養育されること，その生活を保障されること，愛され，保護されること，その心身の健やかな成長及び発達並びにその自立が図られることその他の福祉を等しく保障される権利を有する」と謳い，第2条2項では，児童の保護者がその育成について第一義的責任を負うとしている。さらに，同条3項では，国および地方公共団体が，児童の保護者とともに，子どもの育成についての責任を負うとしている。

　ここで明確にされているのは，子どもが権利主体であるということである。保護者は子どもの養育に関して第一義的責任を負うが，子どもは親の付属物でも所有物でもなく，独立した人格を有する。子どもは親のもとで養育される権利を有するが，親がその子どもの権利を十分に保障できない場合，あるいは侵害する場合には，社会が家庭を支援することにより，あるいは家庭から切り離すことにより，子どもを守りその権利を保障しなければならない。

　「子育て支援」というと，保護者の負担を減らし，子どもを産み育てやすくするという少子化対策としての側面ばかりが強調される傾向があるが，その根幹的な目的は，家庭支援によって子どもの福祉を実現することにあると考えなければならない。

2）社会構造の変化による家庭支援の必要性の高まり

　この半世紀，私たちの暮らしは大きく変化してきた。女性の職業意識の高まりや生活の必要性から共働きが一般化し，すでに多数派となっている。保育所は，「保育に欠ける(10)」特別な子どもの援助を行う施設と位置づけられてきたが，現在では，共働き家庭，ひとり親家庭，養育困難家庭など，すべての保育を必要とする家庭を支え，家庭とともに子育てを担う社会のインフラとして位置づいている。

　保育とともに役割が大きくなっているのが，地域の子育て支援である。

かつての大家族や集落での助け合いの中で行われてきた子育てと，核家族化や地域関係の希薄化が進んだ環境での孤立しがちな子育ては，まったく条件が異なる。単に人手が少ないというだけでなく，子育てに関する経験や知識，精神的な支えが薄い，子どもを見守り成長を喜び合う関係が身近にないなど，質的な変化が子育てを苦しいものとしている。

家庭が孤立している場合，保護者の物理的・精神的な負担感が大きくなりすぎていたり，家族関係，経済的な状況に問題をかかえていたりしても，外からは見えづらい。見えないところで，極度の困窮，児童虐待，育児放棄，DVなどが起こると，子どもの心身の健康や発達に深刻な影響を与えることになる。

そのようなリスクを減らすため，早期に家庭の支援ニーズを捉え，予防的な支援を多様な形で行うことが，各地の子ども家庭福祉の課題となっている。

社会的養護が施策の中心となってきた児童福祉から，母子保健，地域子育て支援，保育，ひとり親支援，障害児支援，社会的養護などが切れ目なく連携する子ども家庭福祉へ，理念と実践のさらなる発展が望まれている。

2　人口減少社会と子ども家庭福祉

（1）人口減少が止まらない──これまでの日本の少子化対策

わが国の人口は，明治以降年々増加し，1967（昭和42）年には1億人を超えたが，1970年代後半から人口増加率は低下し，2011（平成23）年以降はマイナスで推移している。また，高齢化率（総人口に占める65歳以上人口割合）は，1950（昭和25）年以降，増加の一途を辿り，日本の超高齢社会を形成している。

こうした中，1990年代から少子化対策としての子育て支援政策がスタートした。子ども家庭福祉の一環である子育て支援政策は，保育対策として保育所や保育士を増やすといった量的支援から始まり，働く母親だけでなく専業主婦への支援，さらには父親の子育て意識を高める啓蒙活動というように変化してきた。つまり，量と質，両面からの包括的な支援が求められているとして改正されてきた。しかしながら，2018（平成30）年の合計特殊出生率は1.42，2019[11]

図1-1　出生数及び合計特殊出生率の年次推移

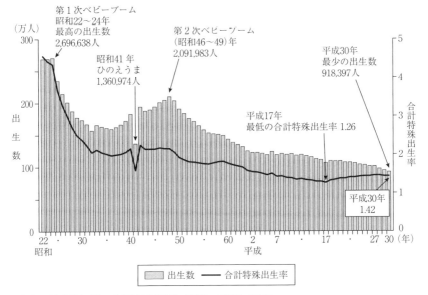

出所：厚生労働省「人口動態統計月報年計（概数）の概況」2018年。

（令和元）年には出生数が初の「90万人割れ」となる見通しとなった（図1-1）。
わが国の人口減少に歯止めがかからない。

　日本の子育て支援政策は，1994（平成6）年の「エンゼルプラン」に始まる。
それまでも，厚生省（当時）による保育所での相談機能の整備や，労働省によ
る育児休業法策定など，子育て支援につながる取り組みは行われていたが，
1989（平成元）年の合計特殊出生率1.57（1.57ショック）を受け，深刻な出生率
低下への対策が議論され始めた。

　「エンゼルプラン」では，子育てを夫婦や家庭だけの問題とはせず，社会全
体で支援していくことをねらいとした。対策としては「仕事と育児の両立」を
支援していくことが挙げられ，保育所の量的拡大や延長保育等の保育サービス
の充実についての整備が進められることとなった。

　少子化対策は，「エンゼルプラン」から5年毎に見直しが図られ，1999（平
成11）年には「新エンゼルプラン」が策定された。この「新エンゼルプラン」

では，これまでの保育所，保育サービスの拡大に加え，雇用，母子保健・相談，教育等の事業などが盛り込まれた。しかし「エンゼルプラン」「新エンゼルプラン」では，少子化は改善されず，合計特殊出生率は下降の一途を辿った。この結果を受け，2002（平成14）年9月に「少子化対策プラスワン」がまとめられた。ここでは，男性を含めた働き方の見直しや地域における子育て支援なども含めた総合的な対策が提言された。

　2003（平成15）年7月に「少子化対策プラスワン」を踏まえ，「次世代育成支援対策推進法」「少子化社会対策基本法」が制定された。この法律では，急速な少子化が労働人口の減少による国力の衰退など，今後の国民生活に深刻な影響をもたらすという視点から，少子化対策を的確に推進することを目的とした。子育て支援の対象も，これまでの「仕事と家庭の両立」に対する支援に加え，専業主婦，父親としての男性への支援へと広がっていった。また，支援の実施主体も，国や自治体に加え，企業，NPO法人，地域社会といった広がりを見せた。

　しかしながら，こうした10年間に渡る取り組みでも少子化には歯止めがかからず，2004（平成16）年には合計特殊出生率1.29，出生数111万1,000人と，いずれも統計調査開始以降，過去最低を記録した。こうした流れの中で，さらに効果的な支援の推進を図るため，2004（平成16）年に「子ども・子育て応援プラン」が策定された。

　「子ども・子育て応援プラン」では，少子化社会対策基本法，次世代育成支援対策推進法に基づき，若者の自立や働き方の見直し等も含め，幅広い分野での具体的な目標値を設定した。また，支援の受け手である国民の目線も取り入れ，国民の側から見た，「子どもが健康に育つ社会」，「子どもを生み育てることに喜びを感じることのできる社会」への転換がどのように進んでいるかわかるよう，「目指すべき社会」の姿を提示している。

　こうして進められた「新しい少子化対策」では，子どもの成長に応じた子育て支援ニーズの変化に着目し，妊娠・出産期のニーズから年齢進行ごとの包括的な子育て支援策を掲げた。具体的には，就労と出産から子育ての両立を目指

す「ワーク・ライフ・バランスの実現」と「家庭における子育てを支援する仕組みの構築」についての同時並行的な取り組みが必要不可欠であるとされた。

　2010（平成22）年1月策定の「子ども・子育てビジョン」では，子ども・子育て支援施策を推進していくための3つの姿勢（①「生命（いのち）と育ちを大切にする」，②「困っている声に応える」，③「生活（くらし）を支える」）が示された。子どもと子育てを応援する社会の創生，チルドレン・ファーストの考え方が「子ども・子育てビジョン」の核となっている。今までの少子化対策を前面に出した施策は，「子ども・子育て応援プラン」「子ども・子育てビジョン」と進化し，子どもを生み育てることに夢を持てる社会の実現のための施策へと変化していることが分かる。子どもと子育てを応援し，生活と仕事，子育ての調和を図っていくことを「未来への投資」と考え，ワーク・ライフ・バランスの実現と子どもと子育てをみんなで支えるセーフティネットの構築に主眼が置かれるようになった。

（2）なぜ女性は子どもを産まなくなったのか

　1999（平成11）年に出された「少子化対策推進基本方針」では，わが国の出生率低下の原因は「仕事と子育ての両立」に対する負担感と，それによる晩婚化，未婚率の上昇が考えられるとされた。

　日本には古くから，家事や育児は女性の仕事という「性別役割分業」の意識[12]が根づいている。それによって，女性の社会進出は阻まれ，就業選択にも影響を与えている。山谷真名は，日本とアメリカ，フランス，スウェーデンにおける，妻の性別役割分業意識を検討する中で，日本では小さい子どもがいる女性の就業の確率が他に比べて低いため，育児休暇制度や短時間勤務制度の整備が必要であること，夫が妻と同じように育児を行うという意識改革が常勤確率を高めることを指摘している。[13]つまり，このような家庭モデルについての日本固有の考え方が，家事や子育てと仕事の両立を阻み，女性に結婚，出産を躊躇させる要因の一つになっていると考えられる。また，神尾真知子は，2006年にフランスの合計特殊出生率が2.0を超えたことに着目し，その家族政策について

のレビューにおいて，就労と出産，子育ての両立制度や子育て支援制度について日本との比較をしている。[14] その中で，日本では諸外国に対して，子どもを他人へ預けることへの抵抗感が強いことが挙げられ，家庭文化の違いから安易に結論付けることはできないとしながらも，女性が家事や育児と仕事を両立させるための支援について，フランスと比べ選択肢が少なく，それゆえに壁にぶつかることが多くなると指摘している。

　一方で，子育て世代の心配事は，子どもを産み育てるにあたり，養育費や教育費の負担が生活を圧迫し，これまでの生活水準が維持できなくなることへの不安にあることは明らかである。女性が子どもを産みたいと思える環境を構築するためには，保育施設の整備や国と企業が一体となって推進していく待機児童問題の解決はもとより，日本人の家族文化を理解し，子育て世代のニーズに即した現実的な子育て支援制度の整備が急務である。

（3）豊かな子育てを支える福祉制度とは

　2015（平成27）年4月，「子ども・子育て支援法」「就学前の子どもに関する教育，保育等の総合的な提供の推進に関する法律の一部を改正する法律」「子ども・子育て支援法及び就学前の子どもに関する教育，保育等の総合的な提供の推進に関する法律の一部を改正する法律の施行に伴う関係法律の整備等に関する法律」，いわゆる「子ども・子育て関連3法」が施行された。また，「子ども・子育て関連3法」の施行により，「子ども・子育て支援新制度」がスタートした。柏女霊峰は，この制度について「全世代型社会保障の実現，すなわち『介護が必要になったら介護給付，育児が必要になったら子ども・子育て支援給付』であり，介護保険制度を模した仕組みの導入である」[15] としている。さらに，この制度の根幹は「①保育需要の掘り起こし（保育の必要性の認定），②保育需要に見合うサービス確保の仕組み（認可制度改革，確認制度），③必要な財源の確保（消費税財源）[16]」であると述べている。

　「子ども・子育て支援新制度」では，児童福祉法に謳われる「保護者が子育てについての第一義的責任を有する」という基本的な認識の下に，幼児期の教

育・保育，地域子育て支援を総合的に推進し，支援の「量的拡充」と「質の向上」を図ることを目指す。「量的拡充」では，保育定員の拡大，地域子育て支援拠点の整備，「質の向上」では保育所や児童養護施設での職員配置の改善，研修機会の充実，小規模保育や家庭的な養育環境の推進，放課後児童クラブの充実といった取り組みが行われている。

　これらのうち，地域子育て支援では「利用者支援事業」を創設し，子育て家庭や妊産婦が，育児に関わる機関をスムーズに利用できるよう，身近な場所での相談や情報提供，関係機関との連絡調整，連携・協働といった体制づくりを推進している。また，子育て家庭の負担感・不安感を軽減するために，親子が気軽に集い，交流することができる場の提供や，子育てについての相談，子育て関連情報の提供を行う「地域子育て支援拠点事業」を促進している。

　このように，深刻な少子化対策としてスタートした政策は，その時々における社会のニーズに応えるべく，改善されてきた。しかしながら，その成果は未だ見られない。国を挙げて取り組まなければならない少子化問題は，「ワーク・ライフ・バランスの実現」や「家庭における子育てを支援する仕組みの構築」といった喫緊の課題を一つずつ実現していくことで解決に繋がっていくと考えられる。その核となるのは，子どもを生み育てる環境の整備と女性が安心して子どもを産むことができる社会の実現，母親たちの豊かな子育てを支える支援，まさに「未来への投資」であろう。

注

(1)　「ウェルビーイングとは，『個人の権利や自己実現が保障され，身体的・精神的・社会的に良好な状態にあること』」（山縣文治編『よくわかる子ども家庭福祉』ミネルヴァ書房，2012年，7頁）。

(2)　江藤恭二監修，篠田弘ほか編『新版 子どもの教育の歴史――その生活と社会背景をみつめて』名古屋大学出版会，2008年，12頁。

(3)　中世・近代の絵画や文書等を研究したフランスの歴史学者フィリップ・アリエス（1914-1984年）は，主著《子ども》の誕生』（邦訳は，フィリップ・アリエス著，杉山光信・杉山恵美子訳『〈子供〉の誕生――アンシャンレジーム期の子供と家族生活』

みすず書房，1980年）の中で中世の子ども観をこのように表した。

⑷ 　8 〜 9 歳の子どもが16〜20時間近く働かされていたことが記録に残っている（『西洋史資料集成』平凡社，1992年）。

⑸ 　三上邦彦「ドクター・バーナード・ホームの慈善事業による子どものケアに関する研究——創設の背景と設立前史」『岩手県立大学社会福祉学部紀要』14，2012年，50頁。

⑹ 　子どもの身分や財産に関して親がもつ権利・義務。現代の日本では，未成年の子どもについて親が親権をもつことが民法に規定されている。

⑺ 　高松誠「ドクター・バーナードホームの児童養護実践と英国1891年児童監護法の成立——1880年代後半の裁判事例を中心として」『岩手県立大学社会福祉学部紀要』17，2015年，71頁。

⑻ 　ヤヌスシュ・コルチャック（1878-1942年，本名ゴールドシュミット）。ユダヤ系ポーランド人。小児科医，小説家，教育者として活躍。ワルシャワでユダヤ人の孤児のための孤児院の院長を務めた。子どもが今を幸せに生き，あるがままの自分でいられる権利を尊重すべきと説き，孤児院の生活にも子どもの自治を取り入れた。ドイツ軍のユダヤ人虐殺の際，子どもたちと運命を共にした。戦後，ポーランドは，コルチャックが唱えた子どもの権利の理念を参考に条約の原案を作成した。

⑼ 　ARC　平野裕二の子どもの権利・国際情報サイト（https://w.atwiki.jp/childrights/，2020年 5 月 1 日アクセス）。

⑽ 　2012（平成24）年に改正される前の児童福祉法では，日中保護者が保育できないなど「保育に欠ける」児童を保育所において保育すると規定していた。改正後は「保育を必要とする」と言い換えられた。

⑾ 　「15〜49歳までの女性の年齢別出生率を合計したもの」。 1 人の女性がその年齢別出生率で一生の間に生むとしたときの子どもの数に相当する（厚生労働省）。

⑿ 　夫婦間において「男性は仕事，女性は家事」というように，性別によって役割に相違があること。

⒀ 　山谷真名「妻の性別役割分業意識が就業選択に与える影響の国際比較分析——『少子化に関する国際意識調査』データを用いて」『生活社会科学研究』18，2011年，79頁。

⒁ 　神尾真知子「フランスの子育て支援——家族政策と選択の自由」『海外社会保障研究』160，2007年，67-69頁。

⒂ 　柏女霊峰『これからの子ども・子育て支援を考える——共生社会の創出をめざして』ミネルヴァ書房，2017年，27-28頁。

⒃ 　同前書，28頁。

参考文献
・第 1 節

江藤恭二監修，篠田弘ほか編『新版 子どもの教育の歴史――その生活と社会背景をみつめて』名古屋大学出版会，2008年。

高松誠「ドクター・バーナードホームの児童養護実践と英国1891年児童監護法の成立――1880年代後半の裁判事例を中心として」『岩手県立大学社会福祉学部紀要』17，2015年。

三上邦彦「ドクター・バーナード・ホームの慈善事業による子どものケアに関する研究――創設の背景と設立前史」『岩手県立大学社会福祉学部紀要』14，2012年。

ARC　平野裕二の子どもの権利・国際情報サイト（https://w.atwiki.jp/childrights/，2020年5月1日アクセス）。

・第 2 節

柏女霊峰『これからの子ども・子育て支援を考える――共生社会の創出をめざして』ミネルヴァ書房，2017年。

神尾真知子「フランスの子育て支援――家族政策と選択の自由」『海外社会保障研究』160，2007年。

厚生労働省編『厚生労働白書 平成30年版』日経印刷，2019年。

山谷真名「妻の性別役割分業意識が就業選択に与える影響の国際比較分析――『少子化に関する国際意識調査』データを用いて」『生活社会科学研究』18，2011年。

第2章　子ども家庭福祉の歩み

1　古代・中世の児童救済

（1）儒教思想に基づく救済制度

　わが国で要保護児童への公的支援が始められたのは近代国家が確立された明治時代以降のことであり，古代・中世から江戸時代までは，地域共同体内の相互扶助や仏教・キリスト教・儒教等の宗教思想に基づく児童救済が行われた。

　飛鳥時代から平安時代までは朝廷が律令制度に基づく民の統治を行い，その中で特に救済制度のモデルとされたのが唐令（中国・唐時代の行政法）であった。救済対象は「鰥寡孤独貧窮 老疾不能自存者」[1]であり，児童救済もこの中に含まれていた。同時にこれらの人たちを助けるのは家族や地域の人々であることが規定されていた。このように時の為政者たちは儒教に基づく家族制度（家族・親族のつながり）や隣保制度（地域の助け合いや自治的な取り組み）を巧みに利用しながら統治していたのだが，儒教は政治や救済のあり方を問うた仁政思想[2]も為政者に大きな影響を与えた。そして，この唐令や儒教の影響は後の時代にまで長く続き，明治維新の恤救規則に至るまで救済制度の基になった。

（2）仏教思想に基づく慈善・救済

　わが国に仏教が伝来して以降，慈悲の理念の下に慈善・救済が行われ，早くも飛鳥時代には聖徳太子（574-622年）が大阪の四天王寺に四箇院（施薬院・療病院・悲田院・敬田院）を建てたといわれる。施薬院，療病院は当時の医療施設の一環であるが，悲田院は貧窮・孤独の大人や子どもを収容する養老院・孤児院のような施設，敬田院は仏を祀り僧侶が居住する建物と考えられている。また

光明皇后（701-760年）が設置したといわれる施薬院や悲田院でも捨て子を養育したという記録が残っている。さらに孝謙天皇（718-770年）の側近の和気広虫（730-799年）が，捨て子を83人も拾って養育したという記録が残っている。

　このような仏教思想に基づく慈善・救済は，その後，奈良時代の行基（668-749年），平安時代の空也（903-972年）へと受け継がれていった。行基と空也は，民衆の多様な困苦に接しながら回国（諸国を回って歩き）布教をしたといわれている。また鎌倉時代には，鎌倉の極楽寺を拠点として貧窮者やハンセン病患者の救済に力を注いだ忍性（1217-1303年）や時宗の開祖である一遍（1239-1289年）が有名である。当時はこれらの慈善・救済の中に児童救済も含まれていたと考えられる。

2　近世の児童救済

（1）キリスト教宣教師による慈善活動

　1549年にイエズス会宣教師のフランシスコ・ザビエルが鹿児島に上陸し，わが国におけるキリスト教布教が始まった。当時の布教活動は貿易や慈善活動とともに行われていたようであり，九州を中心とした戦国大名たちは南蛮貿易の利益を得るためにキリスト教を保護した。また宣教師たちは布教のかたわら，各地に教会，学校，病院，孤児院などを建てて重度の障害者やハンセン病患者，貧しい人々を救うなど，隣人愛の理念に基づく慈善活動を行った。これらの慈善活動は当時の人々に寄り添い生活に密着したものだったため，キリシタン大名のみならず農民の間にも広く信仰が広がっていったようである。

　代表的なものとしてポルトガルの宣教師ルイス・デ・アルメイダの活動が挙げられる。彼は親が幼子を大分川の入り江の砂地におき，満ち潮で溺死させるという間引きの現実を目の当たりにし，私財を投じて豊後国府内（大分市）に育児院を建て貧困児を教育した。また1556年にはハンセン病患者や貧民を対象とした病院を興し，医者として病を治すだけでなく修道士として病人の心も癒したといわれている。

（2）朱子学に基づく貧民救済

　江戸時代，幕府は封建制度と身分社会を確固たるものとするために朱子学を官学とし文治政治を行った。朱子学は儒教を発展させた学問であるが，子は親や祖先を敬うことを大事とし，相手を思いやりお互いに道徳心をもって生活することを旨とし，幕府は「幕府と藩」「君主と家臣」「親と子」の上下関係を法や儀礼・道徳で固定化し，秩序を守らせることによって藩や民を統治した。

　幕府と各藩の大名はそれぞれの領地を統治しており，租税や賦役の率はさまざまだったようだが，中には七公三民の年貢を課す藩もあり，その重税に耐えかねて百姓が逃亡することもあった。また度重なる飢饉や疫病の流行，貨幣経済の浸透などにより，百姓や庶民の間では貧富の差が広がり，特に貧しい人びとの間では堕胎や間引きが広く行われていた。このため幕府は予防策として1690（元禄3）年に捨て子禁止令，1767（明和4）年に間引き禁止令を出している。

　また，徳川吉宗の享保の改革では，目安箱の投書から貧民や病人の救済を目的とした小石川養生所を設置し，このような施設の設立が諸藩にも踏襲された。老中の松平定信による寛政の改革（1787-1793年）では，老人の世話や棄児・貧児の養育や教育等にあてる資金を工面するための七分積金制度，飢饉や災害などの非常時に備えるための囲米制，犯罪者や無宿人の社会復帰を目的とした人足寄場を設けるなど救済活動が行われた。これらはいずれも，儒教的な仁政思想に基づく施策ではあるが，幕府の存立を脅かす一揆や反乱を防ぐため対策でもあった。

3　明治期の児童救済

（1）明治維新の社会情勢

　1868（明治元）年に誕生した明治政府は欧米列強による植民地政策の脅威に対抗するために近代国家の確立を急いだ。まずは天皇を頂点とする中央集権国家の建設に力を注ぎ，並行して文明開化（西洋文化・諸制度の積極的な導入）と

富国強兵・殖産興業政策（鉄道，電信，郵便制度創設，太陽暦の導入，学制，地租改正，徴兵令，廃藩置県，封建的身分制度の解体など）を実施した。

（2）貧困問題と児童・女性労働問題

新政府によるこれら一連の改革は急激にすすめられ，それに伴い混乱が生じ国民生活は困窮した。明治期初頭は封建制解体や天災・経済不況による浮浪貧民者の増大，後半は産業革命による女性や児童の16〜17時間に及ぶ長時間・低賃金労働，労働者全体の窮乏化，社会不安の増大など，さまざまな社会問題が発生・深刻化した。そのような状況下で，児童対策として，堕胎や間引き，人身売買の禁止や取締り，棄児・貧窮児対策がとられ，それぞれ1868（明治元）年「堕胎禁止令」，1871（明治4）年「棄児養育米給与方」，1873（明治6）年「三子出産の貧困者へ養育料給与方」，1874（明治7）年「恤 救 規則[3]」が制定された。しかし，これらは表面的な対策でしかなく，政府の真意は富国強兵と人口増殖を推進し，近代国家であることを国外にアピールし，国内に対しては国民の意思統合と政権の威信を高めることにあった。そのため，これらの施策は存在しさえすればよいのであり，その内容は極めて制限的であり，初めからその効果を期待してはいなかったのである。

また，産業革命期の悲惨な児童・女性労働に対しては1911（明治44）年に「工場法」が成立し，1916（大正5）年に施行された。この法律の成立過程においては社会主義や労働運動，民衆運動が起こるなど，政府，資本家，労働者の攻防があった。労働者団体が訴えた主要な問題・課題の中に児童労働の制限と労働児童に対する教育があり，一方で，政府や資本家の側から見ても，労働力の確保・治安維持・階級闘争の回避という観点から児童労働の制限が妥当であると考えられ，工場法の制定をもって決着がつけられた。

（3）孤児や貧児等のための育児施設

前述したように，明治政府による救済立法は救済対象者を厳しく制限するものであった。それは，当時の公的救済思想が従来からの惰民観[4]を主流としてい

たためである。貧民救済には膨大な費用がかかること，社会の進歩を妨げること等を理由に公的に行うことを否定し，慈善家に任すべきであるとされたのである。

このような状況下で，公的救済にかわり慈善家と呼ばれる人たちが慈善事業を行った。その主要な関心は貧窮児童の救済に向けられ，特にキリスト教や仏教的な背景をもつ慈善家によって多くの児童救済施設が設立されたのが特徴的である。まず1869（明治2）年に，松方正義によって日田養育館（大分）が作られた。続いて，カトリック修道女ラクロットらによる横浜仁慈堂，1874（明治7）年にフランス人宣教師ド・ロ神父と岩永マキらによって浦上養育院（長崎）が設立された。その後，仏教徒による活動も開始され，1879（明治12）年に福田会育児院（東京）などが創設された。

また最も有名な施設として，キリスト教信者の石井十次が1887（明治20）年に設立した岡山孤児院がある。彼はイギリスのバーナード・ホームの先駆的実践やルソーの『エミール』における自然教育や人格教育，農業教育や労働教育を模倣し，施設運営や養育方法の近代化を試みた。また，自身の養育論を「岡山孤児院十二則」として集約し，少数の児童を小舎において家庭的に養育する「小舎制」，乳幼児の孤児・棄児らを近隣の農家に預けるための里親開拓，その他子どもの人格を尊重するなど，今日の養護に通じるような実践を行った。さらに，濃尾大地震（1891年）や東北地方の大飢饉（1906年）などの大災害や日露戦争（1904-1905年）を原因とする孤児や貧児の増加を受け，「無制限収容」を宣言して精力的に保護に乗り出し，一時は児童の収容人数が1,200人にも達したといわる。しかし，岡山孤児院はあくまでも私的な慈善事業であったため財政は厳しく，施設経営は寄付金に頼らざるを得ない状況だった。

（4）不良・非行少年のための感化施設

日清戦争と日露戦争の間の時期には産業革命の発展や戦争などによりさまざまな社会問題が噴出した。中でも広く社会的関心を集めたのは不良・犯罪少年の増加問題であった。乞食や浮浪児が巷にあふれ，特に少年放火犯が頻発し，

市民の生活に大きな脅威を与えた。そして，この状況をそのまま放置しておけないということで成立したのが1900（明治33）年の感化法であった。

　感化とは不良・犯罪少年を保護・教育し更生へと導くことを意味する当時の用語であり，感化法は地方長官の責任においてこれを実施するよう規定していた。児童保護にかかわるわが国最初の法律であるという点においては画期的であるが，その目的は基本的には治安維持や社会防衛だった。

　この感化法制定の背景には，慈善家によるさまざまな取り組みがあった。最初に設立された感化施設は1884（明治17）年の池上雪枝によるものであった。ついで1885（明治18）年，高瀬真卿により組織的な感化院（私立予備感化院）が設立された。1899（明治32）年には，アメリカの感化事業に学んだ留岡幸助によって家庭学校が設立された。彼は豊かな自然環境と家庭的環境が重要であると考え，小舎夫婦制を導入し，農業を主とする労作，基礎学力の付与，体育，宗教による霊性教育を行った。このような取り組みにより，不良・犯罪少年に対する教育主義的な処遇のあり方が広がっていった。

（5）貧困家庭の子どものための保育施設

　1872（明治5）年に学制が発布されて以降も子守りのために農村や貧困家庭の子ども（特に女子）が就学できない状況があり，政府は就学率を上げるため全国の都道府県に子守学校の設置を命じた。1890（明治23）年には赤沢鍾美が新潟県静修学校に子守学校を併設し，貧困層の子女のために乳幼児を無料で預かる保育室を開いた。これは日本人による最初の本格的な託児所といわれている。

　1900（明治33）年には野口幽香と森島峰の2人のキリスト教信者が東京麹町に二葉幼稚園を開設した。当時2人は華族女学校附属幼稚園に勤務していたが，通勤途中に見かける貧困家庭の子どもたちにもよい環境を与えて教育し，親の育児負担を軽減させたいと考えたのである。1913（大正2）年には園児が300人となり，1日の保育時間が7～8時間，休みは日曜・祝日・年末年始のみ，乳児の受け入れ多数など施設の状況が文部省令の示す幼稚園基準にあてはまらな

くなったため，1915（大正4）年に二葉保育園へと改称した。2人の実践は，保育と教育の統一という理念の先駆けとして著名である。

（6）知的障害児施設

1871（明治4）年に工部省官僚の山尾庸三は，イギリス留学の体験を基に盲人・ろうあ者に対する教育，とりわけ工芸などの仕事を与えることの必要性を訴えたが，政府はこれを採用しなかった。その後，山尾の思想はキリスト教系や仏教系の慈善家たちに引き継がれ，1878（明治11）年に京都盲唖院，1880（明治13）年には楽善会訓盲院（東京）が設立された。

またキリスト教信者の石井亮一は，1891（明治24）年の濃尾地震の際に引き取った震災孤児の中に「14歳の白痴の女児」がいたことがきっかけで知的障害児教育の道へと進み，1897（明治30）年にはわが国で初めての知的障害児施設である滝乃川学園を設立した。当時の日本では知的障害児には教育も治療も無力であると考えられていた中で，石井はアメリカ留学でセガンの生理学的教育法を学び，その理論を取り入れて科学的な実践を試みた。セガンの理論や実践は「知的障害は『不治』ではなく『遅滞』に過ぎない」という石井の考えを確信づけるものとなり，石井は知的障害児への教育と治療の必要性を世の中に訴え続けた。この滝乃川学園の先駆的な取り組みがモデルとなり，全国に数々の知的障害児施設が作られたことの意義は大きい。

4　大正期から第2次世界大戦までの児童保護

（1）児童保護政策

大正期は1912年から1926年までの15年間だが，大正デモクラシー[5]とよばれる民主主義的・自由主義的な風潮が現われ，労働争議や小作争議，米騒動などが多発した。このような支配者階級と被支配者階級の対立の背景には，国内の資本主義体制の矛盾（階級分化や貧富の差の拡大，不平等社会）や社会主義思想に基づくロシア革命の影響があった。このような状況に政府は危機感を抱き，社会

主義的な思想と運動を鎮圧する一方で，「社会事業」として一連の防貧・救貧立法を成立させ，行政機構の組織化を図ることによって資本主義体制を維持しようとした。

　法の整備については，明治期に制定された「工場法」が1916（大正5）年にようやく施行され，1917（大正6）年には「国立感化院令」により感化事業の公営化が図られた。また，世界的な少年裁判所運動の影響もあり，1922（大正11）年には「少年法」「矯正院法」が制定された。これまでは感化法に基づく行政処分として不良・犯罪少年の処遇が行われていたが，この2つの法律により刑事処分の道が開かれ，処遇系統が二元化された。こうして従来にもまして治安維持対策の側面が強調されるようになった。

　1929年（昭和4）年には「恤救規則」に代わる救貧法として「救護法[(6)]」が制定された。同法では初めて公的扶養義務を明示されたが，実質的には恤救規則と変わらない制限主義がとられた。それでも進歩的な側面としては，同法により育児施設など認可制の「救護施設」が位置づけられ，救護委託費や施設設置費などの公費支給，租税免除等が受けられるようになったことが挙げられる。従来の寄付金頼みの不安定な施設経営が多少安定するとともに，「認可」による施設の「公共性」が認識されるようになった。

（2）児童保護事業

　大正期は，社会不安が増大する中で，児童問題も深刻さを極めた。母子心中，被虐待児童，東北を中心とする欠食児童と婦女子の身売り問題，少年非行等の多発，高い乳児死亡率等が社会問題として認識されるようになった。政府はその対応を迫られ，それまで慈善家に任せていた児童救済を社会的・国家的な計画・監督のもとに行う児童保護へと方向転換した。明治期から始まった感化事業や育児事業に加えて，乳幼児保護事業（託児所・健康相談所・乳児院等）や妊産婦保護事業（産院・巡回産婆，妊産婦相談所等）などさまざまな事業が展開された。特に注目すべきは，公営の施設・事業が創設されたことや児童保護の対象を一般児童や妊産婦にまで拡大するなど，公的責任が認識されはじめた点で

ある。その背景には，「児童の権利」思想の海外からの輸入，事後の保護より
事前の予防を重視する防貧の概念，公的責任や社会連帯に基づいて社会問題に
対応すべきとする公的保護思想の影響があった。

　昭和の時代に入り1933（昭和8）年には，児童労働による酷使等を背景に児
童虐待防止法が，1937（昭和12）年には母子心中の増加を背景に母子保護法が
制定された。しかし，1931（昭和6）年の満州事変後，日本は戦時体制を強化
していき，児童保護を含め社会事業全体が戦争遂行への協力を目的とする厚生
事業へと再編成されていった。これにより児童保護の思想は弱まり，戦争遂行
に必要な人的資源確保と国力増強が重視され，そのための母子保護，児童愛護
として各事業が行われた。

（3）肢体不自由児のための施設

　当時は医学の進歩にもかかわらず肢体不自由などの障害は不治の病と呼ばれ
放置されるという状況があった。このため，柏倉松蔵は1921（大正10）年にク
リュッペルハイム柏学園を，高木憲次が1932（昭和7）年に光明学校（光明学
園），1942（昭和17）年に整肢療護園を設立した。高木は東京帝国大学医科大学
を卒業して整形外科医となり，東京のスラム街での肢体不自由者実態調査やド
イツの身体障害児施設クリュペルハイムの訪問経験を基に，肢体不自由児への
治療と教育，職能付与と独立自活のための支援が必要であると主張した。彼は
「療育」という理念を提唱し，20余年もの社会的啓蒙活動を続けた結果，戦後
の児童福祉法に肢体不自由児施設が位置づけられ，施設の全国設置が図られる
など大きな貢献を果たした。

5　昭和戦後期から高度経済成長期までの児童福祉

（1）戦後の要保護児童対策と児童福祉法の成立

　第2次世界大戦後の児童保護は，戦災孤児，引揚孤児，浮浪児という特殊な
要保護児童への対処から始まった。1945（昭和20）年には「戦災孤児等保護対

策要綱」，1946（昭和21）年に「浮浪児その他の児童保護等の応急措置実施に関する件」が通知され，浮浪児等保護委員会の設置，関係者による浮浪児等の「常時発見」「一斉発見」「巡回発見」と親権者などへの引き渡し，施設収容もしくは委託の実施等がなされた。しかしながら，戦中・戦後に及ぶ極度の社会経済的な混乱と窮乏がその根本原因であったため，孤児・浮浪児問題は簡単に収拾されなかった。

　そのような状況の中，1946（昭和21）年に日本国憲法が制定され，その精神を子ども家庭福祉の分野で具現化するものとして，1947（昭和22）年に児童福祉法が制定された。児童福祉法は理念的には，子どもの権利と児童養育の公的責任を規定し，法の適用範囲を全児童に拡大するなど画期的なものであった。また，法制定時は9種類の児童福祉施設が設置され，1948（昭和23）年には「児童福祉施設最低基準」（現・児童福祉施設の設備及び運営に関する基準）の制定により，児童福祉施設の人員配置などの条件が規定された。

　しかし，ほぼ昭和20年代を通じて政府は戦災孤児・浮浪児という特殊な問題への対策に終始し，法の理念と現実は大きくかけ離れていた。また，国民生活が窮乏化する中で児童の人身売買なども後を絶たず，国民の間にも児童福祉の理念は浸透していなかった。そのため，政府は1951（昭和26）年に児童憲章を制定し，国民の児童福祉に対する理解を広く促した。

（2）伝統的な家族様式の変化と新たな児童問題への対応

　日本経済が急激に拡大していく昭和30年代には，やっと児童福祉法の理念を生かした施策が展開されるようになった。池田内閣（1960-1964年）の「所得倍増計画」を支えるための将来の労働力確保と経済発展の観点から，児童の資質の向上（健康や社会生活）を図る施策が推進された。1964（昭和39）年に「母子福祉法」，1965（昭和40）年に「母子保健法」が制定され，妊産婦や乳幼児のための保健サービス（疾病や障害の早期発見・治療）や健全育成活動（児童館や児童遊園の整備）の補充拡大が行われた。

　一方，高度経済成長期（昭和30-40年代）には，サラリーマンや共働き世帯の

増加，都市への人口集中と核家族化の進行が始まった。これは伝統的な家族の生活様式を変化させ，家族の扶養能力や児童養育能力の低下をもたらし，新たな児童問題（非行・触法・登校拒否・情緒障害・しつけなどの相談や保育需要の増大）を発生させた。これにより政府は，1967（昭和42）年から緊急整備計画により保育所を増設し，児童扶養手当法（1961年），特別児童扶養手当等の支給に関する法律（1964年），児童手当法（1971年）などの手当制度を開始した。

（3）重症心身障害児施策の拡充

　児童福祉法制定後，児童も成人も含め知的障害者の福祉施策は徐々に整えられてきたが，重度の重複障害児については常にその処遇が後回しにされていた。そのため，日々の過酷な生活介助，障害の重症化のリスク，莫大な医療費など，その養育にかかる大きな負担を家族に強いることになった。このような状況を世に訴えるとともに，重症児とその家族を守るために民間で創設された施設が，草野熊吉の「秋津療育園」（1958年），小林提樹の「島田療育園」（1961年），糸賀一雄の「びわこ学園」であった。

　特に糸賀は知的障害児者福祉の様々な課題（入所児童の年齢超過，障害の重度化，医療的配慮の必要な重症児への対応，職業的自立やアフターケアなど）に立ち向かい，制度に先駆けた施設を次々と設立した。またその実践思想を体系化し，「この子らを世の光に」という有名な言葉を残した。彼は，意思疎通の難しい重症児でも療育を通じてその子なりに成長し自己実現していく姿を示すとし，その営みは世を照らす光になると考えた。恩恵の対象としてではなく自発的に生きる主体として障害観や援助観を転換させたのである。

　こうして1967（昭和42）年には重症心身障害児施設が児童福祉法の中に規定され，1974（昭和49）年には障害児保育が実施されるなど，障害児への施策が推進された。

（4）福祉の見直し・再編期

　1973（昭和48）年のオイルショックを機に高度経済成長は終わるとともに，

1974（昭和49）年以降は「福祉見直し」論が台頭し，それまで相互に独立し関連性を欠いていたサービスを効率的・計画的に再編する動きがみられた。また，ノーマライゼーションの理念の下，「施設の地域化」や「脱施設化」が唱えられ，在宅や地域による福祉への移行と利用者の自己決定が意識されるようになっていった。

6　平成期の児童福祉と今後の動向

（1）1997年の児童福祉法改正

　児童福祉法制定より50年が経過する中で，子どもと家庭を取り巻く環境が大きく変わり，国民の抱えるニーズと制度・サービスのミスマッチがみられるようになった。このような状況を踏まえて1997（平成9）年に児童福祉法は大幅に改正され，保育所は措置制度から契約制度にかわり，社会的養護の分野でも施設名称が改められるとともに新たな機能・役割として「自立支援」が加えられた。またこの頃は，児童の権利に関する条約（1989年）や国際家族年（1994年）などの影響により，「ウェルフェア」から「ウェルビーイング」への援助観の転換が図られ，個人の主体性や意思を尊重される福祉サービスの枠組みづくりが始まった。

（2）児童虐待対策などの要保護児童施策

　1990年代になるとマスコミによる報道が増加した影響もあり，国民の児童虐待問題に対する関心が高まった。わが国では1994年の児童の権利に関する条約への批准とともに子ども虐待施策が本格的に開始され，2000（平成12）年には「児童虐待の防止等に関する法律」が制定された。その後も，家庭に対する公権介入の強化，司法関与の拡充が続き，配偶者暴力防止，被措置児童等虐待防止，子どもの貧困対策など，「公的責任」「公権介入の強化」による「権利擁護」を中心的な理念とした法改正が重ねられ，制度的対応の充実が図られている。

しかし，重大な児童虐待事件が後を絶たず，全国の児童相談所における児童虐待に関する相談対応件数も増加を続けており，依然として社会全体として取り組むべき重要な課題となっている。2019（令和元）年には「しつけ」を名目にした子どもへの虐待事件が注目を浴び，児童虐待の防止等に関する法律および児童福祉法の改正の中で親による体罰禁止条項が盛り込まれた。これは2020（令和2）年4月に施行されたが，今後の動向が注目される。

（3）2016年の児童福祉法改正と今後の課題

2016（平成28）年の児童福祉法改正では総則部分が初めて大幅に改正され，児童の権利に関する条約の理念が法的に位置づけられた。これにより，国・地方公共団体には，すべての子どもに対して家庭的な養育環境を保障する義務が課されることとなった。特に社会的養護の分野では，より家庭に近い環境での養育を目指して施設の小規模化，里親委託ならびに養子縁組の推進が求められている。また，子ども虐待の発生予防や迅速な対応を図るために，弁護士などの専門職を児童相談所に配置するとともに，市町村の母子健康包括支援センター（子育て世代包括支援センター）を設置して妊産婦への支援体制を強化することとなった。

これまでの子ども家庭福祉制度は，「子ども・子育て支援」と「要保護児童福祉」の二元体制で制度がつくられてきたが，制度間の分断や複雑化により地域で包括的な支援を行うことが困難になっている。今後はこれらの制度を包括するシステムづくり，つまり領域横断的なワンストップ支援や領域ごとの切れ目のない支援づくりが強く求められている。

注

⑴　日本で初めて公的救済について規定された法制度は奈良時代の「戸令」の中にある「鰥寡条」である。鰥とは61歳以上で妻のいない者，寡とは50歳以上で夫のいない者，孤は16歳以下で父のない者，独は61歳以上で子のない者，貧窮は財貨に困窮している者，老は61歳以上の者，疾は傷病・障害のある者をいう。これらの人びとのうち自分で生活できない者が救済対象とされた。

(2) 為政者（特にその責任者たる主君）が最高の徳の所有者で，徳の力で民を指導教化して，民の各個人の徳を高め，その結果，道徳が世に行き渡り，国が自然に平和に治まるという，一種の哲人政治の思想である。また「鰥寡孤独」を「天下の窮民」と位置づけ，この四者の救済が仁政の初めにおかれるとしている。

(3) 「人民相互ノ情誼」という形で親族相扶や隣保相扶を強調し，救済の対象を「無告の窮民」（独身で廃疾，70歳以上，重病で極貧の者，13歳以下の孤児）に限定するなど極めて制限的で貧弱なものであった。政府は欧米における救貧法弊害論を引き合いに出し，対象者の要件をできるだけ厳格にし，制度の適用を制限した。

(4) 貧困は社会や環境に原因があるのではなく，個人に問題があるため自己責任であるという考え方とともに，貧困者への救済はかえってその者の怠惰を助長し自助独立を阻むものであり，怠惰を容認することにもつながるという考え方。

(5) 1910-1920年代にかけて民主主義や自由・解放を求めて起こったさまざま社会運動や思想の総称。普通選挙制度を求める運動や，言論・結社・集会などの自由を求める運動，海外派兵の停止を求める運動，男女平等を求める運動，部落差別解放を求める運動，自由な教育を求める運動などが挙げられる。

(6) 「救護法」は，その対象を「65歳以上の老衰者」「13歳以下の幼者」「妊産婦」「不具廃疾，疾病，傷痍その他精神または身体の障碍によって労務を行うに故障ある者」の4つに限定し，そのうち「貧困のため生活すること能はざるときは本法によりてこれを救護す」とした。内容は，生活扶助，医療扶助，助産扶助，生業扶助，埋葬扶助を定め，市町村における公的機関が扶助を行うこととしたが，家族族や近隣同士の相互扶助を先に行うことが原則とされた。

(7) 高木の定義による「療育」を要約すれば，「不自由な身体を出来るだけ克服し，『肢体の復活能力』そのものを出来るだけ有効に活用させ，以て自活の途を立つように育成すること」とされ，その内容となるものが治療・教育・職能付与であり，いわゆるリハビリテーションと同義と考えられる。

(8) 助産施設（第36条），乳児院（第37条），母子寮（第38条），保育所（第39条），児童厚生施設（第40条），養護施設（第41条），精神薄弱児施設（第42条），療育施設（第43条），教護院（第44条）。

(9) 当時の母子保健施策の課題は，欧米諸国に比べて以上に高かった妊産婦，乳幼児の死亡率，罹患率を極力引き下げることであった。

参考文献

秋山智久・平塚良子・横山穣『人間福祉の哲学』ミネルヴァ書房，2004年。

柏女霊峰『子ども家庭福祉学序説──実践論からのアプローチ』誠信書房，2019年。

古川孝順『子どもの権利──イギリス・アメリカ・日本の福祉政策史から』有斐閣，

　　1982年。

森上史朗・柏女霊峰編『保育用語辞典　第7版』ミネルヴァ書房，2013年。

室田保夫編著『人物でよむ近代日本社会福祉のあゆみ』ミネルヴァ書房，2006年。

山縣文治『少子社会の子ども家庭福祉』放送大学教育振興会，2015年。

吉田久一『日本社会事業の歴史　全訂版』勁草書房，1994年。

吉田久一・岡田英己子『社会福祉思想史入門』勁草書房，2000年。

吉田幸恵『社会的養護の歴史的変遷——制度・政策・展望』ミネルヴァ書房，2018年。

<table>
<tr><td>第3章</td><td>子どもの人権擁護と児童の権利に関する
条約</td></tr>
</table>

1　人権擁護の歴史的変遷

（1）人権とは何か

　「人権」を辞書で調べると，「人間が人間らしく生きるために生来持っている権利」（『大辞林 第3版』）とある。これは，性別や人種，民族などは関係なく無差別平等に保障されるものといえる。

　人権については，日本国憲法（以下，憲法）における基本原則として「基本的人権の尊重」が三大原則の一つになっている。具体的に憲法条文を確認してみると，第11条に「国民は，すべての基本的人権の享有を妨げられない。この憲法が国民に保障する基本的人権は，侵すことのできない永久の権利として，現在及び将来の国民に与へられる」との規定がある。ここには人権の①「普遍性」，②「不可侵性」，③「固有性」が盛り込まれている。この条文を分解してみると，①普遍性は，「国民は，すべての基本的人権の享有を妨げられない」を指し，「人種や性別，身分などに関係なく，当然に享有できる権利」であることを示す。②不可侵性は，「国民に保障する基本的人権は，侵すことのできない永久の権利」を指し，「原則的に公権力によっても侵されない」ことを意味する。③固有性は，「現在及び将来の国民に与へられる」を指し，「国や権力者などから恩恵的に与えられているものではなく当然に有しているもの」という解釈が可能である。

　人権のこれらの性質がごく当然のものとして認められているのであれば，わざわざ法律に規定する必要はないはずである。ここで考えなければならないことは，人権が侵害された歴史的な事実が存在しているという点である。

（2）人権利保障の歴史的変遷

　人権は侵すことのできない権利として保障されているが，当然に保障されていたわけではない。多くの人々の努力によって獲得されたものである。これらの経緯について理解しておくことは重要である。ここでは，ヨーロッパを中心に起こった動きを中心に歴史的経緯について確認をする。

　中世期のヨーロッパでは，国王が人々を支配し，その権力は絶対的なものであった。この権力に反発した人々は革命を起こして国王を倒し，「国王でも法には従う」といった「法の支配」を獲得していった歴史がある。

1）市民革命

　16世紀ヨーロッパは絶対王政の下，王の権力は「神から与えられたもの」（王権神授説）とされていた。そのため人々は王に絶対的に従わなければならないとされてきた。

①　ピューリタン革命（イギリス・1642年）

　16世紀から17世紀にかけてイギリス国王が国民に重い税金をかけていたことに議会が反発し，内戦が勃発した。その結果，議会は勝利し国王は処刑された。この革命はピューリタン革命といわれる。この革命の中心的人物，クロムウェルが中心となり，議会政治が始まった，しかし，しだいにクロムウェルは「独裁的である」として反発が起こり，クロムウェルの死後，再び王政が復活した。

②　名誉革命（イギリス・1688年）

　復活した王政では，議会を尊重しない国王（ジェームス2世）に対し国民が反発し1688年に国王は国外追放にされ，新しい国王（ウィリアム3世）がオランダから招聘された。この事件は，人が血を流すことがなかったことは「名誉」であるということで名誉革命といわれる。

　新国王ウィリアム3世は，議会の尊重を約束し，国王と議会で政治の取り決めである「権利章典」を交わした。この章典は，法律や課税について議会の承認が必要であるとされ，議会中心の政治となり，国王も法律にしたがう「立憲君主制」が始まった。これらの革命を機にイギリスでは多くの改革が起こり発展していくこととなった。

③　アメリカ独立宣言（1776年）

　イギリスは，植民地である北アメリカの独立は認めなかった。北アメリカの植民地支配を巡ってイギリスとフランスとの争いがあり，その結果18世紀半ばに，北アメリカの大部分はイギリスの植民地となった。イギリスは一方的に課税を断行し，アメリカには，本国議会の出席も認めなかった。また，イギリスは，多数の地域で植民地支配を巡るフランスとの対立から多額の費用が必要であり，その確保のためにアメリカに重い税の負担を課していた。

　これに反発した北アメリカは，白人を中心に独立戦争を起こし，1776年にアメリカ合衆国としての独立を勝ち取った。

④　フランス革命とフランス人権宣言（1789年）

　18世紀のフランスは絶対王政が維持されていた。また，植民地支配をめぐりイギリスなどと対立していたこもあり，多額の費用により財政を圧迫，その費用確保のため重い税金をかけていた。

　また，フランスには後にアンシャン・レジーム（Ancien régime）と呼ばれることになる身分制度が存在し，第1身分は聖職者，第2身分は貴族，第3身分は市民や農民であった。3つの身分の代表者による議会（3部会）はあったが，聖職者と貴族は特権階級で実質的な権力を握っていた。そのため，第3身分には不公正なものであり，その改善も進まなかった。反発した第3身分の人々が国民議会を作り対抗しようとすると国王は武力で制圧にかかったが，これに対して1789年にパリなどの都市で反乱が起こった。反乱軍は，政治犯などを収容している牢獄で，絶対王政の象徴とされていた「バスティーユ牢獄」を襲撃し，これを機に反乱は拡散した。その結果，革命派の議会は「人権宣言」により政治の主権は国民であることを宣言し，王政は廃止された。その後，1799年にフランス軍人のナポレオンがクーデターを起こし，臨時政府を作った。国民投票により1804年にナポレオンは皇帝となった。

　ナポレオンは，個人の自由や平等を理念にした法律の制定や経済活動の自由，私有財産の不可侵など，多くの改革を断行した。これは「ナポレオン法典」といわれる。これを機にフランス国民は自由と平等を理念に団結し，教育制度も

整えられた。

2）20世紀の人権問題と第2次世界大戦

①　戦争と人権侵害

　20世紀は，戦争などによる人権侵害が多々起こっている。多くの人が国家権力により人命を奪われた。ナチスドイツのアウシュビッツ収容所に代表されるユダヤ人虐殺，日本のアジア諸国への侵略と虐殺，強制労働，国内では「召集令状」1枚で徴兵されたり集団自決など多くの人権侵害が行われている。また，アメリカは広島と長崎へ原子爆弾を投下し，無差別に一瞬で多くの人命を奪った。このように，戦争は人権侵害の典型例といえる。

②　国際連合（United Nations）

　国際連盟（1919～1946年）は，第2次世界大戦を防ぐことができなかった反省から，1945年にアメリカ，イギリス，ソビエト，中国などの連合国が中心となり，サンフランシスコ会議で国連憲章に署名し，国際連合（以下，国連）が発足した。当時の加盟国は51カ国（2020年現在，193カ国）で，主たる目的は「国際的な平和と安全の維持」，安全保障，経済，社会，文化の面で国際協力の実現であった。

　各国は，自国の人権侵害を放置すれば深刻な問題に発展することを認め，これが虐殺や戦争へと直結しているとの認識がされた。その上で，世界平和には国際協力が不可欠であり，人権擁護の努力も求められるとして1948年に世界人権宣言が採択された。

2　児童の権利に関する条約

（1）児童の権利に関する条約が発効されるまでの経緯

　子どもの人権を定めた国際的なものに「児童の権利に関する条約」（以下，子どもの権利条約）がある。これは，1978年の国連人権委員会でポーランドが提案したものをきっかけに12年にわたって議論され，1989年の第44回国連総会で採択され，1990年に発効された条約である。この条約は，前文と54条の条文で

構成され，国際的な基準を以って子どもの人権や権利を保障しようとするものである。日本は，発効後4年経過した1994（平成6）年に批准している。

　子どもの権利条約は様々な経緯を経て完成したものであり，その歴史についても理解しておくことは重要である。以下，時系列順に主要な出来事をたどってみたい。

1）第1回ホワイトハウス会議（白亜館会議，1909年）

　ルーズベルト大統領が「要保護児童の保護に関する会議」として開催した会議である。子どもは，緊急などやむを得ない理由以外は家庭から引き離してはいけないという声明が出された。

2）児童の権利に関するジュネーブ宣言（1924年）

　国際連盟で採択された宣言である。すべての子どもに対する保障として，①心身の正常な発達に必要なものを与えられる，②飢えた子どもには食料，病気の子どもには医療が保障される，③危難の際には優先して救済される，ということが宣言されている。

3）児童福祉法（日本，1947年）

　第2次世界大戦で敗戦した日本には多くの戦争孤児や浮浪児があふれ，社会問題となっていたこともあり，早急な対応が必要であった。これらの状況から終戦後の1947（昭和22）年に児童福祉法が制定された。

4）世界人権宣言（1948年）

　第2次世界大戦後の1948年12月にフランスのパリで開催された第3回国連総会で「世界人権宣言」が採択された。「あらゆる人と国が達成しなければならない共通の基準」として第1条には「すべての人間は，生れながらにして自由であり，かつ，尊厳と権利とについて平等である」と規定され，基本的人権の保障が明確化された初めての宣言である。また，「自由権」と「社会権」も示され，自由権には「身体の自由」や「拷問，奴隷の禁止」「思想や表現の自由」「参政権」，社会権には「教育を受ける権利」や労働者の「団結権」などが規定されている。

5）児童の権利に関する宣言（1959年）

児童の権利に関する宣言（児童権利宣言）は1959年の第14回国連総会で採択され，「子どもとしての権利を持つ」ことを宣言したものである。国連憲章と世界人権宣言に基づき，前文と10条で構成されている。健全成育，幸福，社会的権利を保障することを確認したもので，実質的には「社会保障」「無差別の平等」「愛情を受けながらの養育環境」「初等教育」「障害児の治療と教育」「放任や虐待，搾取からの保護」などの原則が示されている。日本は，1959（昭和34）年12月の参議院本会議で支持を決議している。

6）国際児童年（1979年）

児童権利宣言20周年記念として，1976年の国連総会で1979年を「国際児童年」とすることが決まった。同年は「子どもの権利」を考える機会となり，国連人権委員会に「子どもの権利条約」の作業部会が設置された。

7）児童の権利に関する条約（1989年）

1989年に子どもの権利条約が制定された。日本は，1990年9月21日に109番目の国として署名し，1994年4月22日に158番目に批准している。2019年2月現在で批准しているのは196の国と地域となっている。

（2）保障されるべき子どもの権利

1）子どもの権利条約が保障する権利

子どもの権利条約で保障される権利は次の4つであるが，これらの子どもの権利については，受動的，何かの権利の反射的な利益ではなく，「権利の主体」として保障すべきものとされている。

① 「生きる権利」：命が守られ，病気や怪我の治療も受けることができる。

② 「育つ権利」：自分らしく生きるために自由が保障されている。

③ 「守られる権利」：虐待や搾取などの不適切な環境から保護される。また，障害や少数民族などへの差別や偏見に晒されることがなく守られる。

④ 「参加する権利」：自分の考えや意見を自由に表現したり，発表したりできる機会を保障する。

2）子どもの権利条約の前文

前文は，法的拘束力を持つものではないが，理念が示されたものであり，条約の全体を俯瞰することができる重要な指針である。押さえておくべきところは，一般の人権に加え，子どもには特別な保護を与える必要があるという考えが示されている点である。

3）子ども家庭福祉における子どもの権利条約の重要条文

子ども家庭福祉の視点で重要と考えられる条文には，第2条「差別の禁止」，第3条「児童の最善の利益」，第6条「生命に対する権利」，第9条「父母から分離されない権利」，第12条「意見表明権」，第18条「父母の養育責任と国の援助」，第19条「虐待・放置・搾取等からの保護」，第20条「家庭環境を奪われた児童の養護」，第21条「養子縁組」，第23条「障害児の権利」，第27条「生活水準の保障」，第34条「性的な搾取・虐待からの保護」などが挙げられる。これ以外についても重要なものは多いが，条約は国際的な法律でもあることから，日本の状況と違う点も含まれているのが特徴である。

近年，子ども家庭福祉分野においても「子どもの最善の利益」という言葉が使われている。子どもの権利条約第3条の「児童の最善の利益」は，とても重要なものである。「何をもって最善の利益とするのか」については，子ども個々の状況や環境によって違ってくる。しかし，共通する点は，①親などから愛情が注がれること，②心身ともに健やかに育つ環境の保障，③自己肯定感を育み高めることであり，成長の過程で幸せを感じることができることである。

これらを実現させるには，第12条「意見表明権」も重要である。大人が考える子どもの幸せではなく，子ども自身が主体的に考え，感じることとして保障すべきものである。

3　人権擁護と現代社会における課題

現代社会の抱える人権に関係する問題を子ども家庭福祉の視点で見てみると様々なものが浮かび上がる。子どもの問題としては貧困や虐待，いじめや自殺

（自死）があり，家庭の問題としては，過重労働やハラスメントによる心身へのダメージが挙げられる。これらの問題は解決すべき喫緊の課題である。

　昨今，「自己責任」という言葉が定着し，「他人は他人，自分は自分」という価値観が助長されることで，社会で重要な「助け合い」を喪失させることが危惧される。「貧困で苦しんでいても自己責任」，「虐げられている子どもがいても家庭の自己責任」，「自殺も自己責任」これでは人権擁護を実現する社会を創造することは困難である。

　ここからは，子どもの権利擁護を考えるうえで，それを阻害する要因について検討する。

（1）貧困問題

　日本は世界第3位の経済大国であることから，貧困を想像する人は少ないのではないだろうか。私たちが一般的にイメージする「貧困」は「絶対的貧困」である。これは衣食住を事欠く状態の貧困であることから，たしかにこの意味での貧困は，わが国に多くはないだろう。

　ではわが国が貧困と無縁かといえば，そうではない。日本が直面している貧困は「相対的貧困」といわれるもので，「等価可処分所得」といわれるものが一つの基準となっている。等価可処分所得は，総収入から税や社会保険料など除いたいわゆる「手取り額」を世帯人数の平方根で割って調整した所得が指標となっている。この等価可処分所得の中央値を算出し，その半分を「貧困線」として，これ以下で暮らす家庭を貧困状態としている。

　貧国の影響は金銭のみではなく，機会の不平等や親族と疎遠になったり，適切な情報が届かないといった問題がある。子ども期の貧困は，成人してからも影響するといった連鎖の問題もあり，自力で断ち切ることは難しい。

　この一方で，これらを放置すれば格差は拡大の一途を辿ることになり，損失額について日本財団子どもの貧困対策チームが試算したところ，「0歳から15歳までの子ども全員を対象として推計を行うと，所得の減少額は42兆9,000億円，財政収入の減少額は15兆9,000億円に達する[1]」としている。この状況から

言えることは，貧困を特定の家庭が抱える問題と認識するのではなく，社会全体の問題との認識が必要である。

（2）児童虐待

　児童虐待は深刻化する一方で，2017（平成29）年度の児童相談所における児童虐待相談対応件数は13万3,778件となり毎年増加している。これには2つの見方が考えられる。一つは児童虐待数の実数の増加，もう一つは虐待に対する社会的関心の高まりによる通報の増加である。しかし，大切なことは「数」ではなく，実際に虐待で命を落とす子どもが後を絶たないという事実を認識しておくことである。関係機関がSOSをキャッチしながらも命を落とすに至った事件を無くさなければならない。

　現在，児童虐待を発見したら通報という制度があるが，その前に大切なのは，子育て家庭を支援することである。必要なのは「監視の目」ではなく「支援の手」であることを，専門職の者は強く意識しなければならない。

（3）学校における人権問題

　学校での人権に関する問題は，「いじめ」と「体罰」が挙げられる。これらは，子どもの自信と自己肯定感を奪う深刻な問題である。

　子どもにとって学校は社会であり，教科学習以外にも多くの学びや経験の機会が提供されることで自立の礎にもなるところである。ここでのいじめや体罰は子どもにとって大きなダメージとなることから，これらを撲滅していくことは大きな課題である。

　これらを解決するためには学校の意識を変えることが必要である。学校には「教科指導」「生徒指導」「進路指導」があるが，「指導」という意識を「支援」に変えることが第一歩となるのではないだろうか。

　現代は価値観が多様化し，昔は普通に行われていた教師による体罰は今は厳格に禁止されている。しかし，今なお学校で体罰は存在しており根絶されていない。辞書で「指導」を調べると「ある目的・方向に向かって教え導くこと」

（『大辞泉』）となっている。

「指導」の意識が強くなると教師が考える目的や方向が子どもと違うと修正させることとになる。ここに使われるのは「力」である。万一子どもへの修正や矯正ができなかった場合には「指導力不足」という教諭の資質の問題にすり替わる可能性は否定できない。

いじめの問題も構図は体罰問題と同じである。担任しているクラスでいじめが発覚すると，「指導が足らない」という評価につながる恐れがあり，教師は「いじめはない」と思い込もうとする。その結果，事実に目が向けられないリスクが高まるのである。

このような学校での問題には「指導」の意識からの解放と「支援」の視点から，他機関協働が必要である。スクールソーシャルワーカー（SSW）やスクールカウンセラー（SC）との連携を学校内に構築していくことで，子どもの権利を擁護していくことが求められるのではないだろうか。

注

⑴　日本財団子どもの貧困対策チーム『徹底調査子供の貧困が日本を滅ぼす──社会的損失40兆円の衝撃』文藝春秋，2016年，24頁。

参考文献

上田正昭編『人権歴史年表』山川出版社，1999年。

日本財団子どもの貧困対策チーム『徹底調査 子供の貧困が日本を滅ぼす──社会的損失40兆円の衝撃』文藝春秋，2016年。

波多野里望『逐条解説児童の権利条約　改訂版』有斐閣，2005年。

<table>
<tr><td>第4章</td><td>子ども家庭福祉を支える制度と財政</td></tr>
</table>

1　制度と法体系

（1）子ども家庭福祉の法体系

　わが国の児童福祉は,「日本国憲法」や「児童の権利に関する条約」を基本とし, さまざまな法律, 政令, 省令, 通知などにより体系化されている。「児童福祉法」「児童扶養手当法」「特別児童扶養手当等の支給に関する法律」「母子及び父子並びに寡婦福祉法」「母子保健法」「児童手当法」はいわゆる児童福祉六法と呼ばれ, 社会的状況の変化に伴い, 改正や改名が行われている。その他,「児童虐待の防止等に関する法律」「育児休業, 介護休業等育児又は家族介護を行う労働者の福祉に関する法律」「児童買春, 児童ポルノに係る行為等の処罰及び児童の保護等に関する法律」「少子化社会対策基本法」「次世代育成支援対策推進法」「子ども・子育て支援法」などがある。また, これら以外にも関連する法律は, 社会福祉, 教育, 労働, 社会保険, 司法, 医療・公衆衛生など各領域で多岐にわたって関連してくる。

（2）児童福祉法

　わが国の児童福祉に関する主となる法令として児童福祉法があり, その基礎となるものは1947（昭和22）年に施行された「日本国憲法」や1994年に批准された「児童の権利に関する条約」などがある。

　児童福祉法は, 戦後の混乱期に日本国憲法の理念に基づく児童の福祉に関する基本法として1947（昭和22）年に制定された。戦災浮浪児・引き揚げ浮浪児の保護や栄養不良児などに対する保健衛生対策が契機であり, 同法には次代の

日本を担う児童一般の健全育成と福祉の積極的増進が謳われた。さらに，2016（平成28）年には「児童の権利に関する条約」を基本理念として明記した改正児童福祉法が成立した。日本が「児童の権利に関する条約」を批准してから22年，初めて，子どもが「権利の主体」として位置づけられた。児童をとりまく社会のニーズに伴いパラダイムシフトしたものと言える。[(1)]

　成立した改正児童福祉法は，その第1条で「全て児童は，児童の権利に関する条約の精神にのつとり…（中略）…その心身の健やかな成長及び発達…（中略）…を等しく保障される権利を有する」と定め，第2条では，「社会のあらゆる分野において，児童の…（中略）…意見が尊重され，その最善の利益が優先して考慮…（中略）…されるよう努めなければならない」，第3条の2では「国及び地方公共団体は，児童が家庭において心身ともに健やかに養育されるよう，児童の保護者を支援しなければならない」とされた。「児童福祉法」は，総則，福祉の保障，事業及び施設，費用，雑則，罰則など全8章，全62条及び附則で構成されている。児童福祉の原理，児童等の定義などのほか，児童福祉審議会，児童相談所，福祉事務所，保健所など児童福祉の実務を遂行する機関や職種の規定，児童福祉施設等及びそれらに要する費用等が規定されている。

（3）発達障害者支援法──発達障害の概念

　元々，発達障害とは，さまざまな原因によって，乳児期から幼児期にかけて生じる発達の遅れのことを指し，運動や精神，知的な障害など全般的な問題を含んでいた。発達障害は，これまで障害として社会の中で十分認識されておらず，制度の谷間に置かれ，必要な支援が届きにくい状態となっていた。こうした状況を受け，2004（平成16）年12月に「発達障害者支援法」が成立し，翌年度より施行された。この法律では，発達障害を「自閉症，アスペルガー症候群その他の広汎性発達障害，学習障害，注意欠陥多動性障害その他これに類する脳機能の障害であってその症状が通常低年齢において発現するもの」と定義している。発達障害には症状の発現後，できるだけ早期の支援とともに切れ目ない支援が重要である。そのため，本法では障害者基本法の基本的な理念にのっ

とり発達障害者が個人として尊厳のある日常生活または社会生活を営めるよう，発達障害を早期に発見し，発達支援を行うことに関する国および地方自治体の責務を明らかにしている。また，学校教育における発達障害者への支援等発達障害者の自立および社会参加のための生活全般にわたる支援を図ることとされている。

「発達障害」の概念は時代とともに拡大し，その定義には歴史的変遷してきている。米国精神医学会が作成する DSM では 5 回の改訂を経て「アスペルガー症候群」や「自閉症」を「自閉症スペクトラム障害」（ASD），学習症（LD），注意欠如多動症（ADHD）など，知的障害から独立した高次脳機能障害へシフトした。[2]

（4）児童虐待の防止等に関する法律

児童虐待の問題が顕在化し深刻な状況にある中，2000（平成12）年，議員立法により「児童虐待の防止等に関する法律」が成立した。児童虐待への対応規定は，すでに「児童福祉法」の中に，被虐待児童発見者に課せられた通告義務（第25条），虐待親への訓戒や児童福祉司等による指導（第26条），親の同意を得た上での児童の保護（第27条），さらに親の同意にかわる家庭裁判所の承認を経た児童の保護（第28条），児童相談所長による親権喪失宣言の請求（第33条）などあるものの，現実にはどの規定も積極的に運用されているとは言えず，2000年 5 月に「児童虐待の防止等に関する法律」が成立し同年11月施行された。

同法第 2 条では「児童虐待の定義」が初めて定められ，身体的虐待，性的虐待，ネグレクト，心理的虐待の 4 種類とされた。その後，適宜，同法の改正が行われ，2004（平成16）年改正では，①児童虐待の定義の見直し，②国と地方公共団体の責務の強化，③児童虐待に係る通告義務の拡大，④警察署長に対する援助要請等，⑤面会・通信制限規定の整備，⑥児童虐待を受けた子ども等に対する学業の遅れに対する支援，進学・就職の際の支援等に関する規定の整備など，2007（平成19）年改正では，①児童の安全確認等のための立入調査等の強化，②保護者に対する面会・通信等の制限の強化，③保護者に対する指導に

従わない場合の措置の明確化などが図られた。「児童福祉法」や「配偶者からの暴力の防止及び被害者の保護等に関する法律（DV防止法）」など関連する法令とも連動して改定が行われている。

（5）配偶者からの暴力防止及び被害者保護に関する法律

　ドメスティック・バイオレンス（以下，DV）は「家庭内暴力」と訳される。家庭内の暴力は子どもに対するもの，高齢者に対するもの，配偶者に向けられるものなど様々である。DVが起きている家庭では，子どもに対する暴力が同時に行われている場合がある。また，子ども自身が直接暴力を受けている場合は当然であるが，子どもの見ている前で夫婦間での暴力（面前DV）は子どもへの心理的虐待にあたる。このようなDVに対し，わが国では「民事不介入」[3]として長く制度化されなかったが，人権意識の高まりの中，2001（平成13）年に「配偶者からの暴力防止及び被害者保護に関する法律」（DV防止法）が施行された。DV防止法は，配偶者からの暴力の防止と被害を受けている者の保護を目的とする。なお，対象とする配偶者（男性，女性を問わない）については，2013（平成25）年7月の法改正（2014〔平成26〕年1月3日施行）により，婚姻関係にない者（事実婚や元配偶者）にも適用が拡大されている。このため，離婚前に暴力を受け，離婚後も引き続き暴力を受ける場合や，生活の本拠を共にしていた元交際相手からの暴力も同法の保護の対象となっている。

　また，身体的暴力のみならず，精神的・性的暴力も保護等の対象とされ，配偶者からの暴力について，通報，相談，保護，自立支援等の幅広い対応が規定されている。

　児童虐待事件でDVが密接に関連していることを受け，厚生労働省が全国の児童相談所と配偶者暴力相談支援センターとの連携の調査を実施した。配偶者から暴力を受けた被害者の一時保護を行うほか，母子生活支援施設，民間シェルター等に保護を委託する保護委託の制度も設けられている。

2　実施体系

（1）子ども家庭福祉の実施法体系

　児童福祉法をはじめとする児童に関する法律を実際に運用するのが行政機関である。日本の場合，国，都道府県，市町村と業務を分け，体系的に業務を展開している。国は都道府県に対し，そして都道府県は市町村に対して，それぞれ指導監督する権限を有している。さらに都道府県，市町村はそれぞれ業務を実際に実施するための機関を設置している場合もある。都道府県，指定都市が児童相談所を設置し，児童相談所がその権限の委譲のもとに業務を行っていることなどが挙げられる。

　子ども家庭福祉において課題は多様化しており，それらの諸課題に対する対応は，一つの実施機関だけで解決することは困難であり，さまざまな機関が連携をとり子どもとその家族にアプローチしながら課題解決を行っていくことが求められている。

（2）国及び地方公共団体

　国は，児童家庭に関する福祉行政全般についての企画調整，監査指導，事業に要する費用の予算措置等，中枢機能を担っている。

　その機構としては，厚生労働省が設置されており，その内部に子ども家庭局がある。その中に総務課，家庭福祉課，子育て支援課，保育課，母子保健課があり，それぞれの子ども家庭福祉に関する業務を分掌している。

　都道府県は，市町村を包括する広域の地方公共団体として，広域にわたるもの，統一的な処理を必要とするもの，市町村に関する連絡調整に関するものなどを処理するものとされているが，児童福祉関係では，都道府県内の児童福祉事業の企画に関すること，予算措置に関することのほか，児童福祉施設の認可並びに指導監督，児童相談所や福祉事務所・保健所の設置運営，市町村に対する必要な援助，児童家庭相談のうち専門性の高いものへの対応などを行ってい

る。都道府県のほか，指定都市は，都道府県とほぼ同様の権限をもって児童福祉に関する事務を行っている。また，1996（平成8）年4月1日より中核市が設けられ，都道府県・指定都市に準じた事務の範囲が移譲されている。

　市町村は，住民の最も身近な地方公共団体として児童福祉行政を行っている。具体的には，児童福祉に関する実情の把握や情報提供，相談業務，保育の実施，市町村保健センターの設置，母子保健に関すること，子育てサービスなどがある。近年，急増している児童虐待の問題など状況を受け，都道府県（児童相談所）が担っていた相談業務について，市町村を第一義的な窓口とするよう「児童福祉法」の改正が行われた。

（3）子ども家庭福祉に関する実施機関

1）児童相談所

　児童相談所は，「児童相談所運営指針」によると，基本的機能としては，すべての児童（18歳未満）を対象とし，児童に関する様々な問題について，家庭や学校，福祉事務所などからの相談に応じ（相談機能），あるいは警察関係からの通告を受け，関係機関との連携を取りながら，専門的な調査，判定を実施し，それに基づいて個々の児童や保護者の指導をし，かつ必要に応じて児童を一時保護したり（一時保護機能），児童を児童福祉施設に入所させたり，里親に委託したりする（措置機能）機能がある。さらに，市町村相互間の連絡調整，市町村に対する情報の提供その他必要な援助を行う機能（市町村援助機能）などがある。また，「児童相談所運営指針」では民法上の機能として親権などに関わる権限が示されている。児童相談所は児童福祉行政の第一線機関である。児童相談所が受けた相談は，受理，判定，援助方針会議などを経て援助内容が決定される。援助内容は，在宅指導や里親委託，乳児院や児童養護施設などへの児童福祉施設入所措置などがある。相談援助活動の体系・展開は図4-1の通りである。

　また相談内容は，概ね次のように分類される。

　　① 障害相談：知的障害，肢体不自由，重症心身障害，視聴・言語障害，

図4-1　児童相談所における相談援助活動の体系・展開

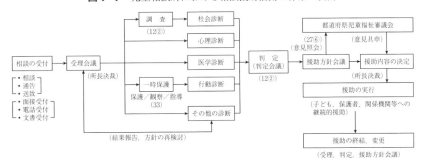

注：数字は児童福祉法の該当条項等。
出所：厚生労働省子ども家庭局通知「児童相談所運営指針について」。

自閉症など障害のある児童に関する相談。

② 育成相談：しつけ，性格行動，適性，不登校，教育その他児童の育成上の諸問題に関する相談。

③ 養護相談：保護者の病気，家出，離婚などよる養育困難児，棄児，被虐待児，被放任児など養育環境上問題のある児童に関する相談。

④ 非行相談：窃盗，傷害，放火などの触法行為のあった児童，浮浪，乱暴などの問題行為のみられる児童に関する児童。

⑤ その他の相談

2005（平成17）年より市町村も相談の窓口として位置づけられたことを受け，都道府県（児童相談所）は市町村に対して，連絡調整や情報の提供，その他必要な援助を行うこととなった。虐待を受けた子どもなど要保護児童に対する支援のネットワークの運営などに関する規定が整備された。

児童相談所は，児童福祉法第12条により，各都道府県，指定都市に設置が義務づけられており，その設置数については人口50万人に1カ所程度とされている。2006（平成18）年度からは中核市も設置できることとなった。また2017（平成29）年度からは政令の指定する特別区も設置できることとなった。2020（令和2）年4月1日現在全国に219カ所設置されている。職員としては所長をはじめ児童福祉司，相談員，児童心理司，医師，児童指導員，保育士などが配

置されており，これらの職員チーム・アプローチと合議制による判定とそれに
もとづく指導，措置などの援助が児童相談所の専門性を支える根幹となってい
る。

　近年，児童虐待による死亡事件が発生するなど，深刻な状態が続いているこ
とを受け，国は児童虐待防止対策に関する関係閣僚会議において，「児童虐待
防止対策の強化に向けた緊急総合対策」を決定し，児童虐待防止対策に関する
取り組みを進めている。この取り組みでは，①子どもの権利擁護，②児童虐待
の発生予防・早期発見，③児童虐待発生時の迅速・的確な対応を柱とし，「妊
娠期から切れ目のない支援体制の整備」「乳幼児健診未受診者，未就園，不就
学等の子どもに関する定期的な安全確認」「児童福祉審議会における意見聴取
の際の子どもへの配慮義務など児童福祉審議会の活用促進」「児童相談所の人
員体制強化及び専門性の確保と資質の向上」「児童相談所・市町村における情
報共有の推進」「子どもの死因究明に関する検討」など様々な視点からの取り
組みが進められている。

　2017（平成29）年に成立した，児童福祉法及び児童虐待の防止等に関する法
律の一部を改正する法律には，保護者に対する指導への司法関与や家庭裁判所
による一時保護の審査の導入により児童等の保護について司法関与を強化する
等の措置が盛り込まれている。

2）福祉事務所・家庭児童相談室

　福祉事務所は，社会福祉法第14条に規定されている「福祉に関する事務所」
をいい，生活保護法，児童福祉法，母子及び父子並びに寡婦福祉法，老人福祉
法，身体障害者福祉法，および知的障害者福祉法のいわゆる福祉六法に定める
援護，育成または更生の措置に関する事務をつかさどる第一線の社会福祉行政
機関である。都道府県および市（特別区を含む）は設置が義務づけられており，
町村は任意で設置することができることとされ，2018（平成30）年4月現在で
全国に1,248カ所（都道府県207カ所，市（特別区）998カ所，町村43カ所）設置され
ている。[4]

　福祉事務所には，所長のほか，査察指導員，現業員，身体障害者福祉司，知

的障害者福祉司などの職員が配置されており，査察指導員，現業員は社会福祉法15条において，社会福祉主事でなければならないとされている。福祉事務所における児童福祉関係業務の主なものは，次の通りである。

① 児童と妊産帰の福祉に関し，必要な実情の把握に努めること。

② 児童と妊産帰の福祉に関する事項について相談に応じ，必要な調査を行うとともに個別的または集団的に必要な指導を行うこと。また，これらに附随する業務を行うこと。福祉事務所長は福祉援護の措置を要する児童があることを知った場合，必要に応じ次のいずれかの措置をとっている。

⑴ 児童福祉施設への入所や里親への委託など福祉上の措置を必要とする児童および児童相談所の判定を必要とする児童は，これを児童相談所に送致する。

⑵ 児童やその保護者を福祉事務所の知的障害者福祉司や社会福祉主事に指導させる。

⑶ 助産施設や母子生活支援施設への入所を要する児童は，その措置権者である福祉事務所を管理する都道府県知事・市町村長に報告し，または通知する。

⑷ 保育の実施が適当であると認める児童は，これをその保育の実施に係る市町村の長に報告し，または通知する。

また，児童の健全育成を図る上で，家庭に対する相談指導の機能を強化，充実するため，福祉事務所に家庭児童相談室が設置されている。これらの相談室には，児童福祉に関する業務に従事する社会福祉主事と家庭相談員が配置されている。

家庭児童相談室は，住民にとって身近な福祉行政機関である福祉事務所の家庭児童福祉に関する相談機能をより充実強化することにより，家庭における適正な児童の養育等家庭児童福祉の向上を図ることを目的として，1964（昭和39）年度から福祉事務所に設置され，全国に約250カ所設置されている。[5]

家庭児童相談室には，家庭相談員及び社会福祉主事が配置され，一般家庭に

おける児童の育成上の種々の問題について相談指導を行い，問題を持つ児童等の早期発見，早期指導に努めている。

3）保健所・市町村保健センター

保健所は地域保健法に定められており，地域の公衆衛生や保健事業を担う公共機関の一つである。都道府県，指定都市，中核市，その他政令で定める市及び特別区に設置が義務づけられている。職員として，医師，保健師，助産師，看護師，栄養士，薬剤師，獣医師などがいる。2020（令和2）年4月1日現在，全国に469カ所（支所121カ所）ある。児童福祉に関する業務として「児童福祉法」では，以下のとおり規定されている。

> **第12条の6**　保健所は，この法律の施行に関し，主として次の業務を行うものとする。
>
> ①　児童の保健について，正しい衛生知識の普及を図ること。
>
> ②　児童の健康相談に応じ，又は健康診査を行い，必要に応じ，保健指導を行うこと。
>
> ③　身体に障害のある児童及び疾病により長期にわたり療養を必要とする児童の療育について，指導を行うこと。
>
> ④　児童福祉施設に対し，栄養の改善その他衛生に関し，必要な助言を与えること。
>
> 2　児童相談所長は，相談に応じた児童，その保護者又は妊産婦について，保健所に対し，保健指導その他の必要な協力を求めることができる。

また，市町村には地域保健法により市町村保健センターを設置することができる（任意設置）こととなっている。地域住民のため健康の保持と増進のため健康相談や保健指導，健康診査などを行っている。

4）婦人相談所（女性相談センター）

婦人相談所は，売春防止法第34条に基づき，性行，または環境に照らし，売春を行うおそれのある要保護の女性の保護・更生について，次の3つの業務を行う行政機関である。

①　要保護の女性に関する各般の問題の相談に応ずる。

②　要保護の女性やその家庭について必要な調査をはじめ，医学的，心理学的，職能的判定，ならびにこれらに付随した事項について必要な指導を行う。

③　要保護の女性の一時保護を行う。

2001（平成13）年からはDV防止法が成立したことにより，配偶者暴力相談支援センターの機能を担う施設の一つと位置づけられた。

婦人相談所は，各都道府県に1カ所の設置が義務づけられており，要保護女子等に関する各般の問題についての相談，要保護女子等とその家族について必要な調査や，医学的，心理学的，職能的判定とこれらに付随する必要な指導，要保護女子等の一時保護などを行うことを主たる業務としている。婦人相談所には一時保護の施設が設置され，緊急保護，行動観察，短期間の入所を伴う指導を行っている。

近年は，その関連施設としてDV被害の女性のため，専用の民間シェルターも開設されている。施設数は2018（平成30）年11月現在51カ所ある。[7]主な職員は，ケースワーカー（婦人相談員），心理判定員，調理員，介護職員，栄養士，事務職員，嘱託医などが配置されている。

各般の相談内容が児童虐待やDVなどが密接に関連していることを受け，2019（令和元）年6月成立の児童虐待防止対策の強化を図るための児童福祉法等の一部を改正する法律の概要では，関係機関間の連携強化として「児童虐待の防止等に関する法律」や「配偶者からの暴力の防止及び被害者の保護等に関する法律」などとも関連し「DV対策との連携強化のため，婦人相談所及び配偶者暴力相談支援センターの職員については，児童虐待の早期発見に努めることとし，児童相談所はDV被害者の保護のために，配偶者暴力相談支援センターと連携協力するよう努めるものとする」としている。

3　財　　政

子どものウェルビーイングを保障するためには，子ども家庭福祉施策が計画

に基づいて円滑に推進されることが求められるが，そのためには必要な財源が用意されなければならない。そこで本節では，子ども家庭福祉施策を推進するための財源についての規定，児童福祉施設の運営にかかる費用，利用者負担についてその概要を述べる。

（1）国及び地方公共団体の財源負担についての規定

　子ども家庭福祉を推進するための財源として，一番大きな役割を果たしているのが公費である。これは児童福祉法第2条第3項に，「国及び地方公共団体は，児童の保護者とともに，児童を心身ともに健やかに育成する責任を負う」とあるように，国及び地方公共団体に子どもの育成の責任が規定されているからである。

　国及び地方公共団体間の財政上の負担区分については，地方財政法第10条において，次のように補助金として，国がその費用の全部または一部を負担すると定められている。

> **第10条**　地方公共団体が法令に基づいて実施しなければならない事務であつて，国と地方公共団体相互の利害に関係がある事務のうち，その円滑な運営を期するためには，なお，国が進んで経費を負担する必要がある次に掲げるものについては，国が，その経費の全部又は一部を負担する。
> （略）
> 14　児童一時保護所，未熟児，小児慢性特定疾病児童等，身体障害児及び結核にかかつている児童の保護，児童福祉施設（地方公共団体の設置する保育所及び幼保連携型認定こども園を除く。）並びに里親に要する経費

　この規定を受けて，具体的には児童福祉法の中で，各種の子ども家庭福祉施策の実施に必要な費用ならびに国・都道府県・市町村等の負担割合について規定されている。これについては次項において述べる。

　なお補助金は，特定の目的のために予算化されている財源であり，目的の達成のために適正に使用されなければならないものであることは論を待たない。「補助金等に係る予算の執行の適正化に関する法律」において，以下のように

規定されている。

第3条　（略）

 2　補助事業者等及び間接補助事業者等は，補助金等が国民から徴収された税金その他の貴重な財源でまかなわれるものであることに留意し，法令の定及び補助金等の交付の目的又は間接補助金等の交付若しくは融通の目的に従つて誠実に補助事業等又は間接補助事業等を行うように努めなければならない。

　社会福祉に従事する関係者は，まずこの規定について理解し，法規に従って適正に進めていかなければ，国民の信頼を得ることができないことを肝に銘じなければならない。1円たりとも不正な用途があってはならない。

（2）児童福祉施設の運営にかかる費用

　子ども家庭福祉施策にかかる補助金は多岐にわたっており，取り組まれている事業も広範囲である。本項では，「保育の基礎を学ぶ」観点から子ども家庭福祉における費用の中で最も関連が深い一つである「児童保護措置費負担金」について概説する。

1）児童保護措置費

　児童保護措置費とは，児童福祉施設の運営にかかる費用のことである。児童福祉法により里親等に委託された場合または児童福祉施設への入所措置がとられた場合，その子どもの委託後または入所後の支援について必要な費用が「措置費」として，国及び地方公共団体から支弁される。児童福祉法の規定による福祉の措置は，次の3つに整理される。(8)

 ①　都道府県（指定都市及び児童相談所設置市を含み措置権の委任を受けた児童相談所長を含む。）が，要保護児童を，乳児院，児童養護施設，児童心理治療施設，児童自立支援施設に入所させ，若しくは児童を児童自立生活援助事業所（以下「自立援助ホーム」という。）において児童自立生活援助の実施を行い，小規模住居型児童養育事業所（以下「ファミリーホーム」という。）又は里親に委託の行政措置を行った場合（児童福祉法第27条第1

項第3号，第32条第1項，第33条の6第1項）

② 都道府県，指定都市，中核市，市（指定都市・中核市を除く）及び福祉事務所を設置する町村（措置権の委任をうけた福祉事務所長を含む。）が，母子家庭の母子を母子生活支援施設に，妊産婦を助産施設にそれぞれ母子保護の実施，助産の実施を行った場合（法第22条，第23条，第32条第2項）

③ 市町村（特別区を含み，保育の実施の委任を受けた福祉事務所長又は市町村教育委員会を含む。）が，虐待の恐れがある児童に対して，保育所等に入所させた場合（法第24条第4項，第5項）

上記の3つの場合において，（措置費とは：筆者注）それぞれその「入所後の保護又は委託後の養育につき，児童福祉施設最低基準を維持するために要する費用」（法第50条第6号から第6号の3，第7号，第7号の3，第51条第3号から第5号）を指すのであり，更には，都道府県や市町村が児童福祉施設に対して毎月支弁する経費をいうのである。

以上に加えて，児童福祉法第27条第2項による肢体不自由児や重症心身障害児を指定発達支援医療機関に委託した場合の費用についても，委託及び委託後の治療等に要する費用としてこの措置費で支弁される（法第50条第7号の2）。

2）支弁義務者

前述のように里親等への委託措置や児童福祉施設への入所措置をとった場合には，その都道府県又は市町村が措置費の支弁義務者としてその里親等又は児童福祉施設に対し毎月措置費を支弁しなければならない。ただし，以下の3つの例外が設けられている。[9]

① 市町村が都道府県立の助産施設，母子生活支援施設に助産の実施又は母子保護の実施を採った場合にはその都道府県が措置費の支弁義務者となり（法第50条第6号），

② 指定都市がたとえその所在する道府県立の児童福祉施設に入所措置を採ってもその指定都市が措置費を支弁し，中核市がたとえその所在する

都道府県立の母子生活支援施設又は助産施設に助産の実施又は母子保護の実施を採った場合でもその中核市が措置費を支弁する（法第59条の4，地方自治法施行令第174条の26，第174条の49の2），

③ 国立の児童福祉施設である武蔵野学院，きぬ川学院〈児童自立支援施設〉に入所の措置を採った場合には国がその入所後に要する費用を支弁することとされている（法第49条の2）。

3）費用徴収

費用徴収については，国が措置費を支弁した場合には厚生労働大臣が，都道府県又は市町村が支弁した場合においては，それぞれの支弁をした都道府県又は市町村長が，その支弁した費用を本人又はその扶養義務者からその負担能力に応じてその費用の全部又は一部を徴収することができるとされている（法第56条第1項，第2項）。これは施設への入所措置は，個々の家庭の経済的理由を必要とするものではなく，子どもの要保護という要件に着目した対応がとられているからである。しかしながら『児童養護施設入所児童等調査の概要（平成30年2月1日現在)』（厚生労働省子ども家庭局）において養護問題発生理由や入所時の保護者の状況から推察されることは，養護問題と保護者の経済状況には密接な関係があると思量されることである。

現行の徴収基準は，個々の世帯の所得税，市町村民税等の課税階層の区分に応じて徴収額を判断する応能負担である。児童入所施設における費用徴収基準額の階層区分は，A階層（生活保護法による被保護世帯及び中国残留邦人等の円滑な帰国の促進及び永住帰国後の自立支援に関する法律による支援給付受給世帯)，B階層（市町村民税非課税世帯)，C階層（市町村民税の額が均等割の額のみの世帯)，D階層（市町村民税課税世帯）の4階層に区分しており，さらにD階層については市町村民税課税額の多寡に応じて15の区分に分けられ，全体で18階層の階層区分を設定し基準額が定められている。

4）国庫負担と負担区分

国庫は，各会計年度を単位として，地方公共団体が支弁した措置費の総額と，その実支出額からその地方公共団体に対してなされた寄付金を控除した額とを

比較して，いずれか少ない方の額から厚生労働大臣が定める基準によって算定した徴収金の額を控除した額を精算額として，その2分の1の額の国庫負担がなされている（法第53条，児童福祉法施行令第42条）。

　以上により国が2分の1を負担した残りの部分については，それぞれの地方公共団体が負担することとなるが，表4-1は児童福祉施設等についての措置費の負担区分をまとめた一覧表である。

（3）児童入所施設の措置費

　里親委託または児童福祉施設への入所に際し，子ども等の1人（世帯）当たりの単価のことを保護単価と呼んでいる。児童福祉施設の設備及び運営に関する基準ではその第2条において，都道府県が定める最低基準は，児童福祉施設入所児童が心身ともに健やかにして，社会に適応することを保障する水準でなければならないと規定し，かつ同第3条第2項では，都道府県に最低基準を常に向上させる責務を課していることからも，保護単価の水準については，子どものウェルビーイングを保障するための水準であることが求められる。

　措置費は，事務費と事業費に大別される。事務費は人件費と施設自体の管理費及び民間施設給与等改善費から構成される。このうち管理費とは，施設の維持管理に必要な経費で旅費，庁費，嘱託医手当，被服手当，補修費，保健衛生費，職員研修費，職員健康管理費，施設機能強化推進費等に細分化されている。一方事業費は，主として直接子どものために使用される経費である。参考までに一例として児童養護施設における事業費の支弁費目は，表4-2のとおりである。

　事務費の保護単価の設定方式については，事務費の定員払い方式といわれる支弁方法で行われている。これは施設の保護単価にその施設の定員を乗じた額をその月の事務費の支弁額として支払うものである。この方式は，事務処理の合理化を図るとともに，定員に対応する職員の所要経費を固定的に保障することにより，子どもの入退所の影響を受けることなく職員の処遇を保障しようとするものであり，労働者保護及び施設経営の安定化の観点からは有用である。

表4-1　児童福祉施設等についての措置費の負担区分

施設種別	実施主体の区分	児童等入所先施設の区分	支弁	徴収	負担区分		
					市　町　村	都道府県指定都市中核市児童相談所設置市	国
特定教育・保育施設,特定地域型保育事業所	市　町　村	私立施設・事業所	市町村	市町村の長	1／4	1／4	1／2
		公立施設・事業所	市町村	市町村の長	一般財源化（※）		
母子生活支援施設助産施設	市・福祉事務所を設置する町村	市町村立・私立施設	市町村	市町村の長	1／4	1／4	1／2
		都道府県立施設	都道府県	都道府県の長		1／2	1／2
	都道府県指定都市中核市児童相談所設置市	都道府県立・市町村立・私立施設	都道府県指定都市中核市児童相談所設置市	都道府県・中核市・児童相談所設置市の長		1／2	1／2
その他の児童福祉施設・ファミリーホーム・自立援助ホーム・里親	都道府県指定都市児童相談所設置市	都道府県立・市町村立・私立施設	都道府県指定都市児童相談所設置市	都道府県・指定都市・児童相談所設置市の長		1／2	1／2

注：(1)実施主体の措置によって国立の児童福祉施設に入所させた場合は，国がその入所後に要する費用の全額を負担し，かつ，徴収を行うが，費用の負担能力の認定は都道府県知事が行う。なお，指定都市及び中核市が都道府県立の母子生活支援施設への母子保護の実施，助産施設への助産の実施をとった場合においても，当該指定都市及び中核市は措置費等の1／2を負担することとなる（特定教育・保育施設については指定都市及び中核市も1／4負担）。
　　　（※）特定地域型保育事業所については，地方交付税算定対象外のため，市町村（指定都市，中核市を含む。）1／4，都道府県1／4，国1／2の負担区分で負担することとなる。
　　　(2)児童相談所設置市は，世田谷区・荒川区・江戸川区・横須賀市・金沢市・明石市（2020年12月現在）。
出所：児童育成協会監修『児童保護措置費・保育給付費手帳　令和元年度版』中央法規出版，2020年，9頁，筆者加筆。

ただし施設の種類によっては，定員と現員の間に著しい開差が生じているところもあり，国庫負担の上から著しい不均衡を生ずることになることから，原則10％以上の開差は認めない[10]こととし，是正措置として暫定定員制が設けられている。

表4-2 児童養護施設の事業費の支弁費目一覧表

1　生活諸費　一般生活費―給食に要する材料費等及び日常生活に必要な経常的諸経費

2　教育諸費
- (1)　教　育　費―義務教育用の学用品費, 教材代等
　　　　　　　　　　特別加算費：高等学校等の入学時や資格取得時等に加算がある
- (2)　学校給食費―学校から徴収される実費
- (3)　見学旅行費―小学6年生, 中学3年生及び高等学校3年生の修学旅行の交通費, 宿泊費等
- (4)　入進学支度金―小学1年, 中学1年への入進学に必要な学用品等の購入費
- (5)　特別育成費―高等学校等教育用の学校納付金, 教科書代, 学用品費, 通学費等
　　　　　　　　　その他高等学校等の入学時や資格取得時等に加算がある
- (6)　夏季等特別行事費―夏季等に行われる臨海, 林間学校等に出席するために必要な交通費等
- (7)　幼稚園費―幼稚園就園に必要な入学金, 保育料, 制服代等

3　その他の諸費
- (1)　期末一時扶助費―年末の被服等の購入費
- (2)　医　療　費―診察, 治療, 投薬, 手術等のいわゆる医療費
- (3)　職業補導費―義務教育修了児が職業補導機関に通う交通費
- (4)　冷暖房費―冷暖房にかかる経費
- (5)　就職支度費―退所児の就職に伴い必要な寝具類, 被服類等の購入費等
- (6)　大学進学等自立生活支度費―退所児の大学進学等に伴い必要な住居費等
- (7)　葬　祭　費―死亡児の火葬又は埋葬, 納骨費等
- (8)　予防接種費―予防接種を受ける場合に必要な経費

出所：表4-1と同じ, 15頁。

（4）社会福祉法人の経営と財源

　明治期以降の子ども家庭福祉実践における先駆的な取り組みは, 1909（明治42）年2月11日に成績優秀な私設社会事業に対する内務大臣の奨励金の交付が始まるまでは, もっぱら民間の社会事業家により開拓されてきた。今日の民間社会福祉事業を経営する社会福祉法人に対する信頼度が高いのは, 各社会福祉法人が創設者の理念を尊重しそれを実践の中で具現化することを通して社会に貢献してきたからであり, この基本的精神は時代が変わっても継承されなければならない。子ども家庭福祉実践においては, 公的責任として交付される補助金が財源の中心であることは今後も変わらないと思われるが, 社会福祉法人が様々なニーズを取り込んだ自主的な取り組みを拡げていくためには, ますます自主的な財源の確保が必要になる。高齢者を中心とした事業を経営する社会福祉法人とは異なり, 子ども家庭福祉領域の事業においては, 内部留保を蓄積することは困難である。したがって寄付金をはじめとする法人独自の収入や各種補助金の申請等により, 自主的財源を高めていくことが必要とされている。社会福祉法第24条第1項（経営の原則等）には次のように規定されている。

> **第24条**　社会福祉法人は，社会福祉事業の主たる担い手としてふさわしい事業を確実，効果的かつ適正に行うため，自主的にその経営基盤の強化を図るとともに，その提供する福祉サービスの質の向上及び事業経営の透明性の確保を図らなければならない。

この原則に基づき経営組織のガバナンスの強化や事業運営の透明性の向上を進め，社会福祉法人の機能を高めることが要請されている。もちろんその目的は，社会福祉法第1条を持ち出すまでもなく，福祉サービスの利用者の利益の保護及び地域福祉の推進にあり，その実現を通して，社会の信頼をより一層高めていくことが必要とされている。

注

(1)　その時代や分野におけるものの見方や捉え方が大きく変わること。

(2)　米国精神医学会の改定を受け日本では，英語の病名の翻訳（日本精神神経学会による）で差別意識や不快感を生まないようにし基本的には子どもや若い世代の病気を中心に「障害」を「症」に名称を変更し学習障害→学習症，注意欠陥・多動性障害→注意欠如多動症などと名称が変更された。

(3)　警察や児童相談所，裁判所などの公的機関は，「法は家庭に入らず」，「民事不介入」などとして介入が難しく，子どもや女性の人権侵害があった。

(4)　厚生労働統計協会『国民の福祉と介護の動向2019／2020』2019年，240頁。

(5)　厚生労働省「市区町村における児童家庭相談業務の状況について」（平成24年度調査）。

(6)　厚生労働省健康局健康課地域保健室調べ。

(7)　厚生労働省「全国の婦人相談所一覧」。

(8)　児童育成協会監修『児童保護措置費・保育給付費手帳 令和元年度版』中央法規出版，2020年，6頁。

(9)　同前書，7頁。

(10)　「児童福祉法による児童入所施設措置費等国庫負担金について」通知の施行について［平成11年4月30日児発第416号厚生省児童家庭局長通知］　第1　暫定定員及び保護単価の設定について　（注）の(3)　1.11は100％／90％で10％以上の階差は認めない趣旨であること，との説明がなされている。

(11)　厚生省20年史編集委員会編『厚生省二十年史』厚生問題研究会，1960年，資料編年表14頁。

参考文献

・第 1・2 節

大嶋恭二ほか編『社会的養護』全国社会福祉協議会，2011年。

大嶋恭二ほか編『保育者のための教育と福祉の事典』建帛社，2012年。

厚生統計協会編『国民の福祉と介護の動向2019／2020』2019年。

厚生労働省「子育て世代包括支援センター業務ガイドライン」(https://www.mhlw.
　go.jp/file/06-Seisakujouhou-11900000-Koyoukintoujidoukateikyoku/kosodatesedaig
　aidorain.pdf，2020年 5 月10日アクセス)。

増沢高「子ども虐待の発見と支援」(http://www.niye.go.jp/kikaku_houkoku/upload/
　project/282/282_21.pdf，2020年 5 月10日アクセス)。

吉田幸恵・山縣文治編『新版 よくわかる子ども家庭福祉』ミネルヴァ書房，2019年。

・第 3 節

東京都社会福祉協議会児童部会書記会編『児童養護施設事務処理の手引 第 5 次改訂版』
　東京都社会福祉協議会，2017年。

| 第5章 | 子ども家庭福祉を支える施設と専門職 |

1　児童福祉施設の概要と生活

　本節では，児童福祉施設の実施形態を概観し，その中でも代表的な入所施設である児童養護施設と保育所について，その機能とあり方，そこでの子どもたちの生活について解説する。

（1）児童福祉施設の種類と実施形態

　児童福祉施設は，児童福祉に関する事業を行う施設とされており，児童福祉法によってその設置，運営基準が定められている。児童福祉施設では，子どもが権利主体であり，その最善の利益を優先するという考えに基づき，児童の福祉を図る施設として運営されている。さらに，その設置目的や生活形態によって，母子保健，家庭養育支援，社会的養護に関する施設に分類することができる。表5－1は各施設の種類と関連法，実施形態についてまとめたものである。

（2）児童養護施設で暮らす子どもたち――家庭的な環境を保障するために

　児童養護施設は，児童福祉法に基づき保護者のない児童（場合によっては乳児），虐待されている児童等を入所させて養護する施設である。児童養護施設では，様々な家庭的背景を持つ子どもたちが共同生活を送っている。

1）施設の規模と課題

　児童養護施設では，児童福祉法での「児童」とされる原則1歳から18歳までの，何らかの事情によって家庭で暮らすことができない子どもが生活をしている。施設の形態は，大舎（20人以上），中舎（13～19人），小舎（12人以下）やこ

表5-1　児童福祉施設の種類と実施形態

施設の種類（児童福祉法）		機　能
母子保健	助産施設（第36条）	保健上必要があるにもかかわらず，経済的理由により，入院助産を受けることができない妊産婦を入所させて，助産を受けさせることを目的とする
家庭養育支援	保育所（第39条）認定こども園（第39条の2）	保育所 　保育を必要とする乳児・幼児を日々保護者の下から通わせて保育を行う 幼保連携型認定こども園 　教育，及び保育を必要とする乳児・幼児に対する保育を一体的に行い，健やかな成長が図られるよう適当な環境を与えて，心身の発達を助長する
家庭養育支援	児童厚生施設（第40条）	児童館，児童遊園等，児童に健全な遊びを与えて，その健康を増進し，又は情操を豊かにすることを目的とする
社会的養護　母親支援・養育支援	母子生活支援施設（第38条）	配偶者のない女子，これに準ずる事情にある女子及びその者の監護すべき児童を入所させて，保護するとともに，自立の促進のためにその生活を支援し，退所した者について相談その他の援助を行うことを目的とする
	乳児院（第37条）	乳児（特に必要のある場合には幼児を含む）を入院させて養育し，退院した者について相談その他の援助を行うことを目的とする施設
	児童養護施設（第41条）	保護者のない児童（特に必要のある場合には乳児を含む），虐待されている児童，その他環境上養護を要する児童を入所させて養護し，退所した者に対する相談その他の自立のための援助を行う
	児童自立支援施設（第44条）	不良行為をなし，又はなすおそれのある児童，その他生活指導等を要する児童を入所させ，又は保護者の下から通わせて，個々の児童の状況に応じて必要な指導を行い，自立を支援し，退所した者について相談その他の援助を行う
	児童家庭支援センター（第44条の2）	児童に関する家庭その他からの相談のうち，専門的な知識及び技術を必要とするものに応じ，必要な助言を行うとともに，市町村の求めに応じ，技術的助言その他必要な援助を行うほか，児童相談所，児童福祉施設等との連絡調整その他厚生労働省令の定める援助を総合的に行う
社会的養護　障害児支援	障害児入所施設（第42条）	障害児を入所させて支援を行う 福祉型障害児入所施設 　保護，日常生活の指導及び独立自活に必要な知識技能の付与 医療型障害児入所施設 　保護，日常生活の指導，独立自活に必要な知識技能の付与及び治療
	児童発達支援センター（第43条）	障害児を日々保護者の下から通わせて支援を提供する 福祉型児童発達支援センター 　日常生活における基本的動作の指導，独立自活に必要な知識技能の付与又は集団生活への適応のための訓練 医療型児童発達支援センター 　日常生活における基本的動作の指導，独立自活に必要な知識技能の付与又は集団生活への適応のための訓練及び治療
	児童心理治療施設（第43条の2）	家庭環境，学校における交友関係その他の環境上の理由により社会生活への適応が困難となった児童を，短期間，入所させ，又は保護者の下から通わせて，社会生活に適応するために必要な心理に関する治療及び生活指導を主として行い，あわせて退所した者について相談その他の援助を行う

出所：児童福祉法を基に筆者作成。

れらの3つの複合型に分けられる。日本の児童養護施設は大舎制施設が少なくないが，個別対応を重視する方向性を受け少人数グループでの生活形態を取り入れる等，子どもたちに家庭的な環境を提供するため改善が進められている。

　また，児童養護施設の利用は，必要に応じて20歳までの措置延長はあるものの，原則18歳までとされている。子どもたちには，高校卒業までの間に自分の進路を決定して自立することが求められる。児童養護施設の役割は自立支援であるが，退所後も頼ることができる子どもたちの拠り所としてあり続ける必要がある。

2）より家庭的な環境を提供するために

　さまざまな事情によって，親と暮らすことができない子どもにとって，家庭的な居場所を提供することは不可欠である。さらに，そこで働く保育士や児童指導員といった専門職が親代わりとなって寄り添い，養育をする際には，子どもたち一人ひとりとの信頼関係を築く必要がある。大舎制施設で，一人の大人が大勢の子どもと関わる生活スタイルでは，大人の目が届かないこともあり，子ども同士のトラブルや間違いが発生する温床となりやすい。こうした問題を防ぐためにも，小グループでの生活が必要である。

（3）これからの施設運営のあり方——児童養護施設の小規模化に見る

　児童養護施設に入所する子どもたちの家庭的背景には，親の死亡，入院，拘禁等というように必然的に親と離れ離れになるケース，離婚，再婚を繰り返すことにより家族関係が複雑になり養育不能となるケースなど様々である。また，厚生労働省の統計によると，児童相談所における児童虐待相談対応件数は年々増加しており，こうした被虐待児も保護の対象となる。このように，児童養護施設で生活する子どもたちには，機能不全の家庭において不適切な養育を受けてきたケースが増加している。こうした子どもたちに対しては，保護者に代わる大人との深い情緒的な関わりと専門的なケアが必要となる。

　施設の小規模化では，職員と子どもたちがある程度固定された人間関係の中で生活することによって，関係性を深化することができる。しかし，人間関係

が固定化されることにより，人員配置の難しさや職員と子どもの共依存といった弊害が起こりうることへの注意も必要だ。社会的養護の対象となる子どもの背景には，医療的，心理的ケアが必要な状況があることも踏まえ，子どもに関わる大人にはより高い倫理観と専門性が求められる。

（4）保育所の特性と保育者の専門性
1）保育所の特性

　保育所は，表5-1に示したように保育を必要とする乳児・幼児を日々保護者の下から通わせて保育を行うことを目的とする，厚生労働省管轄の施設である。保育所では，養護と教育を一体的に行うとされ「保育所保育指針」に基づき，保育が行われている。近年では「幼保一元化」により，保育所における教育力の向上や，幼稚園での預かり保育の実施による長時間保育などが求められている。

　保育所を利用するためには，子ども子育て支援新制度に基づき，表5-2の通り居住する市町村により2号・3号に該当する保育認定を受ける必要がある。

　2号，3号認定基準としては，就労・妊娠・出産・保護者の疾病・障害といった「保育を必要とする事由」に該当する必要がある。保育時間は「保育の必要量」として保育を必要とする事由や保護者の状況に応じ，「保育標準時間」認定（最長11時間），「保育短時間」認定（最長8時間）の範囲で市町村が定める。また，ひとり親家庭・虐待のおそれのあるケース・育児休業明け・小規模保育事業などの卒園児童などについては優先的に利用調整がなされている。

　保育所は，運営形式により認可保育所・認証保育所・無認可保育施設に分類される。認可保育所は，公立や社会福祉法人によって運営される施設であり，国が定めた設置基準（施設の広さ，保育士等の職員数，給食設備，防災管理，衛生管理等）をクリアして都道府県知事・政令指定都市市長・中核市市長に認可された施設である。これに対し，認証保育所は国の基準では保育所設置に困難が生じる東京都独自の制度である。東京都の特性に応じた基準を設定し，多くの企業の参入による競争を促進することにより，A型（駅前基本型），B型（小規模，

表 5 - 2　保育認定の基準

認　　定	1 号認定 (教育標準時間認定)	2 号認定 (保育認定)	3 号認定 (保育認定)
対　　象	保育を必要とする事由に該当しない 3 ～ 5 歳児	保育を必要とする事由に該当する	
		3 ～ 5 歳児	0 ～ 2 歳児
保育時間	9 ～14時	(短時間)　8 ～16時 (標　準)　7 ～18時	
利用施設	幼稚園，認定こども園	保育所，認定こども園	
		地域型保育	

出所：内閣府「よくわかる『子ども・子育て支援新制度』」を基に筆者作成。

家庭的保育所）など多様な保育ニーズに対応している。また，無認可保育施設は，国の基準を満たさない保育施設であり，ベビーホテルや園舎を持たず，屋外での保育を展開する施設などがこれに該当する。無認可の施設であっても，夜間・休日利用への柔軟な対応や，独自の教育方針により保育を行うなど利用者のニーズにあった保育を展開している施設もある。

　このように，保育所の運営方法は制度やサービスの形態によってさまざまだが，いずれの施設においても子どもの福祉を増進させることにふさわしい場であることが求められる。また，養育及び教育を一体的に行うという保育所の特性において「保育者の専門性」と「保育の質」が担保されなくてはならない。

2）保育者の専門性

　2019（令和元）年10月より，幼児教育・保育の無償化がスタートした。これにより，幼稚園，保育所，認定こども園等を利用する 3 歳から 5 歳までの全ての子ども，また住民税非課税世帯の 0 歳から 2 歳までの子どもの保育利用料が無料となった。幼児教育・保育の無償化は，子ども家庭福祉や教育の底上げといった観点からは歓迎すべきことであるが，これにより長時間保育を希望する家庭が増えることは必至である。それに伴い，保育所やそこで働く保育士は多忙を極めることになるのだが，そこで最も懸念されることが，保育者の専門性と保育の質をいかに担保するかという点である。

　保育者の専門性については，保育者の資質や保育実践の質，保育者養成，子

育て支援など様々な角度から議論されている。これは，子どもを取り巻く環境が大きく変化した所以であろう。これまで，地域や家庭が持っていた教育力が，地域コミュニティの弱体化，家庭機能の脆弱化などによって衰退していることが指摘されている。それゆえに，保育現場において子どもの育ちに必要な経験や，それを保障するための環境を整える必要性が高まっている。

　こうした現状に加え，前述した幼児教育・保育の無償化のあおりを受け，保育現場は多忙を極めている。集団における年齢に応じた発達をねらいとするカリキュラム作成，及び子ども一人ひとりを理解し，その発達に合わせた援助，これらを組み合わせた保育実践を展開していくためには，保育者の高い教育力が必要とされる。また，本来家庭において培われる基本的生活習慣の確立についても，保育現場に求められている。家庭の養護，教育力の低下に伴い，保護者の子育てスキルを高めていく支援も，保育現場における子育て支援の実践として，重要視されている。

　小川博久は保育者の専門性について「幼児に及ぼすさまざまな働きかけが全体として良く作用するように調整する能力」とし，家庭と保育施設との連携，保育者自身の関わり，子ども同士の関わり，保育環境などすべてを上手に使いこなし，子どもの成長，発達を支えることであると述べている。保育は，施設の中だけで行われるものではなく，子どもを取り巻くすべての環境との相互作用で成り立つものである。保育者には，子ども一人ひとりの家庭的背景を理解し，子どもと環境をつなぐ役割が求められる。

　ここまで児童福祉施設の全体像と，児童養護施設のあり方，保育所の役割と保育者の専門性について概観してきた。児童福祉施設は，児童福祉法に基づき子どもが権利主体である，子どもの最善の利益を優先する施設であるが，それを支えているのはそこで働く保育者である。様々な事情により，親と暮らすことができず児童養護施設で生活する子ども，親の就業等により1日の大部分を保育所で過ごす子ども，こうした子どもたちに日々関わる保育者には高い専門性が求められる。しかしながら，まずは「子どもへの優しさ」や「包み込むような愛情」といった保育者としての基本的な姿勢を持つことや，「社会共通の

人間としての良さ」を持つ健全な市民であることが重要である。こうした高い人間的スキルを身につけることが，子どもの成長・発達を支える，保育者の専門性を身に付けるための第一歩だと言えるのではないか。

2　多様な専門職と他職種間の連携

　子育て家庭を取り巻く状況が多様化し，子どもと家族を支える福祉サービスにおいては，専門的な知識と技術を持って対応できる援助者の役割がますます重要になっている。

（1）公的機関で働く専門職

1）児童相談所「児童福祉司」

　児童福祉法第13条には「都道府県は，その設置する児童相談所に，児童福祉司を置かなければならない」と定められている。

　児童相談所運営指針には，児童福祉司の主な業務内容として，①子ども，保護者等から子どもの福祉に関する相談に応じること，②必要な調査，社会診断を行うこと，③子ども，保護者，関係者等に必要な支援・指導を行うこと，④子ども，保護者等の関係調整（家族療法など）を行うこと，の4項目が明記されている。児童福祉司は個別の状況に合わせて，面接や電話対応，家庭訪問，施設入所に関する手続き，関係機関との連絡調整等の業務にあたっている。

2）福祉事務所「社会福祉主事」「母子・父子自立支援員」「家庭相談員」

　福祉事務所には，社会福祉法第18条に基づき，社会福祉主事が配置されている。福祉事務所には，生活保護の実施機関としての役割があり，多くの社会福祉主事が生活保護法に基づくケースワーカー業務にあたっている。

　ひとり親家庭に対しては，母子・父子自立支援員が相談に応じ，就労，住宅，保健，医療，教育等を含めた幅広いサービス活用が可能となるよう自立に必要な情報提供及び指導，職業能力の向上及び求職活動に関する支援を行っている。

　また福祉事務所の家庭児童相談室には，家庭児童福祉の業務に従事する社会

福祉主事及び家庭児童福祉に関する相談指導業務に従事する家庭相談員が配置され，家庭相談室設置運営要綱に基づいて児童福祉関係諸機関との連絡協調を緊密にしながら相談指導業務が行われている。

（2）児童福祉施設で働く専門職

1）保 育 士

保育士は「保育士の名称を用いて，専門的知識及び技術をもつて，児童の保育及び児童の保護者に対する保育に関する指導を行うことを業とする者」（児童福祉法第18条の4）と定められている。かつては「保母」の名称で，児童福祉施設における子どもの保育を中心業務としていたが，1999（平成11）年に「保育士」と名称変更され，2003（平成15）年に国家資格として法制化された経緯がある。子どもの保育に加えて「児童の保護者に対する保育に関する指導」が保育士業務に位置づけられたことで，保育士の専門性がより明確化されたのである。少子高齢化の進行する現代において，保育士には，子育て支援の専門職としてさまざまな関係機関との連携や，地域住民との良好な関係作りが求められている。

2）児童指導員

児童指導員は，児童養護施設や乳児院，児童心理治療施設，障害児支援施設などに配置され，その資格要件は，児童福祉施設の設備及び運営に関する基準第43条に定められている。家庭の保護者に代わって入所児童の養育にあたり，日常生活全般のかかわりを通して子どもの成長段階に応じた支援を行っている。

3）児童自立支援専門員・児童生活支援員（児童自立支援施設）

児童自立支援専門員と児童生活支援員は，いずれも児童自立支援施設に配置される専門職である（児童福祉施設の設備及び運営に関する基準第80条第1項）。児童自立支援専門員は自立支援，児童生活支援員は生活支援を主な職務とし，さまざまな家庭環境で育ってきた入所児童に対する支援にあたっている。

4）母子支援員・少年を指導する職員（母子生活支援施設）

母子生活支援施設には，施設内において母子の生活支援を行う職員として，

母子支援員と少年を指導する職員が配置されている（児童福祉施設の設備及び運営に関する基準第27条）。母子生活支援施設は，児童福祉施設の中でも母と子が一緒に入所できる唯一の施設であることから，職員間の連携により，施設の特性を活かした支援が行われている。

5）児童の遊びを指導する者（児童厚生施設）

児童館等の児童厚生施設には，児童の遊びを指導する者が職員として配置されている。その遊びの指導にあたっては，児童の自主性，社会性及び創造性を高め，地域における健全育成活動の助長を図ることが遵守すべき事項とされている（児童福祉施設の設備及び運営に関する基準第39条）。

6）心理療法担当職員

児童福祉施設において，心のケアも必要なケースについては，心理職との連携によって支援が行われる。カウンセリング等を行う心理療法担当職員は，児童心理治療施設に必ず配置されているほか，乳児院，児童養護施設，母子生活支援施設，児童自立支援施設においても，心理療法が必要な対象者10名以上に心理療法を行う場合，配置されることとなっている。

7）個別対応職員

児童福祉施設に入所する被虐待児等の増加をふまえ，個別の対応が必要な児童への１対１の対応，保護者への援助といった対応の充実を図るため，2001（平成13）年度に導入された。現在は児童養護施設，乳児院，児童心理治療施設，児童自立支援施設，母子生活支援施設に配置されている。

8）家庭支援専門相談員

家庭支援専門相談員（ファミリーソーシャルワーカー）は，施設入所児童の早期家庭復帰のために，保護者等に対する相談援助業務をはじめ，関係機関との連絡調整を担う専門職である。1999（平成11）年度から乳児院に導入され，現在は乳児院のほか児童養護施設，児童心理治療施設，児童自立支援施設に配置されている。

9）里親支援専門相談員

里親支援を行う児童養護施設及び乳児院に2012（平成24）年度から配置され

ている。入所児童の里親委託の推進，退所児童のアフターケアとしての里親支援はもとより，里親の新規開拓，研修，里親会の活動支援など，地域支援も重要な役割となっている。

（3）多様化するニーズにどう対応すべきか──求められる他職種間の連携

　子どもを取り巻く環境の変化により児童家庭福祉におけるニーズは年々多様化している。個々のケースが抱える生活課題に対応するためには，関係する各機関のネットワークを確立させることにより，他職種連携による多角的な支援が可能となる。そのためには現場の職員が，各機関の役割や業務内容，他職種の専門分野についても十分に理解しておかなければならない。

　また，少子高齢化の進行により，保育所と高齢者施設が同一建物内に併設される複合施設も増えている。核家族化が進み，子どもたちと高齢者がふれあう機会の少ない現代においては，保育職と介護職の連携による多世代交流の取り組みにも期待が高まっている。

注
⑴　小川博久『保育原理2001』同文書院，1991年，174頁。

参考文献
・第1節
小川博久『保育原理2001』同文書院，1991年。
内閣府「よくわかる『子ども・子育て支援新制度』」。
・第2節
ミネルヴァ書房編集部編『社会福祉小六法 2020』ミネルヴァ書房，2020年。

第6章	地域における子ども家庭福祉の推進

1　多様な保育サービス

　就労等で家庭での保育が困難な場合に，保育を必要とする子どもと家庭に提供されるサービス体系が保育サービスである。保育サービスの大きな目的は，保護者の就業支援と子どもの育ちの保障にある。1990年代にはいると，専業主婦世帯数と共働き世帯数が逆転した（図6-1参照）。これにより「保育を必要とする子ども」の数が上昇することになり，保育ニーズは増加することとなった。しかし保育所入所児童数を上回る入所希望者が発生し，新たに待機児童問題が深刻化した。そこで近年の制度改正により，保育サービスの選択肢を増やすことで，多様な保育形態を確保し，保育の受け皿を拡大しようとした。

（1）多様な保育サービスが求められた背景
　社会の変化から，保育ニーズは一層の高まりを見せている。そのような情勢に鑑み，2015（平成27）年に施行された「子ども・子育て支援新制度」では多様な保育サービスが位置づけられている。「子ども・子育て支援新制度」とは，2012（平成24）年8月に成立した「子ども・子育て支援法」「認定こども園法の一部改正」「子ども・子育て支援法及び認定こども園法の一部改正法の施行に伴う関係法律の整備等に関する法律」の子ども・子育て関連3法に基づく制度のことをいう。この制度の成立により，保育サービスは大きな変化を遂げた。「子ども・子育て支援新制度」は，保育サービスの量的拡大と質的な向上を目的としている。

図6-1　専業主婦世帯と共働き世帯の推移

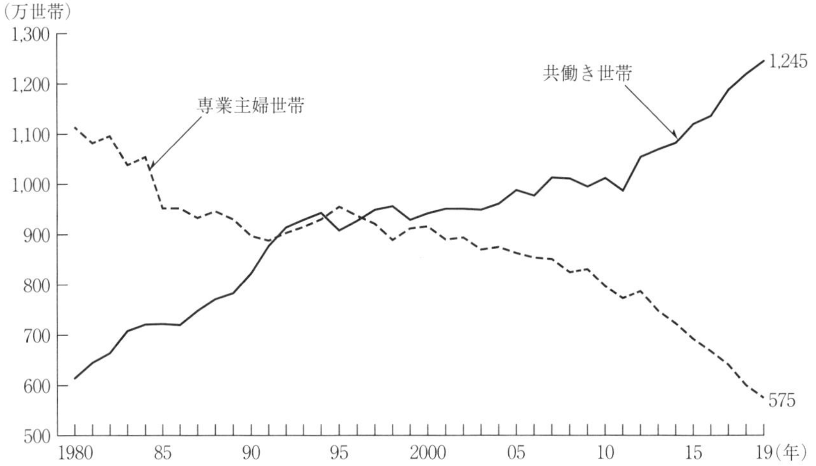

（万世帯）

出所：労働政策研究・研修機構 HP。

1）量的拡大

　女性の社会進出や，結婚出産後も就労を継続する女性の増加から，保育所の需要は高まった。しかし，子どもを預けたくても保育所入所が叶わない，いわゆる「待機児童問題」が常態化している。特に都市部においての保育所入所は激戦であり，「保活」という言葉も使われる事態になっている。

　しかし一方で，地方においては保育所の待機児童数は著しく少ない。待機児童問題とは人口と保育の受け皿の比率の問題であり，多くの人が暮らす都市部においては，保育を必要とする人々のニーズと，保育の受け皿が一致しない現象が見られている。

　また，都市部の保育所に待機児童が列を成しているのとは反対に，幼稚園はその利用者数が定員を下回る事態がおきている。これは保護者の働き方の変化から，幼稚園よりも長時間子どもを預かる保育所での保育を必要とする子どもの数が増えており，保育ニーズが高まっていることを示している。とはいえ，同じような子どもを預かる施設でありながら一方は待機児童が多く入所がかなわず，一方は定員を下回る状況であるという不均衡は課題でもあった。これら

74

の点を考えながら，保育ニーズにこたえる受け皿の拡充が望まれた。

2）質的向上

　もう一点は，保育の質の向上である。保育ニーズが高まる一方で，保育士の待遇が課題であった。専門職としてのキャリアパスが見えにくく，自身の専門性の向上や役職が得にくい環境であった。「子ども・子育て支援新制度」においては，キャリアアップ研修の実施により保育士の専門性の明確化を図った。現場経験年数に応じてそれぞれの専門性につながる研修を受け，保育の場でリーダー的役割を担うようにし，それによって報酬にも結びつけることとした。そうすることで待遇の改善が期待され，また中堅保育士としての立場や後進の育成等を勘案しながらより良い保育内容を提供できることになると考えられた。

　このような制度の施行によって，保育サービスは多岐にわたることとなった。具体的内容については以下に説明する。

（2）保育サービスの内容

1）保 育 所

　保育所は児童福祉法に，以下のように規定されている。

> **第24条**　市町村は，この法律及び子ども・子育て支援法の定めるところにより，保護者の労働又は疾病その他の事由により，その監護すべき乳児，幼児その他の児童について保育を必要とする場合において，次項に定めるところによるほか，当該児童を保育所（認定こども園法第3条第1項の認定を受けたもの及び同条第11項の規定による公示がされたものを除く。）において保育しなければならない。（下線筆者）

　児童福祉法第24条に規定されているように，保育所は「保育を必要とする」子どもに保育を提供する施設である。しかし現在では子どもを保育するだけではなく，在園児や地域の子育て家庭への子育て支援も行っている。

　保育所に入所するには，保護者が市町村に申請をし，保育の必要性を認められることで入所が決定する。保育所の利用については1997（平成9）年の措置制度の見直しにより，保護者が預け先保育所を選定できるようになった。しか

し都市部では待機児童の多さから，保育者の望む保育所と契約できることは難しく，預け先があるだけでもよかったという状況が続いている。

保育所の保育時間には8時間保育の「保育短時間」と，11時間保育の「保育標準時間」の2つの保育時間区分があり，それぞれの時間の前後に延長保育がつくこともある。

保育所では「保育所保育指針」にのっとって日々の保育が展開されている。乳幼児が生活する場なので安全性や子どもの情緒の安定が確保された中（養護），環境・人間関係・表現・言葉・健康の5つの領域（教育）を中心に，養護と教育が一体となった保育を提供している。

また保護者支援も行っており（「保育所保育指針」第4章），保育所は子どもだけではなく保護者を対象とした取り組みも行っている。他にも子育て中の保護者に向けた保育サービスがいくつかある。「一時保育事業」「病児・病後児保育事業」「夜間保育」「休日保育」等，保育者の働き方やニーズに応じた保育サービスが展開されている。

2）認定こども園

認定こども園は認定こども園法に規定されている施設であり，4類型に分けられる（表6-1）。認定こども園は，就学前の子どもに対する教育及び保育を一体的に提供し，かつ，保護者に対する子育て支援も行う施設である。

待機児童問題を考える時に，保育所と幼稚園の在籍児童数の偏りは課題であった。幼稚園には定員に空きがあっても保育所入所を希望している子どもの入所はできない。保育ニーズの違いが明確になる中で，このような課題を解決するという意味でも，認定こども園の普及をより強力に進めることが待機児童解消の一助を担うと考えられた。認定こども園の普及には，以下の2点の目的が考えられる。

まず1点目は，待機児童を解消し，就学前の子どもに幼児教育・保育を一体的に提供する機会の増進である。従来の保育所・幼稚園を選択する際は，保護者の就労の有無が基準となっていた。しかし認定こども園においては，保護者の就労の有無にかかわらず，子どもを受け入れ，幼児教育と保育を一体的に行

表6-1　認定こども園の類型

幼保連携型	幼稚園的機能と保育所的機能の両方の機能をあわせ持つ単一の施設として，認定こども園としての機能を果たすもの。
幼稚園型	認可幼稚園が，保育が必要な子どものための保育時間を確保するなど，保育所的な機能を備えて認定こども園としての機能を果たすもの。
保育所型	認可保育所が，保育が必要な子ども以外の子どもも受け入れるなど，幼稚園的な機能を備えることで認定こども園としての機能を果たすもの。
地方裁量型	幼稚園・保育所いずれの認可もない地域の教育・保育施設が，認定こども園として必要な機能を果たすもの。

出所：内閣府 HP を基に筆者作成。

表6-2　認定こども園の認定区分

認定区分	認定区分	保育時間	施設・事業
1号認定	満3歳以上の小学校就学前の子どもであって，2号認定子ども以外のもの。	教育標準時間	幼稚園 認定こども園
2号認定	満3歳以上の小学校就学前の子どもであって，保護者の労働又は疾病その他の内閣府令で定める事由により家庭において必要な保育を受けることが困難であるもの。	保育短時間 保育標準時間	保育所 認定こども園
3号認定	満3歳未満の小学校就学前の子どもであって，保護者の労働又は疾病その他の内閣府令で定める事由により家庭において必要な保育を受けることが困難であるもの。	保育短時間 保育標準時間	保育所 認定こども園 小規模保育等

出所：表6-1と同じ。

う機能を持つことになる。これにより，待機児童の解消がのぞまれる。また，これまでは保護者の就労状況によって所属を変える必要性もあったが，認定こども園では認定区分を変える（表6-2参照）ことで同じ施設に所属し続けることが可能となった。

　さらにもう1点は，地域における子育て支援を担うことである。保育所と同様に認定こども園も，全ての子育て家庭を対象に，子育て不安に対応した相談活動や，親子の集いの場を提供するなど，子育て支援を行う機能を有している。

3）地域型保育事業

　地域型保育事業は「子ども・子育て支援新制度」で新たに創設された。保育を取り巻く状況は地域間で差があり，求める保育サービスにも違いが生じていた。そのため，より地域の実情に見合った保育が展開できる事業が必要になった。特に都市部においては待機児童を解消することが求められた。そこで地域

型保育事業を市町村による認可事業とし，児童福祉法に位置付けた上で地域型保育給付の対象とし，多様な施設や事業の中から利用者が選択できる仕組みとすることにした。地域型保育事業は以下の4種類ある。

①　小規模保育事業

保育を必要とする3歳未満の乳幼児を，利用定員定員6〜19人の施設で保育する事業。

②　家庭的保育事業

保育を必要とする3歳未満の乳幼児を，家庭的保育者の居宅その他の場所（乳幼児の居宅は含まない）において，家庭的保育者による保育を行う事業。少人数（定員5人以下）を対象に，家庭的な雰囲気のもとで保育を行う。

③　居宅訪問型保育事業

保育を必要とする3歳未満の乳幼児を，当該乳幼児の居宅において家庭的保育者による保育を行う事業。障害・疾患などで個別のケアが必要な場合や，施設が無くなった地域で保育を維持する必要がある場合などに，保護者の自宅で1対1で保育を行う。

④　事業所内保育事業

保育を必要とする3歳未満の乳幼児を，事業主がその雇用者の乳幼児のために設置した施設等において保育を行う事業。地域の子どもを一定数受け入れなければならない。

このように3歳未満児の保育の受け皿を創設することで，都市部において待機児童の解消につなげ，かつ，利用者が様々な保育サービスを選択できるようにした。

（3）保育サービスにおける支援の課題

保育サービスを充実させることにより，前述した保育の量的・質的拡大が図られた。その上で，保育サービスのさらなる充実に向けた課題として，次の6点が挙げられる。

1）待機児童対策

　一つは，待機児童対策である。保育所に子どもを入所させたいが，定員はいっぱいである。一方で幼稚園には定員に空きがある，という保育ニーズの違いが明確になる中で，待機児童対策の一つが認定こども園の普及である。幼稚園でありながら保育所機能も有することで，保育の必要性を認定されることで子どもの入所が可能になった。さらに，地域型保育事業を展開することで，より待機児童の多い3歳未満時の保育の場を確保することができる。

2）地域の実情に応じた保育

　2つ目に，地域の実情に応じた保育の展開ができることである。待機児童問題は，都市部と地方においてその重要性が違っているので，それぞれの地域の実情に応じた保育の展開が可能になることが望ましい。保育所，認定こども園，地域型保育事業等の保育サービスを利用者が自身の実情に応じて選択し活用することが重要であると考えられる。

3）教育の保障

　3つ目に，3歳以上の子どもに学校教育を保障することである。認定こども園では，満3歳以上の子どもは「保育を必要とする」かどうかに関係なく利用することができる。そのため，認定こども園における教育及び保育は，その後の学校教育全体の生活や学習の基盤を培う役割も担っている。幼児教育の保障をすることが重要な役割であるといえる。

4）子育て支援

　最後に，子育て支援に寄与することが挙げられる。日本の児童虐待件数は増加している。さまざまな虐待防止策が打ち出されているが，その一つが身近な保育施設での子育て支援である。保育所・認定こども園・幼稚園等いずれの就学前施設においても子育て支援は行うべきこととして示されている。特に乳児に関する相談は生活に直結した睡眠・食事・排泄のものが多い。認定こども園や地域型保育事業が展開されることで，0歳からの子どもの発達に対する相談に対応できる場がより確保されることになる。専門の相談機関に行くよりも，地域にあり気軽に相談できることから，子育ての課題を早期に解決することが

可能である。

　以上のことから，多様な保育サービス支援を充実させることは，子どもの育ちと子育て支援において有効であるといえる。

（4）保育の質の確保

　保育サービスを提供する施設において，その保育内容については，保育所保育指針や幼保連携型認定こども園教育・保育要領を基準として展開されている。いずれも，就学前の子どもが遊びながら学び，育つことを，保育内容5領域を基盤にしながら示している。しかし，その内容をどのような保育として具体化し，展開するかは保育現場の裁量に任されている。各施設が独自性を発揮しながら保育を展開する一方で，子どもへのかかわり方や，年齢・発達・季節等にふさわしい保育内容を提供し，また見直して質を高めていくには，研鑽が求められる。キャリアアップ研修に代表されるような研修や，施設独自の研修，指導的保育者からのスーパーバイズ等を通して，保育の質の向上を図ることが望まれる。

　また，地域型保育事業においては，必ずしも保育士資格を有してなくとも従事できるようになっているので，保育の質の維持・向上は喫緊の課題でもある。地域型保育事業を利用した場合，3歳以降の子どもは他の施設に転園する必要がある。そこで，それらの地域型保育事業施設は，卒園後の受け皿となる「連携施設」を設けることが決められている。この「連携施設」は，地域の認可された保育所や認定こども園に依頼されるので，地域型保育事業施設は，連携施設から保育内容への助言を得ながらよりよい保育を展開していくことが可能である。このような制度を活用しながら，保育内容の見直しを行うことで保育の質を保つことが求められる。

　様々な保育サービスが展開される中，利用する保育サービスによって保育の質に隔たりがあっては子どもの不利益につながるので，いかにして保育の質を担保し，高めていくかを検討する必要がある。

（5）人材確保

　保育現場での人材不足も大きな課題である。保育サービスが多岐にわたるということは，それだけ働きの場が増え，保育者のニーズも高まることに他ならない。厚生労働省は2015年に「保育士確保プラン」を打ち出した。保育士養成においては保育士修学資金の貸付や，離職防止のために研修支援や処遇改善などが打ち出されている。とりわけ保育者の処遇改善は求められていた。保育は感情労働であり疲弊しやすいこと，保護者支援を行う際には対応の難しい保護者もいること，子どもの命を預かる仕事であること，その割には薄給であることは大きな課題でもあった。それだけに，保育者の処遇に一定の改善が見られたことは意義深いといえる。

　また，「潜在保育士」をどのように掘り起こし，保育現場に結びつけるかも課題である。保育士資格を有しながらもその資格を生かしていない人を，保育現場に結びつけることが人材確保への早道となりうる。厚生労働省が2011（平成23）年に作成した「潜在保育士ガイドブック」では，潜在保育士が保育現場に復帰しない理由が掲載されている。年代によってのばらつきはあるが，給与，勤務形態，保育の知識，人間関係等に不安を感じていることがうかがえる。例えば，結婚や子育て中の状況に合った勤務形態の提案や，ブランクの間の保育施策の変化や保育技術の研修機会等を整備しながら，潜在保育士が保育現場に復帰する道筋を作ることも必要である。

　保育サービスを支えるのは保育者である。保育者を育て，離職しない環境を作っていくことは保育者の働きやすい環境と保育の質を高めることにつながり，ひいては保育サービス利用者に還元されるために必要なことであるといえる。

2　地域における子育て支援

（1）地域における子育て支援が取り上げられるようになった背景

　地域における子育て支援に関する施策は，1987（昭和62）年の保育所機能強化費の予算措置や1989（平成元）年の保育所地域活動事業の創設，1993（平成

5）年の保育所地域子育てモデル事業の創設など，1990年代前半までは保育所における地域子育て支援の施策がみられた。1994（平成6）年の「今後の子育て支援のための施策の基本方針について」（エンゼルプラン）では，子育て支援という用語が施策に初めて登場し，保育所が地域における子育て支援の中心的機能を果たす内容が記載されている。しかし，それ以降の地域における子育て支援は，自治体が中心となって実施していく方向にシフトしていった。その後，2002（平成11）年の少子化対策プラスワンでは，ひとり親家庭を含めた全ての子育て家庭が子育て支援の対象となることや，地域における子育て支援の推進が提言された。

　一方で，女性の社会進出や核家族化の進行，働き方の多様化などにより，保護者の子育て支援ニーズが多様化していった。また，都市部では待機児童が増加する一方で少子化地域では保育施設の統廃合の進行，保育所は定員以上のニーズがあるものの定員に満たない幼稚園が存在するなど，多様な問題が起こっていた。そのため，地域の実情をふまえ，保護者の個別のニーズに応じた質の高い支援を提供できる体制を構築するとともに，すべての家庭が安心して子育てができる社会の実現目指すために，地域における子育て支援を総合的に推進していくことが必要となっていった。

（2）地域における子育て支援事業の概要

　幼児教育・保育・地域の子ども・子育て支援を総合的に推進するため，2012（平成24）年8月に子ども・子育て関連3法が成立し，2015（平成27）年4月に子ども・子育て支援新制度が本格施行された。子ども・子育て支援新制度のポイントの一つとして，保育が必要な家庭だけではなく，全ての家庭を対象に，地域の事情に応じた多様な子ども・子育て支援を充実させることが示された。このことにより，「地域子ども・子育て支援事業」が創設され，地域の実情に応じて柔軟に対応できる子育て支援事業が充実した。「地域子ども・子育て支援事業」は，表6-3の通りである。これらは子ども・子育て支援新制度創設により，利用者支援事業や実費徴収に係る補足給付を行う事業，多様な主体の

表6-3　地域子ども・子育て支援事業の概要

	事業名	概　要	根拠法
①	利用者支援事業	子ども及びその保護者等の身近な場所で，教育・保育・保健その他の子ども子育て支援の情報提供及び必要に応じ相談・助言等を行うとともに，関係機関との連絡調整等を実施する事業	子ども・子育て支援法第59条の1
②	地域子育て支援拠点事業	乳幼児及びその保護者が相互の交流を行う場を提供し，子育てについての相談，情報の提供，助言その他の援助を行う事業	児童福祉法第6条の3第6項
③	妊婦健康診査	妊婦の健康の保持及び増進を図るため，妊婦に対する健康診査として，①健康状態の把握，②検査計測，③保健指導を実施するとともに，妊娠期間中の適時に必要に応じた医学的検査を実施する事業	母子保健法第13条第1項
④	乳児家庭全戸訪問事業	生後4か月までの乳児のいる全ての家庭を訪問し，子育て支援に関する情報提供や養育環境等の把握を行う事業	児童福祉法第6条の3第4項
⑤	養育支援訪問事業	養育支援が特に必要な家庭に対して，その居宅を訪問し，養育に関する指導・助言等を行うことにより，当該家庭の適切な養育の実施を確保する事業	児童福祉法第6条の3第5項
	子どもを守る地域ネットワーク機能強化事業（その他要保護児童等の支援に資する事業）	要保護児童対策地域協議会（子どもを守る地域ネットワーク）の機能強化を図るため，調整機関職員やネットワーク構成員（関係機関）の専門性強化と，ネットワーク機関間の連携強化を図る取組を実施する事業	児童福祉法第25条の2第1項
⑥	子育て短期支援事業	保護者の疾病等の理由により家庭において養育を受けることが一時的に困難となった児童について，児童養護施設等に入所させ，必要な保護を行う事業（短期入所生活援助事業（ショートステイ事業），夜間養護等事業（トワイライトステイ事業））	児童福祉法第6条の3第3項
⑦	子育て援助活動支援事業（ファミリー・サポート・センター事業）	乳幼児や小学生等の児童を有する子育て中の保護者を会員として，児童の預かり等の援助を受けることを希望する者と当該援助を行うことを希望する者との相互援助活動に関する連絡，調整を行う事業	児童福祉法第6条の3第14項
⑧	一時預かり事業	家庭において保育を受けることが一時的に困難となった乳幼児について，主として昼間において，認定こども園，幼稚園，保育所，地域子育て支援拠点その他の場所において，一時的に預かり，必要な保護を行う事業	児童福祉法第6条の3第7項
⑨	延長保育事業	保育認定を受けた子どもについて，通常の利用日及び利用時間以外の日及び時間において，認定こども園，保育所等において保育を実施する事業	子ども子育て支援法第59条の2
⑩	病児保育事業	病児について，病院・保育所等に付設された専用スペース等において，看護師等が一時的に保育する事業	児童福祉法第6条の3第13項
⑪	放課後児童クラブ（放課後児童健全育成事業）	保護者が労働等により昼間家庭にいない小学校に就学している児童に対し，授業の終了後に小学校の余裕教室，児童館等を利用して適切な遊び及び生活の場を与えて，その健全な育成を図る事業	児童福祉法第6条の3第2項
⑫	実費徴収に係る補足給付を行う事業	保護者の世帯所得の状況等を勘案して，特定教育・保育施設等に対して保護者が支払うべき日用品，文房具その他の教育・保育に必要な物品の購入に要する費用又は行事への参加に要する費用等を助成する事業	子ども子育て支援法第59条の3
⑬	多様な事業者の参入促進・能力活用事業	特定教育・保育施設等への民間事業者の参入の促進に関する調査研究その他多様な事業者の能力を活用した特定教育・保育施設等の設置又は運営を促進するための事業	子ども子育て支援法第59条の4

出所：内閣府「子ども・子育て支援新制度について（令和2年10月）」2020年，111-112頁。

参入促進事業など，新規あるいは一部新規として支援が充実した事業がある。また，従来実施されていた事業について，地域子育て支援拠点事業は地域連携型が創設されたことによる役割の拡大，妊婦健康診査は助成費用拡大，一時預かり事業は幼稚園の預かり保育が一時預かり事業として取り扱われることによる幼稚園型や児童の居宅にて預かる訪問型の新設，延長保育は保育士の加配や訪問事業の創設，病児保育事業は職員の資質向上のための研修機会や施設運営安定化のための補助，放課後児童クラブ（放課後児童健全育成事業）は対象拡大や質向上など，在宅の子育て家庭を中心とした支援が充実した。

（3）地域子育て支援事業の内容と地域子育て支援の担い手

　ここでは，地域子ども・子育て支援事業のうち，特に地域の子育て支援として身近であり，かつ重要な事業の内容を取り上げるとともに，子育て支援の担い手について説明する。

1）利用者支援事業

　利用者支援事業は，子ども・子育て支援新制度に先駆けて，2014（平成26）年度より実施された事業である。子ども・子育て支援法第2条第1項第3号では，市町村は子どもやその保護者がおかれている環境に応じて，保護者の選択に基づき，多様な施設・事業者から良質かつ適切な教育・保育や子育て支援を総合的かつ効率的に提供する体制を確保することが掲げられている。これを受け，市町村は「市町村子ども・子育て支援事業計画」の策定が義務づけられている。つまり，潜在的なニーズを含めて，地域の子育て家庭の多様なニーズを把握して需要の見込みを立てるとともに，地域の子育て家庭の多様なニーズに応えられるよう，計画的に供給体制を整備していくことが求められている。しかし，市町村が供給体制を整備したとしても，保護者自身が自らのニーズを把握し，多様な施設・事業等の中から自身にとって適当な事業を判断することは，誰もが簡単にできることではない。一方，利用者支援事業は，子育て家庭や妊産婦が，教育・保育施設や地域子ども・子育て支援事業，保健・医療・福祉等の関係機関を円滑に利用できるよう，身近な場所での相談や情報提供等の必要

図6-2　利用者支援事業の役割

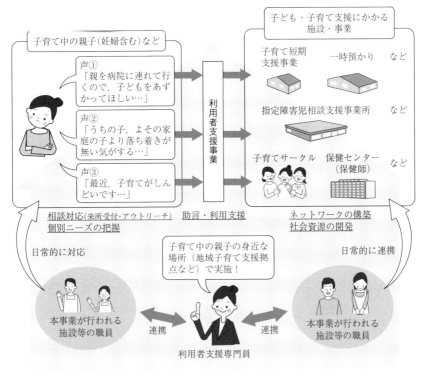

出所：表6-3と同じ，115頁。

な支援を行うとともに，関係機関との連絡調整，連携・協働の体制づくり等を行うことを目的とした事業である（図6-2）。つまり，地域の子育て家庭の個別ニーズを施設・事業等の利用に結び付けることにつながるため，「市町村子ども・子育て支援事業計画」との「車の両輪」となる重要な事業である。このような，地域の子育て家庭にとって適切な施設・事業の利用の実現に向けて，利用者支援事業は以下の3つの形態がある。

① 基 本 型

基本型は，「利用者支援」と「地域連携」で構成されている。「利用者支援」とは，地域子育て支援拠点などの身近な場所において，子育て家庭から日常的

に相談を受けて個別のニーズを把握するとともに，子育て支援に関する情報提供や利用の際の助言・支援などを行う，当事者の目線に立った寄り添い型の支援である。「地域連携」とは，効果的に利用者が必要とする支援につながるよう，地域の関係機関との連絡調整や連携・協働の体制づくりを行う。また，地域の子育て支援の資源の育成・開発など，地域における子育て支援のネットワークに基づく支援である。職員は，1名以上の利用者支援専門員の配置が必要となる。

② 特 定 型

市区町村などの窓口において，子育て家庭から地域における保育所や各種の保育サービスに関する相談に応じるとともに，情報提供や利用に向けての支援を行う。保育コンシェルジュがこれに当たる。職員は，1名以上の利用者支援専門員の配置が必要となる。

③ 母子保健型

市町村保健センターなどにおいて，保健師等の専門職が妊娠期から子育て期にわたる母子保健や育児に関する様々な相談に応じる。そして，利用者の状況を継続的に把握し，利用できる母子保健サービスの情報提供を行うとともに関係機関と協力して支援プランの策定などを実施している。また，母子保健型では妊娠期から子育て期にわたるまで切れ目のない支援の提供を目的とした，総合的相談支援を提供するワンストップ拠点（子育て世代包括支援センター）の整備が進んでいる。2019年4月1日の時点で，983市区町村（1,717ヵ所）で展開されており，2020年度末までに全国展開が目指されている。[1]

2）地域子育て支援拠点事業

地域子育て支援拠点事業に至るまでの施策は，1993（平成5）年4月の保育所地域子育てモデル事業の創設など，保育所における地域への取り組みへの施策がみられた。その後，保育所地域子育てモデル事業は1995（平成7）年に地域子育て支援センター事業に名称変更され，保育所が中心的機能を果たしていた地域子育て支援は，地方自治体が中心となって実施していく方向にシフトしていった。

　一方，2002（平成14）年には，子育て中の当事者や支援者の活動から発展したつどいの広場事業が創設され，子育て支援は援助者から利用者への支援だけではなく，親同士のピアサポートや子育てのネットワークづくりに視点が広がっていった。その後，2007（平成19）年4月に，つどいの広場事業と地域子育て支援センター事業は地域子育て支援拠点事業に再編成された。そして，2008（平成20）年の児童福祉法改正により，質が確保された子育て支援事業として普及促進することを目的として，第2種社会福祉事業に位置づけられた。その後も，2013（平成25）年にはひろば型，センター型，児童館型の3つの形態から一般型と連携型に再編され，地域強化型が加わったが，2014（平成26）年度より地域機能強化型における利用者支援・地域支援機能は，「利用者支援事業」に移行された。現在の地域子育て支援拠点事業は，一般型と連携型があり，子育て中の親子が気軽に集い，子育ての不安・悩みを相談できる場を提供できる事業として実施されている（表6-4）。

3）子育て援助活動支援事業（ファミリー・サポート・センター事業）

　子育て援助活動支援事業（ファミリー・サポート・センター事業）は，主に乳幼児や小学生などの児童を育てる労働者や主婦等が会員となり，援助を受けたい者（依頼会員）と援助を行いたい者（提供会員）に対して，配置されるアドバイザーが相互援助活動の連絡・調整を行いながら地域における育児の相互援助活動を推進し，多様なニーズへの対応を図ることを目的とした事業である（図6-3）。提供会員は，保育所等の保育開始前や終了後の子どもの預かりや送迎，学校や放課後児童クラブ終了後の子どもの預かり，冠婚葬祭や保護者の病気や急用，買い物等外出の際の子どもの預かりなどを行っている。2009（平成21）年度からは，病児・病後児の預かりや，早朝・夜間等の緊急時の預かりなどの事業（病児・緊急対応強化事業）が開始されるなど，様々なニーズに対応している。

4）地域子育て支援の担い手

　子ども・子育て支援法第2条では，「子ども・子育て支援は，父母その他の保護者が子育てについての第一義的責任を有するという基本的認識の下に，家

表6-4　地域子育て支援拠点事業の概要

	一　般　型	連　携　型
機　能	常設の地域の子育て拠点を設け，地域の子育て支援機能の充実を図る取組を実施	児童館等の児童福祉施設等多様な子育て支援に関する施設に親子が集う場を設け，子育て支援のための取組を実施
実施主体	市町村（特別区を含む。） （社会福祉法人，ＮＰＯ法人，民間事業者等への委託等も可）	
基本事業	①子育て親子の交流の場の提供と交流の促進　　②子育て等に関する相談・援助の実施 ③地域の子育て関連情報の提供　　　　　　　　④子育て及び子育て支援に関する講習等の実施	
実施形態	①〜④の事業を子育て親子が集い，うち解けた雰囲気の中で語り合い，相互に交流を図る常設の場を設けて実施	①〜④の事業を児童館等の児童福祉施設等で従事する職員等のバックアップを受けて効率的かつ効果的に実施
	・地域の子育て拠点として地域の子育て支援活動の展開を図るための取組（加算） 　一時預かり事業や放課後児童クラブなど多様な子育て支援活動を拠点施設で一体的に実施し，関係機関等とネットワーク化を図り，よりきめ細かな支援を実施する場合に，「地域子育て支援拠点事業」本体事業に対して，別途加算を行う	・地域の子育て力を高める取組の実施（加算） 　拠点施設における中・高校生や大学生等ボランティアの日常的な受入・養成の実施
	・出張ひろばの実施（加算） 　常設の拠点施設を開設している主体が，週1〜2回，1日5時間以上，親子が集う場を常設することが困難な地域に出向き，出張ひろばを開設	
	・地域支援の取組の実施（加算）※ ①地域の多様な世代との連携を継続的に実施する取組 ②地域の団体と協働して伝統文化や習慣・行事を実施し，親子の育ちを継続的に支援する取組 ③地域ボランティアの育成，町内会，子育てサークルとの協働による地域団体の活性化等地域の子育て資源の発掘・育成を継続的に行う取組 ④家庭に対して訪問支援等を行うことで地域とのつながりを継続的に持たせる取組 ※利用者支援事業を併せて実施する場合は加算しない。	
従事者	子育て支援に関して意欲があり，子育てに関する知識・経験を有する者（2名以上）	子育て支援に関して意欲があり，子育てに関する知識・経験を有する者（1名以上）に児童福祉施設等の職員が協力して実施
実施場所	公共施設空きスペース，商店街空き店舗，民家，マンション・アパートの一室，保育所，幼稚園，認定こども園等を活用	児童館等の児童福祉施設等
開設日数等	週3〜4日，週5日，週6〜7日／1日5時間以上	週3〜4日，週5〜7日／1日3時間以上

出所：表6-3と同じ，137頁。

図6-3　子育て援助活動支援事業の概要

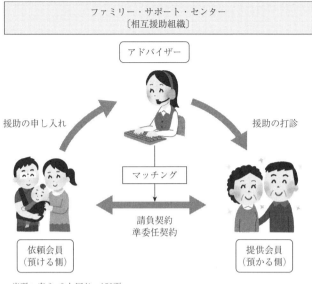

ファミリー・サポート・センター
〔相互援助組織〕

アドバイザー

援助の申し入れ　　　　　　　　　　　　　　援助の打診

マッチング

請負契約
準委任契約

依頼会員
（預ける側）

提供会員
（預かる側）

出所：表6-3と同じ，150頁。

庭，学校，地域，職域その他の社会のあらゆる分野における全ての構成員が，各々の役割を果たすとともに，相互に協力して行われなければならない」ことが明記されている。つまり，地域における子育て支援は，地域における全ての者が連携・協力しながら子育て家庭を支えることが求められる。子育て家庭の担い手は，保育士や社会福祉士，看護師，保健師，医師などの専門職だけではない。地域住民をはじめ，民生・児童委員，子育て支援団体やボランティアなどの社会資源も，地域における子育て支援の重要な担い手である。

　また，2015（平成27）年に子育て支援員が創設された。子育て支援員とは，自治体で実施される子育て支援員研修を修了し，子育て支援員研修修了証書の交付を受けたことにより，子育て支援分野の各事業等に従事する上で必要な知識や技術等を修得したと認められる者を指す。研修は，基本研修と専門研修があり，専門研修は地域保育コース，地域子育て支援コース，放課後児童コース，社会的養護コースが設けられている。研修を修了者は，修了コースによって，

地域型保育給付や地域子ども・子育て支援事業，社会的養護関係施設などに係わる職務に従事することができる。

　これらの担い手が，市区町村や保健センター，保育・教育関係施設，児童相談所，医療機関などと連携しながら，子育て家庭を支えることが求められている。

（4）地域子育て支援の課題

　これまで説明してきた通り，現代の子育て支援の対象は，全ての子育て家庭となっている。近年，未就学児のうち3歳以上の子どものほとんどは，幼稚園や保育所等を利用している。一方，3歳未満児の保育所等利用率は年々増加しており，2019年4月現在で37.8％となっている。⁽²⁾特に0歳児の保育所等利用率は16.2％であり，3歳未満児をもつ子育て家庭の多くは在宅で子育てを行っている状況である。つまり，在宅で3歳未満児を育てる家庭が抱える多様な個別のニーズを充足できる取り組みが必要である。同時に，親のライフスタイルが多様化する中，保育所等を利用していても充足されないニーズに対する取り組みも必要となる。一方，地域の実情に即した子育て支援施策をどのように打ち出していくのかは，各市町村に任されている。そのため，多くの各市町村では，潜在的なニーズを含めて，地域の子育て家庭の多様なニーズを把握して需要の見込みを立てるとともに，地域の子育て家庭の多様なニーズに応えられるよう，子育て家庭へのニーズ調査などを実施した上で，「市町村子ども・子育て支援事業計画」を策定している。子育て家庭の様々なライフスタイルや地域の実情に応じた多様な地域の子育て支援を用意することは，親が安心して子育てができる環境づくりにつながるため，自治体にとって継続的な課題であろう。

　一方，多様な子育て支援を用意し，支援の量を充実させても，子育て支援の担い手が不足している状態では実施できない。また，単に人手を集めればよいわけではなく，保育の専門家としての質も同時に充実させていく必要がある。2013（平成25）年時点での潜在保育士数は約76万人であり，約119万人の保育士登録者数のうち63.9％の者が保育士資格を活かした職に就いていないことがわ

かっている[(3)]。このような状況から，国は，「保育士確保プラン」の策定や保育士の処遇改善，子育て支援員の創設など，保育人材の確保に取り組んできた。また，保育士の質向上の取り組みとして，キャリアアップの仕組みを構築するなど，保育者の質向上のための取り組みを実施しているが，今後どのように地域における子育て支援の担い手を確保しつつ，その質の向上を進めていくのかが課題である。

3　母子保健サービス

　母子保健法第1条には，「この法律は，母性並びに乳児及び幼児の健康の保持及び増進を図るため，母子保健に関する原理を明らかにするとともに，母性並びに乳児及び幼児に対する保健指導，健康診査，医療その他の措置を講じ，もって国民保健の向上に寄与することを目的とする」とある。ここでいう「母性」とは，厚生労働省によると，「女性の妊娠，出産及び育児の機能の顕在化に着目した概念[(4)]」のことである。妊産婦と乳幼児の健康を支える母子保健事業は，主に市町村レベルで実施され，地域に密着したサービスといえる。本節では，地域における子ども家庭福祉の推進にあたり欠かすことのできない母子保健サービスについて学ぶ。

（1）母子保健推進の背景

　わが国で初めて母子保健法が施行されたのは1966（昭和41）年であるが，母子保健事業自体は，1937（昭和12）年に制定された保健所法において，妊産婦と乳幼児の保健指導が保健所事業に位置づけられた時から始まったといえる。保健所法が制定された背景には，結核や性感染症等の慢性伝染病の撲滅という課題があり，予防医学という新しい視点に立った公衆衛生が期待されていた。

　戦後は1947（昭和22）年に制定された児童福祉法の中に妊産婦と乳幼児を対象とした母子衛生事業が位置づけられた。その後は児童福祉法の改正によって母子保健に関わる様々な施策が講じられるようになっていった。

しかしながら，昭和30年代に入っても乳幼児死亡率は地域的格差が大きく，妊産婦死亡率も改善はされたものの先進諸国に比べると依然として高い状況が続いていた。また，児童福祉法における母子保健は，妊産婦以外の未婚の女子の健康については対象外とするなど，児童福祉法の中で母性一般について規定することに無理があるという課題も抱えていた。

　これらの課題対策のため，児童福祉法から母子保健に関する事項を独立させ，単独の法律とすべきではないかという発想が現実化し，1965（昭和40）年に母子保健法が公布，翌年施行されることとなった。

（2）母子保健サービスの概要

　わが国の母子保健サービスは，母子保健法や児童福祉法に基づき，また児童虐待防止法，次世代育成支援対策推進法，学校保健安全法，母体保護法など多くの法律と相まって体系化されている（図6-4）。

　各種サービスは，地域住民に密着したニーズに応えるため，原則として市町村（市町村保健センター）が実施主体となっているが，一部専門的なサービスは都道府県等（保健所）が主体となって推進している（図6-5）。

1）健康診査等

① 妊婦健康診査

　妊婦に対する健康診査については，厚生労働省の告示による「望ましい基準」がある。基準には，受診回数は14回程度であることや公費負担回数はすべての市町村で14回以上実施することなどが示されている。各回の基本的な診査項目には，健康状態の把握・検査計測・保健指導がある。保健指導では，妊婦の不安や悩みの解消が図られるようにすることが明記されており，妊婦健康診査が単なる医療の提供ではないことが強調されている。また，上記の基本的な診査項目以外にも，公費によって適時必要に応じた医学的検査が行われ，結果や指導事項は，毎回母子健康手帳に記録されていく。

② 乳幼児健康診査

　乳幼児に対する健康診査は，母子保健法第12条と第13条に基づき，市町村が

図6-4　主な母子保健対策の体系

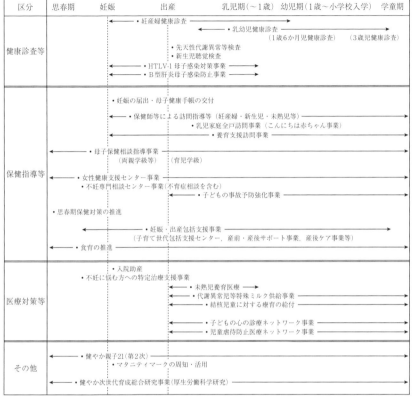

区分	思春期　　　妊娠　　　　　出産　　　　　　　　　乳児期（～1歳）　幼児期（1歳～小学校入学）　学童期
健康診査等	・妊産婦健康診査 　　　　　　　　　　　　　　　　　　・乳幼児健康診査 　　　　　　　　　　　　　　　（1歳6か月児健康診査）　　（3歳児健康診査） ・先天性代謝異常等検査 ・新生児聴覚検査 ・HTLV-1母子感染対策事業 ・B型肝炎母子感染防止事業
保健指導等	・妊娠の届出・母子健康手帳の交付 ・保健師等による訪問指導等（妊産婦・新生児・未熟児等） ・乳児家庭全戸訪問事業（こんにちは赤ちゃん事業） ・養育支援訪問事業 ・母子保健相談指導事業 　（両親学級等）　（育児学級） ・女性健康支援センター事業 ・不妊専門相談センター事業（不育症相談を含む） ・子どもの事故予防強化事業 ・思春期保健対策の推進 ・妊娠・出産包括支援事業 （子育て世代包括支援センター，産前・産後サポート事業，産後ケア事業等） ・食育の推進
医療対策等	・入院助産 ・不妊に悩む方への特定治療支援事業 ・未熟児養育医療 ・代謝異常児等特殊ミルク供給事業 ・結核児童に対する療育の給付 ・子どもの心の診療ネットワーク事業 ・児童虐待防止医療ネットワーク事業
その他	・健やか親子21（第2次） ・マタニティマークの周知・活用 ・健やか次世代育成総合研究事業（厚生労働科学研究）

出所：厚生労働省『厚生労働白書　平成30年版　資料編』2019年，189頁。

保健センター等で集団検診を実施したり，一般病院での個別検診を促したりしている。そのうち1歳6か月児と3歳児に対する健康診査は義務づけられている。医師，歯科医師，保健師，栄養士等の問診や診察を通して発育上の疾病や異常の有無を発見すること，及び障害を早期に発見して適切な治療や支援につなげることを目指している。また，保護者の心理状態や生活環境などについても聞き取りを行い，乳幼児健康診査の機会が保護者の育児不安の解消及び児童虐待の予防や早期発見の場となることも期待されている。

図6-5　母子保健事業の推進体制

	市町村（市町村保健センター）	都道府県等（保健所）
	○基本的母子保健サービス	○専門的母子保健サービス
健康診査等	・妊産婦，乳幼児（1歳6か月児，3歳児）の健康診査	・先天性代謝異常等検査
保健指導等	・母子健康手帳の交付 ・婚前学級，両親学級，育児学級等	・不妊専門相談，女性の健康教育等
訪問指導	・妊産婦，新生児訪問指導，未熟児訪問指導	
療養援護等	・未熟児養育医療	

技術的援助

出所：図6-4と同じ，190頁。

③　先天性代謝異常等検査（新生児マス・スクリーニング検査）

　生後数日の新生児に対して，フェニルケトン尿症等の先天性代謝異常や先天性甲状腺機能低下症の有無を調べることを先天性代謝異常等検査（新生児マス・スクリーニング検査）といい，1977（昭和52）年度から都道府県等によって実施されている。新生児から少量の血液を採取して検査し，異常を早期に発見することにより，陽性の新生児を専門医につなげて適切な治療をいちはやく開始することを目的としている。

2）保健指導等

①　母子健康手帳の交付

　母子健康手帳は，あらゆる母子保健サービスを受ける際の重要な基礎資料となるため，妊娠を届け出た者に対して市町村が交付することが母子保健法第16条にて定められている。ただ配って終わりではなく，健康診査や保健指導を受けた際には，交付を受けた妊産婦とサービス提供者の双方が，その都度手帳に必要事項を記載しなければならないことも同法に明記されている。母子健康手帳の様式は厚生労働省令で定められており，前述した妊婦健診の結果を含め，出産時の情報，出生後就学までの発育の様子，予防接種の記録などを記入するようになっている。さらに乳幼児の発達の目安や事故防止，栄養摂取に関する

情報も掲載されており，母子の健康記録に留まらず，育児の指南書としての性格も有している。昨今では，「父子手帳」を作成・交付する自治体も増えてきている。「父子手帳」の交付は母子保健法に定めはなく，父親の育児参加推進の一環で，父親のための育児指南書として自治体が自主的に発行している。

②　母子保健相談指導事業（両親学級など）

厚生労働省は，市町村に対して，母子保健教育を通して相談指導を行う母子保健相談指導事業の実施を求めている。事業内容としては，集団指導と個別相談指導の二つがあり，前者は新婚学級・両親学級・育児学級等を開催して母子保健に関する正しい知識を啓発・普及すること，後者は妊産婦や乳幼児の保護者の個々の悩み相談に応じることを目的として実施されている。

③　女性健康支援センター事業

思春期から更年期までの幅広い女性を対象として，生涯を通じた女性の健康の保持増進を図ることを目的とした事業である。性感染症や思春期の悩み，婦人科的疾患及び更年期障害，出産の悩み，不妊等，各ライフステージに応じた女性の健康に関する一般的な相談に保健師等が応じている。主に都道府県等に設置され，相談指導を行う相談員の研修養成も行われている。

④　不妊専門相談センター事業

受精，着床，そして受精卵が細胞分裂を繰り返して子宮の中で人体を形づくり，適切な周期を迎えると胎児が出てこようとする妊娠のプロセスは，その全てが奇跡ともいえる出来事の連続である。不妊等に悩み苦しむ人にとっては妊娠プロセスの一つひとつが大きなハードルとなる上，治療には時間もお金もかかり，負担が大きい。そこで，不妊や不育症等の課題に対しては，上記の女性健康支援センター事業とは別に，都道府県によるより専門的・医学的な相談事業が用意されている。

不妊治療を専門とする医師・助産師等が担当し，対象者の健康状態に応じた相談や，不妊治療と仕事の両立に関する相談に対応したり，診療機関ごとの不妊治療の実施状況に関する情報提供を行ったりしている。

3）訪問指導等

①　保健師等による訪問指導

母子保健法における訪問指導には，新生児の訪問指導（第11条），妊産婦の訪問指導（第17条），未熟児の訪問指導（第19条）の３種類があり，いずれも必要があると判断された際に，市町村長が専門職（医師，保健師，助産師又はその他の職員）を訪問させて，問診や視診を伴うような必要な指導を行うことが規定されている。未熟児については，第18条において体重が2,500 g 未満の低体重児が出生した場合速やかに市町村に届け出なければならないと定められている。

②　訪問事業

母子保健サービスには，母子保健法を根拠とした訪問指導の他に，児童福祉法に基づく訪問事業がある。一つは乳児家庭全戸訪問事業（第６条の３第４項）といい，こんにちは赤ちゃん事業とも呼ばれる。乳児家庭の孤立化を防ぐ目的で，生後４カ月未満の乳児のいる全家庭に専門スタッフが訪問して育児の相談に乗るサービスである。もう一つは，養育支援訪問事業（第６条の３の第５項）といい，養育上の諸問題を解決する目的で，産後うつ病や育児ノイローゼなど，支援を要する家庭に専門スタッフが訪問して指導助言等を行うサービスである。

4）療養援護・医療対策等

①　未熟児養育医療等

母子保健法における未熟児対策には，前述した未熟児の届出による早期把握（第18条）と，在宅未熟児に対する保健師等の家庭訪問指導（第19条）のほか，入院を必要とする重症未熟児に対して養育医療を給付する規定（第20条）を設けており，これらを合わせて未熟児の養育に関して一貫した制度を確立させている。医療給付の対象となる未熟児は，出生時の体重が2,000 g 以下の者，もしくは生活力が特に薄弱であって，正常児が出生時に有する諸機能を得るに至っていないものであって医師が入院を必要と認めた者である。

②　不妊治療への助成

日本産婦人科学会の集計によると，体外受精による出生児数は，2006（平成18）年に１万9,587人であったのが，2016（平成28）年には５万4,110人となり，

10年間で3倍近く増えている。都道府県等は，体外受精及び顕微授精を対象とした特定治療に対する支援事業を実施している。条件を満たした対象者に対して，所得制限はあるが，通常1回15万円（初回のみ30万円）を，年齢により通算3～6回まで助成することで，不妊治療の経済的負担の軽減を図っている。

5）子育て世代包括支援センター

　母子保健は，これまで医療を中心にそれぞれのステージで，それぞれの領域の専門家が切れ切れにサービスを提供してきたという課題があった。その対応策として，2017（平成29）年に改正された母子保健法において，母子健康包括支援センター（通称「子育て世代包括支援センター」，以下，センター）が法定化され，市町村に設置の努力義務が課せられるようになった（第22条）。

　センターを設置することで，母子保健を「地域の子育て支援」という枠組みで捉え直し，母子保健サービスと子育て支援サービスを一体的に提供する仕組みを構築したのである。センターは，そのサービス提供の拠点として，妊娠期から子育て期まで切れ目のない継続的な支援を展開することが求められている（図6-6）。センターの主な必須業務は，①妊産婦等の支援に必要な実情を把握する，②妊娠・出産・育児に関する相談に応じ，必要な情報提供・助言・保健指導を行う，③支援プランを策定する，④保健医療又は福祉の関係機関との連絡調整を行う，の4つである。

（3）母子保健サービスの重要性

1）母子保健サービスがなぜ必要か

　体内に新しい命を宿した妊婦は，その身体の安全と心身の健康が守られて初めて，出産・育児に向かうことができる。逆に言うと，母性と胎児を対象とする母子保健サービスが機能しなければ，その後のあらゆる直接的な子ども家庭福祉サービスを始めることはできないのである。母子保健は，まだ子どもがこの世に生を授ける前から支援を始めることがいかに重要であるかを私たちに教えてくれる。

　さらに様々な事業を概観して分かったように，母子保健は，単に妊産婦と乳

図6-6　子育て世代包括支援センターの全国展開

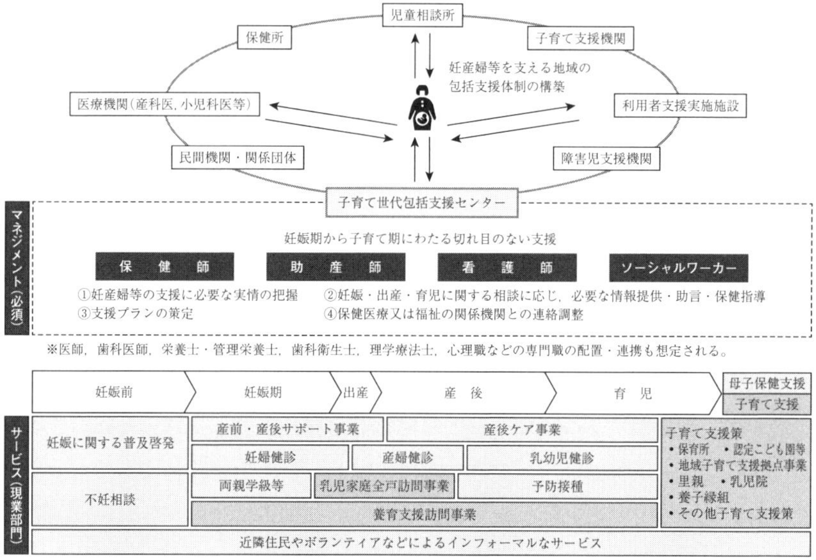

出所：全国保育士養成協議会監修『ひと目でわかる　保育者のための児童家庭福祉データブック2020』
　　　中央法規出版，2019年，33頁を筆者修正。

幼児の健康チェックを行い必要に応じて医療的ケアを提供するだけのサービス
ではない。母子保健サービスを充実させることは，地域における子育て支援を
豊かにすることに直結し，ひいては国民全員の健康を守ることになるのである。

2）母子保健サービスの今日的意義

　母子保健法が制定された当初の主な目的は，諸外国と比べて高率だった妊産
婦と乳幼児の死亡率を減少させることであった。しかしその後の母子保健の取
り組みや医療技術の発展を経て，両者の死亡率は激減し，今日のわが国の妊産
婦・乳児死亡率は世界でトップレベルの低さとなった。しかし，母子保健サー
ビスの役目はそれで終わるわけではない。

　現代社会には，少子化の進行，晩婚化・晩産化と未婚率の上昇，家族形態の
多様化，核家族化，育児の孤立化，児童虐待の増加，子どもの貧困や健康格差
の広がり等様々な課題が浮上している。個人のライフスタイルが多様化する昨

　今，母子保健が対象とする母性や乳幼児の状態やニーズもまた多様である。今日の母子保健は，保健所や医療機関における医学・公衆衛生学の限定的なアプローチのみならず，社会福祉，保育・教育学的視点も含んで現代の社会的課題の解決にあたらなくてはならない。即ち，地域住民一人ひとりの健康とともに地域福祉の発展を支える役目を負っているのである。

　他方，医療技術の進歩によって妊産婦や乳幼児の死亡率が減少したわけだが，その反面，これまで死亡を余儀なくされてきた低体重出生児等の存命を可能にし，新たに医療依存度の高い乳幼児が増えている現状がある。同じように，医療技術の高度化によりこれまでは諦めの対象となっていた不妊に対して治療を望む者も増えている。これらの新たに治療やケアを必要とする当事者とその家族を支援することもまた，今後の母子保健が果たすべき大きな役割である。

（4）母子保健サービスの課題

1）「健やか親子21」（第2次）にみる課題

　2001（平成13）年に，21世紀の母子保健のビジョンをまとめた母子保健の国民運動計画「健やか親子21」が開始された。開始年から2014年までの計画を第1次計画といい，2015年度からは2024年度までを計画期間とした第2次計画がスタートしている。

　第1次計画の評価では，計画全体の約8割に一定の改善が見られたとする一方で，児童虐待による死亡数等は変わらない課題とされ，10代の自殺率と全出生数中の低出生体重児の割合の2つの指標はむしろ悪化したと報告された。[6]この結果を踏まえ，第2次計画では，計画のゴールを「すべての子どもが健やかに育つ社会」とし，このゴールに向かうための3つの基盤課題と2つの重点課題を設定した（表6-5）。

2）児童虐待防止に資する

　「健やか親子21」の重点課題に児童虐待防止対策が盛り込まれたように，児童虐待の早期発見は保育・教育現場や医療機関に限らず，母子保健の現場にも期待されるようになった。この流れを受けて，2016（平成28）年の母子保健法

表 6 - 5 「健やか親子21（第 2 次）」における課題の概要

	課題名	課題の説明
基盤課題A	切れ目ない妊産婦・乳幼児への保健対策	妊娠・出産・育児期における母子保健対策の充実に取り組むとともに，各事業間や関連機関間の有機的な連携体制の強化や，情報の利活用，母子保健事業の評価・分析体制の構築を図ることにより，切れ目ない支援体制の構築を目指す。
基盤課題B	学童期・思春期から成人期に向けた保健対策	児童生徒自らが，心身の健康に関心を持ち，より良い将来を生きるため，健康の維持・向上に取り組めるよう，多分野の協働による健康教育の推進と次世代の健康を支える社会の実現を目指す。
基盤課題C	子供の健やかな成長を見守り育む地域づくり	社会全体で子どもの健やかな成長を見守り，子育て世代の親を孤立させないよう支えていく地域づくりを目指す。具体的には，国や地方公共団体による子育て支援施策の拡充に限らず，地域にある様々な資源（NPOや民間団体，母子愛育会や母子保健推進員等）との連携や役割分担の明確化が挙げられる。
重点課題①	育てにくさを感じる親に寄り添う支援	親子が発信する様々な育てにくさ^(※)のサインを受け止め，丁寧に向き合い，子育てに寄り添う支援の充実を図ることを重点課題の一つとする。 （※）育てにくさとは：子育てに関わる者が感じる育児上の困難感で，その背景として，子どもの要因，親の要因，親子関係に関する要因，支援状況を含めた環境に関する要因など多面的な要素を含む。育てにくさの概念は広く，一部には発達障害等が原因となっている場合がある。
重点課題②	妊娠期からの児童虐待防止対策	児童虐待を防止するための対策として，①発生予防には，妊娠届出時など妊娠期から関わることが重要であること，②早期発見・早期対応には，新生児訪問等の母子保健事業と関係機関の連携強化が必要であることから重点課題の一つとする。

出所：厚生労働省「『健やか親子21（第 2 次）』について　検討会報告書」2014年，57頁。

の一部改正において，母子保健施策が児童虐待の予防や早期発見に資する必要があることが第 5 条に明記された。

　母子保健サービスは，こんにちは赤ちゃん事業や健康診査など地域の全対象に働きかけるポピュレーション・アプローチと，把握した情報を基に訪問指導等の専門的支援につなげるハイリスク・アプローチの 2 つの手法によって虐待防止対策を実施することが可能である。特に，乳幼児健康診査が未受診，及び予防接種が未接種である場合に虐待のリスクが高くなることが指摘されていることから，未受診者の把握を含めたポピュレーション・ストラテジーの検討が課題となっている。

3）成育過程における切れ目のないサービス展開

　妊娠期から子育て期までの切れ目ないサービスを展開するために母子保健法に「子育て世代包括支援センター」（法律上は母子健康包括支援センター）が法定化されたことは既に述べたが，10代の自殺率の高止まりなどを背景に，さらに就学後の児童が思春期，性成熟期を経て大人へと育っていくプロセスにおいても切れ目なく支援が提供される必要性が指摘されるようになった。

　子育ての孤立を防ぎ，子どもが心身ともに健やかに育つこと保障する社会の形成を目指して，2019（令和元）年12月に「成育過程にある者及びその保護者並びに妊産婦に対し必要な成育医療等を切れ目なく提供するための施策の総合的な推進に関する法律」（通称「成育基本法」）が施行された。法律では，成育医療等基本方針を策定することや，成育医療等協議会を設置することなどが定められている。

　この法律の下，母子保健は，児童福祉法と連携して妊娠期と乳幼児期の支援を提供する従来の枠組みから，成育過程への支援という新しい枠組みの中の一つの支援領域として機能することが求められる。そのため母子保健サービスがさまざまな成育医療と連携する体制を整備することが今後の課題となっている。

4　子どもの健全育成

（1）　子ども家庭福祉と子どもの健全育成──健全育成概念の変遷

　子ども家庭福祉領域で語られる健全育成は，全ての子どもが身体的，精神的，社会的に健康な状態であり，自立や自己実現を得られる状態にすることを指している。戦後日本の時代変化と共に健全育成概念の変遷を辿ってみたい。

　児童福祉法における健全育成は，第2次世界大戦までのわが国の児童に対する施策が「要保護」児童を対象としてきたことを超えて，「全ての児童」を対象とし，かつ「福祉の積極的な増進」を果たすためとして位置づいている。

　元を辿れば，同法の原案は「児童保護法」であった。戦後すぐの時代背景を鑑みると，必要不可欠あるいは急務であったため，そのような名称であったと

いえる。それは，戦災孤児や浮浪児が街にあふれ，少年犯罪が増加し，不健康・不衛生な状況下にある児童を救うことが求められていたからである。

1946（昭和21）年に中央社会事業委員会は厚生大臣からの諮問により，この法案について議論を重ねた。結果，新憲法の趣旨を基礎として，特殊問題を抱える児童のみならず全ての児童を対象とする児童福祉法を提言した。その趣旨は「不幸な浮浪児等の保護の徹底をはかり，すすんで時代のわが国の命運を担う児童の福祉を積極的に助長するためには，児童福祉法とも称すべき，児童福祉の基本法を制定することが喫緊の課題である」（中央社会事業委員会小委員会，1947年）というものであった。戦後の混乱期においても，未来を展望する先見の明があったといえる。

しかしながら法が制定された当初は，理念の追求よりも目前の課題対応に追われたのは事実であり，養護や，非行問題等が喫緊の課題であった。そのため，当時は非行防止対策が児童健全育成施策と同義で考えられていたともいえよう。要保護児童対策に内包されるような位置づけであったと考えられる。

その後の経済成長期には次代を担う世代の「人づくり」（政策）が叫ばれ，健全育成の目的も成長産業を支えていく人材育成に主眼がおかれるようになった。さらに急激な都市化や工業化を背景にし，都市への人口集中や女性の就業率の向上，家族形態の変化を生み出したことから，さまざまな健全育成上の課題が発生し，その対応が求められた。例えば，都市での遊び場の消失，「かぎっ子」の増加，交通事故に遭う子どもの増加などがあった。

政府における健全育成の議論としては，1962（昭和37）年に中央児童福祉審議会が，「児童の健全育成と能力開発によってその資質の向上を図る積極的対策に関する意見（答申）」を発表している。その中には，事故死（交通事故・家庭内事故）への対応に関して，安全育児技術の普及として地域組織による母親への指導であるとか，児童厚生施設を活用した安全な遊び場の積極的整備に関しての指摘が見られる。また，都市環境への過密が児童の虚弱体質を招くおそれがあるとし，社会環境の整備と向上を掲げ，そのなかにおいて児童厚生施設の整備や活用，職員の充実にふれている。ここでは特定課題を有した児童への

援助の色は薄れ，一般的な児童全体への施策へと変容していることがわかる。

　1989（平成元）年には「1.57ショック」が起こり，少子化の深刻さが広く理解された。平成時代は「少子時代」となり，その中においての健全育成は重要視されるようになった。少子化対策において，子どもをすこやかに産み育てる環境をどのように整えていくのか，という命題が突きつけられ，その中で子どもの健全育成が達成できる状態の確保が，社会の目標として位置づけられるようになった。例えば，地方自治体等に行動計画策定を課した次世代育成支援対策推進法が2003（平成15）年に成立し，子ども・子育て応援プラン（2004〔平成16〕年）では，次世代を担う子どもを直接的に支援する方策としての健全育成が検討された。

　2016（平成28）年には児童福祉法が大幅に改正され，児童の権利に関する条約の精神に則り，子どもを中心とした福祉の保障が明確化された。子どもが健全な成長や発達，自立を得ることは権利として位置づいたのである。まさに健全育成は社会が達成すべき子どもの姿を表す概念であるとともに，子どもが主体となる取り組みであることが読み取れる。

　このように，健全育成の概念は時代背景や社会的状況のなかで変遷しているといえよう。

（2）子どもの健全育成施策の概要

　子どもの健全育成施策は，児童館や放課後児童健全育成事業等の法に位置づけられた施設や事業をはじめとして，主任児童委員等の公的なボランティア活動，地域組織，NPO等の団体による民間の活動などがある。ここでは代表的な施設等を紹介する。

1）児童厚生施設

　子ども家庭福祉における健全育成施策の中心となるものとして，児童厚生施設が挙げられる。これは，児童福祉法第40条に「児童厚生施設は，児童遊園，児童館等児童に健全な遊びを与えて，その健康を増進し，又は情操をゆたかにすることを目的とする施設とする」と規定されており，屋内型（児童館）と屋

外型（児童遊園）の2つがある。

① 児童館

全国に設置されており，現在4,477カ所[8]存在する。これは児童福祉施設のうち，保育所に次いで多い数である。2005（平成17）年には4,700カ所以上あったが，現在は減少から横ばいの傾向を示している。

児童館の設置運営要綱によると，種別が4つに分けられ，施設設備，機能による違いがある。①小型児童館が基本的な機能を有した施設であり，これに加えて体力増進機能を備えたものを②児童センター，児童センターのなかでも年長児童（中・高校生世代を示す）の育成機能を備えたものを特に大型児童センターとしている。また，県域を対象とする③大型児童館があり，県下の児童館を支援する機能を有するA型，宿泊を伴うB型がある。これらの他に，大型児童館C型[9]，④その他の児童館[10]の種別がある（表6-6）。

児童館活動の特色は「遊びを通した健全育成」である。自分の意思で行くことができ，自由に遊ぶことができる。玩具や図書，遊び仲間，クラブ活動があり，思い思いの活動を展開することが可能だ。そのような自由度の高い利用施設は他にない。そのため，遊びによる発達促進を行うことが小地域の中で展開しやすい。また，専門職である児童の遊びを指導する者（通称・児童厚生員）が配置されており，異年齢児童をつなぎ，多彩な活動を生み出すことが可能となっている。加えて，子育て支援や要保護・要支援児童への支援等も展開されており，福祉増進から予防，早期発見・対応まで可能なフレキシビリティを有している。運営を支える指針として「児童館ガイドライン[11]」が厚生労働省から発出されている。

② 児童遊園

屋外型の児童厚生施設を児童遊園という。現在，2,293カ所[12]ある。1980年には4,200カ所を越えていたが，漸減傾向にある。厚生労働省による「標準的児童遊園設置運営要綱」によると，敷地は原則として330㎡以上であり，標準的な設備は，遊具（ブランコ・砂場・滑り台等），広場，ベンチ，便所，飲料水設備，柵，照明等が示されている。これらの条件を見ると，一般の公園との判別が難

表6-6　児童館の種別ごとの特徴

	小型児童館	児童センター（大型児童センター）	大型児童館
規模・設備	217.6㎡以上 集会室，遊戯室，図書室及び便所	336.6㎡以上 （500㎡以上） 運動可能スペース　他	A型2,000㎡以上 B型1,500㎡以上
事　業	すべての子どもたちと子どもに関わる大人たちの地域活動の拠点・居場所としてのさまざまな事業	左記の事業に加えて児童の体力増進をはかり，心身ともに健全な育成を図る事業	県内全域を対象に，モデル事業や中高校生対象事業，指導者の養成，地域児童館育成等を図る
対　象	0〜18歳未満の全ての児童		
職　員	児童の遊びを指導する者（児童厚生員）2名以上 　　児童センターには体力増進指導に関わる職員 　　大型児童センターには年長指導に関わる職員 　　大型児童館には，専門知識を有する職員		

出所：「児童館の設置運営について」（平成2年8月7日児発第123号厚生事務次官通知）ほかより筆者作成。

しいところであるが，配置については，「児童の居住するすべての地域を対象にして，その生活圏に見合った設置が進められるべきであるが，当面児童の遊び場が不足している場所に優先的に設置することが望ましい」とされており，児童厚生員も配置することとなっている[13]ため，児童福祉施設としての存在意義があるといえる。河津英彦らの研究では，ミニ・プレイパーク化なども提案されている[14]。

2）放課後児童健全育成事業（放課後児童クラブ，いわゆる学童保育）

児童福祉法第6条の3第2項に定められている放課後や長期休業中の小学生を対象とした事業であり，児童厚生施設等を利用して行われている。

子どもの集団的な預かりの取り組みは，戦前から各地で行われており，多様な運営形態，環境がある。そのため，施策はそのような多様性を包含しながら展開されてきたが，1997（平成9）年の児童福祉法改正に伴って「放課後児童健全育成事業」として法制化された[15]。現在，2万5,881カ所設置されており，登録児童数は129万9,307人となっている[16]。

2015（平成27）年に児童福祉法の改正，「子ども・子育て支援新制度」の開始にあたり，市町村は放課後児童クラブの設備や運営に関して条例を定め，それ

に基づいた運営が求められるようになった。また，それまで「概ね10歳未満」（小学校低学年を想定）とされていた対象児童の年齢が「小学校に就学している児童」とされ，利用対象が拡大された。

　国では新制度施行に向けて「設備及び運営に関する基準[17]」を発出し，これを参酌し，市町村条例が制定されている。合わせて，この基準に準拠し，放課後児童クラブ職員が行う育成支援（子どもの健全育成と遊び及び生活の支援）を具体的に示した「放課後児童クラブ運営指針」が発出されている。職員については，放課後児童支援員（以下，支援員）を新設し，それ以外を補助員とした。支援員は，保育士資格を有するなどの基礎資格のあるものが，都道府県等が実施する支援員認定資格研修を受講することが求められている。

3）児童委員，主任児童委員

① 児童委員

　民生委員法によって厚生労働大臣によって委嘱された民生委員は，以下の児童福祉法第16条により児童委員を兼務することとなっている。

　第16条　市町村の区域に児童委員を置く。

　　② 民生委員法（昭和23年法律第198号）による民生委員は，児童委員に充てられたものとする。

　　③ 厚生労働大臣は，児童委員のうちから，主任児童委員を指名する。

　現在，委嘱者数は22万8,206人[18]である。その活動は，①地域実情の把握（問題発見等）と記録，②相談・支援（子育ての助言・要保護児童等に対する支援等），③児童の健全育成のための地域活動，④児童虐待への取り組み（早期発見，見守り等）等が掲げられている。

② 主任児童委員

　1994（平成6）年に児童委員活動への期待が高まっていることを受け，児童福祉に関する事項に専門的に対応する主任児童委員制度が創設された。現在，委嘱者数は2万1,117人[19]となっている。

　主任児童委員には，児童委員の活動のほか，①関係機関と児童委員との連携（特に児童館等と連携し，地域ぐるみでの子育てを啓発），②児童委員への援助・協

力（個別ケースへの対応等）等が掲げられ，緊急時には自立的な調整機能を果たすことが求められている。

4）地域組織活動（母親クラブ等）

地域組織活動とは，地域における子どもの健全育成活動を展開するさまざまなボランタリーな組織的活動を指す。

①　母親クラブ

母親クラブは，母親をはじめとする地域住民が参加するボランティア団体である。名称は子育て支援クラブやみらい子育てネットなど多様である。活動としては，親子および世代間の交流・文化活動，家庭における正しい児童養育に関する研修活動，児童の事故防止等地域の実情に応じた活動等を行っているものである。多くは，児童館等を拠点にして，自主的な活動を展開している。

昭和初期から母の会，親の会などの自主的な組織活動があったが，1948（昭和23）年に「母親クラブ結成及び運営要綱」（厚生省児童家庭局）が発出され，各自治体単位で結成が促進されていった。1973（昭和48）年には国庫補助が開始され，設立が拡大され，活動が促進されたこともあり，1974（昭和49）年に全国組織「全国母親クラブ連絡協議会（現・全国地域活動連絡協議会）」が結成されている。

②　子ども会

子どもたちの集団活動を行う「子ども会」活動が全国で展開されている。近隣に住む児童の遊びの集団として組織化したものである。

1946（昭和21）年に「児童愛護班結成活動に関する通知」（文部省社会教育局長）が発出され，青少年の不良化を防止することを念頭にいれた取り組みとして周知されている。また，1948（昭和23）年には「児童指導班結成及び運営要綱」（厚生省児童局）が出され，青年層が活躍することを意識して各地に結成を促した。また全国社会福祉協議会では，1951（昭和26）年から子どものレクリエーションやグループワークに関する講習会を開催するなど，育成指導者の養成を行った。

これら教育や福祉の領域で取り組みが広がっていきながら，地域を基盤とし

て組織されて子どもの健全育成を目的とする子ども会が形づくられていった。1964（昭和39）年には全国子ども会連合会（現・公益社団法人）が組織され，全国的な推進活動が展開されている。

この他，地域住民による，冒険遊び場（プレーパーク）づくり，道路等を活用した「みちあそび」の市民活動，子どもの居場所づくりを行うNPOの活動，多世代交流の機会づくりを社会福祉協議会や教育委員会等がボランティアと協働で行うなど市民による活動が各地で展開されている。

5）児童福祉文化財

施設や事業とは異なるが，子どもたちの健全育成上，子どもが手に取る文化財は重要なコンテンツと考えられている。厚生労働省社会保障審議会では，児童に触れてもらいたい優良な文化財を「児童福祉文化財」として，推薦している。幼児向けの絵本や小学生及び中高生世代向けの図書，保育士や児童厚生員が保育や援助を行う上で参考となる出版物をはじめ，家族で楽しめる演劇や人形劇，ミュージカル，コンサート等の舞台芸術，映画，放送，DVD等の映像・メディア等の幅広い作品について対象としている。これまで，1万5,000点以上の作品を推薦している。

このほか，毎年5月5日の「こどもの日」から1週間を「児童福祉週間」[21]と定めて，子どもの健やかな成長，子どもや家庭を取り巻く環境について，国民全体で考えることを目的に，各種事業及び行事を展開することにより，児童福祉の理念の一層の周知と子どもを取り巻く諸問題に対する社会的関心の喚起を図ることとしている。

（3）子どもの健全育成の重要性

すべての子どもたちに必要とされる健全育成の取り組みは，子ども家庭福祉の基盤となり得るものである。それは，子どもたちが幸せであることを願って制定された児童福祉法の理念からも理解できる。法制定時とは限りなく異なる社会状況になっているが，子どもたちを取り巻く状況は「幸せ」な状態にはほ

ど遠い一面も見られる。少子化の進行，核家族化等家族の変容，都市化等社会状況の変化に伴って，子ども・子育ての環境は著しく変化を続けている。しかも，この少子化時代にもかかわらず，子どもたちに関する問題は量的に拡大を続け，またその質的にも悪化の一途である。特に，虐待や子どもを標的とする犯罪の増加等，生命に危険を及ぼすような課題も山積している。

　これら子どもの幸せの阻害要因を喫緊のニーズとして，子ども家庭福祉分野の近年の重要課題は「子育て支援」である。実状としては，その多くが実際に子どもを育てる親に対する支援に偏っており，最善の利益を供されるべき子どもへの直接的支援には，それほど関心が高まりにくい。しかし，子どもの育ちをより良い環境の中で実現すべきだということ自体には批判はないだろう。

　児童福祉法が改正され，児童の権利に関する条約の精神が記載された中で，健全育成施策は重要度を増すと考える。児童福祉法の理念，権利条約の精神は，子どもの健全育成そのものである。「子ども自身が生きていくに必要な力」，すなわち，子どもの生きる力や自身が伸びようとする主体的，選択的な力をいかに発揮できるか。それは，大人が指導，誘導するのではなく，いかに環境を整え，子どもには育つ力があることを信じ続けられるかが重要なのである。

　また，地域支援の観点も重要である。子どもたちは家庭だけで育つものではない。例えば学齢期の子どもの生活のステージを大別すると，家庭・学校・地域社会とすることができる。中央教育審議会答申や教育基本法においても，この三者が連携し，子どもの教育に当たることを求めている。

　しかし，家庭はその教育機能を失いつつあり，代替先を学校に求めている。時に学校では，家庭教育の補完をし，また地域社会を学ぶ教育を提供する等，その守備範囲を超えた活動の展開がみられる。しかしながら，それはゆとり教育の終焉から，学力や体力の向上を目指す本来的な学校教育への回帰が求められており，地域社会の持つ無意図的な教育機能に再度注目していくことは自然な流れと言えよう。

　しかしながら，地域社会にも課題は山積している。物質的な豊かさが広まり，価値観やライフスタイルが多様化している。そのことは地域社会の精神的つな

がり，支え合い，物理的に集う機会を減少させている。結果，地域社会は希薄化してしまった。人口減少社会に突入した日本は，ますますこの傾向が加速する可能性もある。

　地域における子どもの健全育成は，家庭教育や学校教育に比べると，曖昧なままだと言っても過言ではない。しかし，家庭・学校・地域社会の三者が形をゆがめながら，あるいはその関係を再構築していく中でも，子どもたちは確実に成長を続けている。何らかのアプローチが必要になる。子ども自身の育ちへの懸念や，地域支援の必要性から，官民問わず健全育成施策や活動が重要なのである。

（4）健全育成施策の抱える課題──健全育成理念の確立の必要性

　健全育成の取り組みは歴史もあり，地域における重要性は認識されるところである。しかし，「児童健全育成分野は，政策の優先度の低い分野である。その理由の一つに，『健全育成』の理念の不明確さがある[22]」との指摘がある。施策の中心施設として考えられる児童館に関しても，「児童福祉法の理念を具現化しながら，健全育成を展開する場としては，児童館は最適の場であったと考えられるが，児童館における健全育成は，一般児童対策だけでは健全育成概念を形成することができなかった[23]」とも指摘されている。

　重要視されつつも，喫緊の課題とされることが少ないのは，健全育成施策が福祉そのものにある保護的な機能をどれほど果たしているかが理解し難いからではないだろうか。つまり，健全育成施策が生命の危機に瀕するような状態にある子どもを救うという手立てには見えにくいからである。児童虐待や貧困などに苦しむ子どもたちには，早期の介入が求められることが多く，その課題の深刻さから社会の賛同を得やすい。しかしながら，それらの課題を予防する位置づけにある健全育成は，短期的効果を得にくく，その効果測定方法も未確立である。予防機能を単年度で評価すること自体がナンセンスではあるが，地方財政が厳しさを増す中で，当然ながら緊急度の高い施策が優先されていく。そのため，一般児童対策としての健全育成には予算投下が進みにくい状況が続い

ている。

　予算の確保が厳しくなってきたことから，人材確保にも影響を及ぼしている。子どもに関わる人材が重要であることは言わずもがなであろう。人は人との関わりの中で育つからこそ，人的環境が重要なのである。子どもにとってふさわしい支援・援助行動ができる人材の確保や育成は急務である。

　繰り返しになるが，元来，児童福祉法の理念や児童の権利に関する条約の精神は，児童健全育成を目的としたものである。未来を見通しにくいと言われる昨今，次代を生き抜く子どもたちのためにも，今一度健全育成理念を未来志向で構築することが求められる。

注

⑴　厚生労働省「子育て世代包括支援センターの実施状況（子育て世代包括支援センター実施箇所一覧〔2019年4月1日時点〕）」2019年。

⑵　厚生労働省「保育所等関連状況取りまとめ（平成31年4月1日）」2019年。

⑶　厚生労働省「保育士等に関する関係資料」2015年。

⑷　厚生労働省子ども家庭局母子保健課監修『七訂　母子保健法の解釈と運用』中央法規出版，2019年，14頁。

⑸　体外受精出生児数は新鮮胚（卵）を用いた治療数と凍結胚（卵）を用いた治療，及び顕微授精を用いた治療数の合計数。

⑹　厚生労働省雇用均等・児童家庭局母子保健課「『健やか親子21』最終評価（概要）について」2013年，2頁。

⑺　政府が定めるべき「成育医療等の提供に関する施策の総合的な推進に関する基本的な方針」のこと（成育基本法第11条）。①成育医療等の提供に関する施策の推進に関する基本的方向，②成育医療等の提供に関する施策に関する基本的な事項，③その他成育医療等の提供に関する施策の推進に関する重要事項について定めるものとされている。

⑻　厚生労働省「社会福祉施設等調査」（2018〔平成30〕年10月1日現在）。

⑼　大型児童館Ｃ型は国立総合児童センター　こどもの城であったが，2015（平成27）年に廃止されている。

⑽　その他の児童館は，「公共性及び永続性を有するものであって，かつ，設備，運営等については，それぞれ対象地域の範囲，特性，対象児童の実態等に相応したもの」（設置運営要綱）とされており，小型児童館の基準に近似しているが，各自治体で判

断が若干異なる。

⑾　2011（平成23）年に発出。2018（平成30）年に改正（厚生労働省子ども家庭局長通知）された。

⑿　厚生労働省「社会福祉施設等調査」（2018（平成30）年10月１日現在）。

⒀　ただし，「他の児童厚生施設の児童厚生員と兼ね，または巡回でも差し支えない」とされている。

⒁　河津英彦「児童遊園のあり方等に関する調査研究」こども未来財団『平成16年度児童関連サービス調査研究等事業報告書』2004年。

⒂　同時に社会福祉法上の第二種社会福祉事業となった。

⒃　2019（令和元）年５月１日現在（厚生労働省子育て支援課調べ）。

⒄　放課後児童健全育成事業の設備及び運営に関する基準（平成26年厚生労働省令第63号）。

⒅　2019（令和元）年12月１日現在。３年に１度一斉改選される。同日が直近の改選となる。

⒆　2019（令和元）年12月１日現在。

⒇　2012（平成24）年に補助金は一般財源化されている。

㉑　1947（昭和22）年から厚生労働省と民間団体が主唱する取り組み。

㉒　柏女霊峰『子ども家庭福祉・保育の幕開け』誠信書房，2011年，109頁。

㉓　植木信一「児童館における健全育成概念の変遷」新潟県立大学『人間生活学研究』8，2017年。

参考文献

・第２節

日下慈・笠原正洋「地域子育て支援施策の変遷──支援者の専門性を中心に」『中村学園大学・中村学園大学短期大学部研究紀要』（48）2016年，7-22頁。

内閣府「子ども・子育て支援新制度について（令和２年10月）」2020年。

・第３節

厚生労働省「母子保健の現状」（https://www.mhlw.go.jp/stf/shingi/2r9852000001oujo-att/2r9852000001oumv.pdf，2020年３月５日アクセス）。

厚生労働省子ども家庭局母子保健課「平成31年２月27日健やか親子21推進協議会総会資料１：最近の母子保健行政の動向」（https://www.mhlw.go.jp/content/11920000/000485784.pdf，2020年３月５日アクセス）。

平戸ルリ子編『児童や家庭に対する支援と児童・家庭福祉制度──児童・家庭福祉制度児童・家庭福祉サービス 第３版』弘文堂，2017年。

母子保健推進会議「地域母子保健福祉情報紙──親子保健」256，2018年。

「健やか親子21」（第2次）公式 HP（http://sukoyaka21.jp/, 2020年3月18日アクセス）

・第4節

児童健全育成推進財団『児童館　―理論と実践』児童健全育成推進財団，2007年。

児童手当制度研究会（監修）『児童健全育成ハンドブック』中央法規出版，2007年。

全国子ども会連合会 HP（https://www.kodomo-kai.or.jp/）。

全国地域活動連絡協議会 HP（http://www.hahaoya-club.ne.jp/）。

<table>
<tr><td>第7章</td><td>子ども虐待とDV</td></tr>
</table>

1 子ども虐待

（1）子ども虐待の現状

1）子ども虐待とは何か

児童虐待の防止等に関する法律（児童虐待防止法）の第2条「児童虐待の定義」では，子ども虐待の分類を身体的虐待，性的虐待，ネグレクト，心理的虐待の4種類と定めている。表7-1は「子どもの虐待防止・法的実務マニュアル」による児童虐待の定義と具体例である。

なお，2018（平成30）年に東京都目黒区で5歳（当時）の女児が虐待を受けて死亡した事件を受けて，同年7月に厚生労働省は「児童虐待防止対策の強化に向けた緊急総合対策について」を発表した。この中で，市町村又は児童相談所から定期的に情報提供を求める先として，学校・保育所の他に認定こども園及び認可外保育施設が追加された。

子ども虐待は子どもの成長や発達に深刻な影響を与え，生涯にわたり影響をもたらす重大な権利侵害である。松原三智子ほかは，子どもへの不適切な関わり（マルトリートメント）[1]を，図7-1のように整理している。グレーゾーン（「気になる子ども」「気になる親」として啓発・教育が必要な状態）・イエローゾーン（社会的に支援が必要な状態）は，親子関係や保護者の様子に違和感を感じつつも，子どもへの影響がはっきりわからない状態が続く。しかし「わかりにくい」「見えにくい」状態が長引くことが子どもの心身に重大なリスクと深刻な影響を与える場合がある。保育現場は登園時や保育活動を通して保護者や子どもの生活にふれる場面が多く，虐待の早期発見・対応の役割を担うことが期待され

表7-1　児童虐待防止法における定義と具体例

種　類	児童虐待防止法における定義	具体例
身体的虐待	児童の身体に外傷が生じ，または生じるおそれのある暴行を加えること（1号）	殴る，蹴る，投げ落とす，首を絞める，熱湯をかける，布団蒸しにする，溺れさせる，逆さ吊りにする，異物を飲ませる等。
性的虐待	児童にわいせつな行為をすることまたは児童をしてわいせつな行為をさせること（2号）	性交，性的行為の強要，性器や性交を見せる，ポルノ行為の被写体にする等。
ネグレクト	児童の心身の正常な発達を妨げるような著しい減食または長時間の放置，保護者以外の同居人による前2号または次号に掲げる行為と同様の行為の放置その他の保護者としての監護を著しく怠ること（3号）	食事を与えない，衣服や住居を極端に不潔・不衛生な状態にする，乳幼児を家や車のなかに放置する，子どもが望むのに登校させない（登校禁止等）。
心理的虐待	児童に対する著しい暴言または著しく拒絶的な対応，児童が同居する家庭における配偶者に対する暴力（配偶者（婚姻の届出をしていないが，事実上婚姻関係と同様の事情にある者を含む）の身体に対する不法な攻撃であって生命または身体に危害を及ぼすもの及びこれに準ずる心身に有害な影響を及ぼす言動をいう。）その他の児童に著しい心理的外傷を与える言動を行うこと。	無視，脅かし，他のきょうだいと著しく差別する，「お前なんか生まれてこなければよかった」などの子どもの心を傷つける言動，DV（配偶者からの暴力）を見せる等。

出所：日本弁護士連合会子どもの権利委員会『子どもの虐待防止・法的実務マニュアル』明石書店，2019年，15頁。

ている。虐待を核に，疑わしい状況や，放置しておくと虐待につながる可能性がある行為を含めたものを，不適切な関わりという概念で捉える視点が虐待予防には必要である。[2]

2）子ども虐待の実態

「平成30年度福祉行政報告例」（厚生労働省）によると，2018（平成30）年度に児童相談所が対応した養護相談のうち児童虐待相談の対応件数は15万9,838件で，前年度に比べ2万6,060件増加している。

被虐待者の年齢別の割合は，「0～2歳」3万2,302件（20.2％），「3～6歳」4万1,090件（25.7％），「7～12歳」5万3,797件（33.7％），「13～15歳」2万1,847件（13.7％），「16～18歳」1万802件（6.8％）（図7-2）であり，7～12歳が最も多く，次いで3～6歳となっている。相談の種別をみると，「心理的虐待」が8万8,391件（55.3％）と最も多く，次いで「身体的虐待」4万238件

図7-1　不適切な関わり

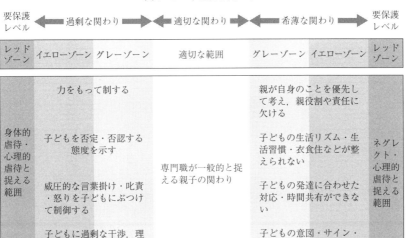

出所：松原三智子・岡本玲子・和泉比佐子「保健分野で予防的に支援が必要な親の子どもへの不適切
　　な関わり──子どもの虐待問題に携わる専門職へのインタビューをとおして」『日本公衆衛生看護
　　学会誌』4（2），2015年，128頁。

（25.2％），「ネグレクト」2万9,479件（18.4％），「性的虐待」1,730件（1.1％）であり，心理的虐待が増加しているのが近年の特徴である（図7-3）。この要因として，子どもが同居する家庭における配偶者に対する暴力（面前DV）について，警察からの通告が増加したことが挙げられる。また，主な虐待者別構成割合をみると「実母」7万5,179件（47.0％），「実父」6万5,525件（41.0％），「実父以外の父親」9,274件（5.8％），「実母以外の母親」797件（0.4％），「その他」9,274件（5.8％）であり，「実父」の構成割合は年々上昇している。

図7-2　被虐待者の年齢別対応件数

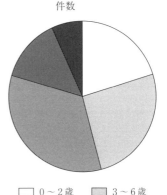

　□ 0〜2歳　　□ 3〜6歳
　■ 7〜12歳　■ 13〜15歳
　■ 16〜18歳

出所：厚生労働省「平成30年度福
　　祉行政報告例の概況」2020年
　　を基に筆者作成。

図7-3　児童相談所における児童虐待相談対応の内容

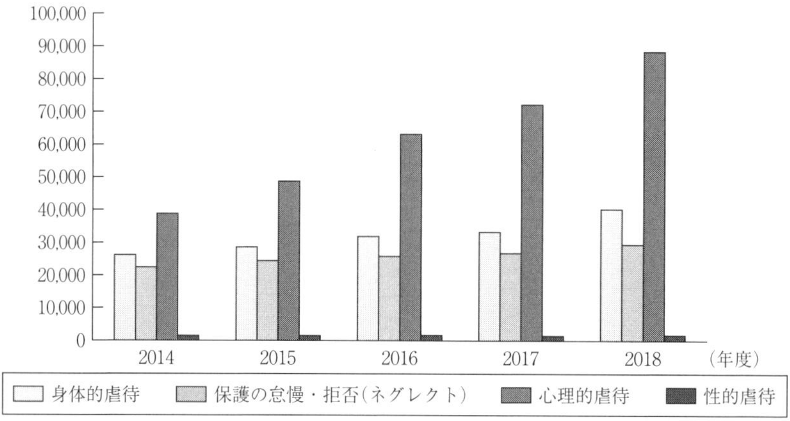

出所：図7-2と同じ。

3) 子ども虐待の原因

『子ども虐待対応の手引き』では，子ども虐待に至るおそれのあるリスク要因を，①保護者側の要因，②子ども側の要因，③養育環境の要因，④その他虐待のリスクが高いと想定される場合に整理している（表7-2）。子ども虐待は，様々な要因が複雑に絡み合って起こると考えられているが，それは個々の家族が抱える状況によって違いがあり，リスク要因が多いからといって必ずしも虐待が発生するわけではない。

なお，2000（平成12）年の「健やか親子21検討会報告書」（厚生労働省）では，子ども虐待が起こる原因として「①多くの親は子ども時代に大人から愛情を受けていなかったこと，②生活にストレスが積み重なって危機的状況にあること，③社会的に孤立し，援助者がいないこと，④親にとって意に沿わない子であること」の4要素が揃っていることが指摘されている。したがって，虐待の防止・予防として，この4要素が揃わない環境作りが必要であり，虐待が起こる原因と虐待の発生を防ぐ環境要因とのバランスに配慮することが大切である。

4) 子どもへの影響

虐待の態様，受けていた期間などにより子どもへの影響は様々だが，いずれ

表7-2　虐待に至るおそれのある要因・虐待のリスクとして留意すべき点

①保護者側の要因
・妊娠そのものを受容することが出来ない（望まない妊娠） ・若年の妊娠 ・子どもへの愛着形成が十分に行われていない。（妊娠中に早産等何らかの問題が発生したことで胎児への受容に影響がある。子どもの長期入院など） ・マタニティーブルーズや産後うつ病等精神的に不安定な状況 ・性格が攻撃的・衝動的，あるいはパーソナリティーの障害 ・精神障害，知的障害，慢性疾患，アルコール依存，育児の知識や技術の不足 ・保護者の被虐待体験 ・育児に対する不安（保護者が未熟等），育児の知識や技術の不足 ・体罰容認などの暴力への親和性 ・特異な育児観，脅迫的な育児，子どもの発達を無視した過度な要求 　　　　　　　　　　　　　　　　　　　　　　　　　　　　　　　　　　　　　等
②子ども側の要因
・乳児期の子ども ・未熟児 ・障がい児 ・多胎児 ・保護者にとって何らかの育てにくさを持っている子ども 　　　　　　　　　　　　　　　　　　　　　　　　　　　　　　　　　　　　　等
③養育環境の要因
・経済的に不安定な家庭 ・親族や地域社会から孤立した家庭 ・未婚を含むひとり親家庭 ・内縁者や同居人がいる家庭 ・子連れの再婚家庭 ・転居を繰り返す家庭 ・保護者の不安定な就労や転職の繰り返し ・夫婦間不和，配偶者からの暴力（DV）等不安定な状況にある家庭 　　　　　　　　　　　　　　　　　　　　　　　　　　　　　　　　　　　　　等
④その他虐待のリスクが高いと想定される場合
・妊娠の届出が遅い，母子健康手帳未交付，妊婦健康診査未受診，乳幼児健康診査未受診 ・飛び込み出産，医師や助産師の立ち合いがない自宅等での分娩 ・きょうだいへの虐待歴 ・関係機関からの支援の拒否 　　　　　　　　　　　　　　　　　　　　　　　　　　　　　　　　　　　　　等

出所：日本子ども家庭総合研究所編『子ども虐待対応の手引き』有斐閣，2014年，30-32頁。

においても虐待は子どもの成長・発達に深刻な影響を与える。ここでは，身体的影響，知的発達面への影響，心理的影響について，共通してみられる主な特徴[3]を説明する。

① 身体的影響

打撲，切創，熱湯など外から見てわかる傷，骨折，鼓膜，頭蓋内出血などの

外から見えない傷，栄養障害や体重増加不良，低身長等。

② 知的発達面への影響

　落ち着いて学習に向かうことができなかったり，学校への登校もままならず，知的な発達が十分に得られない場合がある。また，子どもの知的発達に必要なやりとりを行わなかったり，逆に年齢や発達レベルにそぐわない過大な要求をする場合があり，その結果として知的発達を阻害する場合がある。

③ 心理的影響

　子どもの頃だけでなく成人してからも虐待の影響が及ぶ事があり，社会との関わりにおいて深刻なトラブルの要因となる事が多い。

　　ア．対人関係の障害

　　　保護者との愛着関係形成が困難であるため，人に対する信頼感が持てない。

　　　「あの人は優しい人かな，怖い人かな，不安……。どう接すると良いの？」

　　イ．低い自己評価

　　　自分が悪い子だから怒られる。自分には愛情を受ける価値がないと感じる。

　　　「どうせ，自分なんて……。」

　　ウ．行動コントロールの問題

　　　暴力を受けた子どもは暴力で問題を解決すること学ぶ。そのため，攻撃的・衝動的な行動をとったり欲求のまま行動する場合がある。

　　　「嫌なことは暴力で解決しても良いんだ。」

　　エ．多動

　　　虐待的な環境で養育されると，刺激に対して過敏になる。

　　　「どうしよう，また怒られる。落ち着かない……。」

　　オ．心的外傷後ストレス障害（PTSD）

　　　過去を思い出し恐怖を感じる。感情のコントロールがうまくいかず攻撃的・衝動的な行動が表れる。

「あの時のことを思い出すと辛くなる。どうしたら良いの？」

　カ．儀成熟性

　　大人の顔色をうかがい，大人の欲求に従って先取りした行動をとる場合がある。さらに，精神的に不安定な親に代わって大人の役割を果たすため，無理をして大人びた行動をとることがある。

　　「良い子にならないと怒られる」「自分がしっかりしないといけない……。」

　近年では子ども虐待と脳の発達に関する研究が報告されている。脳はある程度生まれた時に遺伝によって形は決まっているものの，その後，環境に適応して変化をしていく。特に感受性期と呼ばれる幼児期が，環境への適応のために脳が変化する重要な時期といわれている。心身の発育・発達が著しく，基礎が形成される乳幼児期の子どもにかかわる保育者は，虐待が子どもに及ぼす影響を様々な視点から捉えることが重要である。

（2）子ども虐待への対応──子ども虐待にかかわる制度

1）児童虐待の防止等に関する法律

　虐待問題に総合的に対応するために，2000（平成12）年に「児童虐待の防止等に関する法律」（児童虐待防止法）が施行された。この法律で，「児童虐待の定義」（第2条）が初めて定められた。また，国や地方公共団体の責務に関係機関や民間団体との連携強化等が盛り込まれ，学校教職員・児童福祉施設職員・保健婦・弁護士・医療関係者等には，発見と通告の役割が示された。

　2004（平成16）年の改正では，児童虐待の定義の見直し（同居人による虐待も対象），通告義務の範囲の拡大（虐待を受けたと思われる場合も対象），児童虐待を受けた児童等に対する支援（学業が遅れた児童への施策，進学・就職の際の支援を規定），警察署長に対する援助要請（必要に応じ警察署長に援助を求める）等が規定された。

　2007（平成19）年，児童虐待防止対策の強化を図るため，児童の安全確認等のための立入調査等の強化（速やかに安全確認を行う，保護者が立入調査や出頭要

請に応じない場合は裁判所許可により解錠等を伴う立入調査を可能とする等），保護者に対する面会・通信等の制限の強化（接近禁止命令制度の創設等），保護者に対する指導に従わない場合の措置の明確化（子どもの一時保護，施設入所措置その他の必要な措置を講ずる等）等が行われた。

2016（平成28）年，しつけを名目とした児童虐待の禁止，臨検・捜索手続の簡素化（裁判官の許可を得た上で実施できる），関係機関等による調査協力（児童相談所と市町村や関係機関との連携強化）などが盛り込まれた。

しかし，その後も悲惨な事件が続き「しつけのためだった」と供述するケースが後を絶たないことから，2019（令和元）年の改正では，子どもをしつける際の体罰禁止を明文化した。主な改正点は，児童の権利擁護の強化（親権者は，児童のしつけに際して体罰を加えてはならない），児童相談所の体制強化（一時保護等の介入的対応と保護者支援を行う職員を分ける等），関係機関間の連携強化（虐待を受けた児童が住所等を移転する場合の関係機関の連携等）である。

2）子ども虐待防止と児童福祉法

2000（平成12）年の児童虐待防止法の施行にともない，2004（平成16）年に児童福祉法の改正が行われた。この改正により，児童相談所の負担を緩和するために児童相談に関する市町村の役割が明確化され，虐待の通告先に市町村が加えられた。また，要保護児童の早期発見や適切な保護を図るため，関係機関の連携を目的とした要保護児童対策地域協議会が法定化された。

2008（平成20）年，地域における子育て支援の充実を目的として，乳児家庭全戸訪問事業や養育支援訪問事業が法定化され，その実施が市町村の努力義務となった。さらに，要保護児童への社会的養護体制が拡充され，ファミリーホームが創設された。

2016（平成28）年，児童虐待について，発生予防から自立支援まで一連の対策の更なる強化等を図るため，児童福祉法の理念を明確化するとともに，母子健康包括支援センターの全国展開，市町村及び児童相談所の体制の強化，里親委託の推進等が行われた。

中でも，2015年に「すべての子どもの安心と希望の実現プロジェクト」（子

どもの貧困対策会議決定）が策定され，その中で「児童虐待防止対策強化プロジェクト」として児童相談所強化プランが示されたのを受け，2016年の児童福祉法改正では，児童相談所の強化・整備として①都道府県は，児童相談所に児童心理司，医師・保健師，指導・教育担当の児童福祉司（スーパーバイザー）を置くとともに，弁護士の配置又はこれに準ずる措置を行う，②児童福祉司の配置基準の見直し等が児童福祉法改正に盛り込まれた。また，市町村は，ソーシャルワークの機能を担い，すべての子どもとその家庭及び妊産婦等を対象に，福祉に関する支援業務などを行う支援拠点（子ども家庭総合支援拠点）の整備に努めなければならないことが規定された。支援拠点は，特に要支援児童及び要保護児童等への支援業務の強化を図るものである。

さらに，2019（令和元）年，児童虐待防止対策の強化を図るため，児童の権利擁護の強化（都道府県の業務として，児童の安全確保を明文化する等），児童相談所の体制強化（児童福祉司及びスーパーバイザーの任用要件の見直し，児童心理司の配置基準の法定化等），児童相談所の設置促進，関係機関間の連携強化（要保護児童対策地域協議会への情報等）が盛り込まれた。

3）子ども虐待防止と母子保健法

近年の母子保健対策には，児童虐待防止対策における役割も強く期待されている。2015（平成27）年の健やか親子21（第2次）策定時には，妊娠期からの子ども虐待防止対策が重点課題の一つと位置づけられ，その対策として，①児童虐待の発生予防には，妊娠届出時など妊娠期から関わることが重要であること，②早期発見・早期対応には，産婦健康診査，新生児訪問等の母子保健事業と関係機関の連携強化が必要であること，③子どもの保護・支援，保護者支援の取組が重要であることが示された。

なお，2015年の児童福祉法改正にともない2016年に母子保健法の改正が行われ，妊娠期から子育て期にわたる切れ目のない支援を行う「子育て世代包括支援センター」（法律上の名称「母子健康包括支援センター」）の設置が市町村の努力義務とされた。同センターは，地域の特性に応じた支援体制の構築を目的としており，関係機関と連携をしながら，妊産婦や保護者の実情の把握，妊娠・出

産・育児に関する相談への対応，必要に応じた支援プランの策定を行うものであり，子ども虐待の早期発見・早期対応にも大きな役割を果たすことが期待されている。

（3）虐待を防ぐために私たちにできること

子育て環境が大きく変わり，子育てが難しく感じられる現代，子ども虐待は特別な家庭にだけ起きる問題ではなく，何らかの出来事や状況が重なった時に発生するといわれている。例えば次のような事例がある。

> 子どもの誕生を楽しみにしていた両親。しかし，出生後子どもはミルクを飲まず，沐浴を嫌がった。母親は，一生懸命に子育てをしたが，なかなか自分が理想とする子育てができなかった。また，複雑な家庭で育ち，十分な愛情を受けずに育った母親は，親族に相談できずにいた。その後，父親は転職。父親は新しい職場に慣れず，家族のことを考える余裕がなく，一家は経済的にも厳しい生活となった。ある日，泣き止まない子どもを思わず叩いてしまった母親。それがエスカレートし，子どもが通う担当保育士が子どもの様子の変化に気づき児童相談所に通告。児童養護施設入所となる。
>
> 施設入所後の担当保育士と母親の面談の際，母親は「私は一生懸命子育てをしてきた。寝る前にはいつも一緒に絵本を読み，子どものために出来ることは何でもやってきた。でも誰もわかってくれなかった」と保育士に話した。

これは，子ども虐待が起こる原因の4要素（①子ども時代に大人から愛情を受けていない，②生活にストレスが積み重なって危機的状況にある，③社会的に孤立し，援助者がいない，④親にとって意に沿わない子である）が揃った事例である。この事例からどのような気づきがあるだろう。

「ミルクを飲まない・沐浴を嫌がる子どもを前に，母親は何を感じただろう」

「誰にも相談できない母親の気持ちは？」

「家族のことを考える余裕がない父親へのかかわり方は？」

「経済的な支援を支える機関は？」

「子どもの成長はどうだったの？」

「保育所保育士として何ができるの？」

「児童養護施設の保育士に必要なスキルは？」

虐待を防ぐためには，誰もが虐待について関心を持ち，虐待発生の背景にある様々な事情を理解することが重要である。事象への問いから発する理解への姿勢が，子どもや親への共感性をはぐくみ，「人権」や「支援のあり方」について考えることを促していく。

これまでも虐待防止に関する様々な対策が実施されてきたにもかかわらず，深刻な子ども虐待が後を絶たないことを受け，2018（平成30）年に児童虐待防止対策に関する関係閣僚会議が開かれ，「児童虐待防止対策の強化に向けた緊急総合対策[7]」が検討された。主な狙いは，子どもの安全確保の最優先と，虐待予防のための早期対応から発生時の迅速な対応，虐待を受けた子どもの自立支援等に至るまで，虐待対策として切れ目ない支援を受けられる体制の構築である。そのためには子育て支援・家族支援の観点から，早い段階から家庭に寄り添い，支援することなどの取り組みを，地域の関係機関が役割分担をしながら，確実かつ迅速に行うことが求められている。その中で，「緊急に実施する重点対策」として，①転居した場合の児童相談所間における情報共有の徹底，②子どもの安全確認ができない場合の対応の徹底，③児童相談所と警察の情報共有の強化，④子どもの安全確保を最優先とした適切な一時保護や施設入所等の措置の実施，解除，⑤乳幼児健診未受診者，未就園児，不就学児等の緊急把握の実施，⑥「児童虐待防止対策体制総合強化プラン」の策定の6項目が示された。

また，緊急対策に加え総合的な対策として，①児童相談所・市町村における職員体制・専門性強化などの体制強化，②児童虐待の早期発見・早期対応，③児童相談所間・自治体間の情報共有の徹底，④関係機関（警察・学校・病院等）間の連携強化，⑤適切な司法関与の実施，⑥保護された子どもの受け皿（里

親・児童養護施設等）の充実・強化の６項目が挙げられている。

　これらの項目を実効性のあるものとするために，住民の身近に存在するワンストップ拠点としての「子育て世代包括支援センター（法律上の名称は「母子健康包括支援センター」）」や要保護児童対策地域協議会の機能強化，児童相談所・市町村・児童福祉施設の職員や里親といった福祉人材の拡充と育成が急務といえよう。また，今後の子ども虐待防止対策の一つに「子育て支援・家族支援の観点」から，子育てに不安を抱える保護者やその子どもに対して確実かつ迅速に対応することが求められており，保育所・幼稚園・認定こども園が担う役割は，今後一層の期待が高まることが予想される。

2　Ｄ　　　Ｖ

（1）DV の概要・定義

1）DV の概要

　DV とは「ドメスティック・バイオレンス」の略であり「配偶者からの暴力」のことをいう。「配偶者からの暴力の防止及び被害者の保護等に関する法律（以下，DV 防止法）」において，以下のように定義される。

- 「配偶者」には，婚姻の届け出をしていない事実上婚姻関係と同様の事情にある者を含み，男性，女性の別を問わない。また，離婚後（事実上離婚したと同様の事情に入ることを含む）も引き続き暴力を受ける場合を含む。
- 「暴力」とは，身体に対する暴力又はこれに準ずる心身に有害な影響を及ぼす言動を指す。
- 生活の本拠を共にする交際相手からの暴力についても，この法律を準用することとされる。

　DV 防止法は「配偶者からの暴力に係る通報，相談，保護，自立支援等の体

制を整備することにより，配偶者からの暴力の防止及び被害者の保護を図る」ことを目的に2001（平成13）年に制定された。当初は「（婚姻関係にある）配偶者からの暴力」のみ対象であったが，現在では「生活の本拠を共にする交際をする関係にある相手からの暴力」に対象が拡大されている。男女ともに対象だが，多くが女性であることから法律では女性被害者に配慮した内容の前文が置かれている。本節でも女性にかかわる制度や状況を中心に述べていく。

　従来，配偶者や事実婚のパートナー等の親密な関係間における暴力は家庭や個人の問題とする風潮があり，外部からの積極的介入は行われてこなかった。しかしDV防止法の制定により，配偶者間等での暴力は人権侵害であり国や自治体がその防止に責任をもつことが示された。これにより被害の顕在化が進むと，子どもの面前での配偶者間等の暴力は心理的虐待の一種と定義され，「面前DV」に位置づけられた。また現在では，交際相手からの暴力である「デートDV」[8]や，交際相手（元交際相手）や配偶者（元配偶者）の性的な写真や動画を無許可で公開する「リベンジポルノ[9]」も暴力として認識されている。

　内閣府によると，2018（平成30）年度，配偶者暴力相談支援センター[10]における配偶者からの暴力にかかわる相談件数は11万4,481件（そのうち女性11万2,076件，男性2,405件）で，年々増加傾向にある[11]。加害者との関係は，配偶者，元配偶者，生活の本拠を共にする（した）交際相手または元交際相手と様々である。また，2017（平成29）年の内閣府の調査では，約4人に1人（全体26.2%，女性31.3%，男性19.9%）が配偶者（事実婚を含む）から身体的・精神的・経済的・性的暴力のいずれかを一度でも受けたことがあると回答しており，親密な関係間での暴力が決して珍しく特別なものではないことが明らかになっている[12]。

2）DVの形態

　「暴力」には様々な形態が存在する（表7-3参照）。殴る・蹴るといった身体的暴力だけでなく，例えば大声で怒鳴る，無視する（精神的暴力），生活費を制限する（経済的暴力），性行為を強要する（性的暴力）等も暴力に含まれ，これらは単体で起こることもあるがいくつもが重なって起きることが多い。精神的暴力のような目に見えない暴力は被害者本人も気づきにくく，被害を受けてい

表7-3　暴力の形態

身体的暴力	精神的暴力	経済的暴力	性的暴力
・平手で打つ ・足で蹴る ・髪を引っ張る ・もので殴る ・ものを投げつける ・首を絞める ・腕を捻る，強く掴む ・ひきずり回す ・凶器を身体につきつ　ける など	・大声で怒鳴る ・無視をする ・人前でバカにしたり　命令口調でものを言　う ・友人や家族との付き　合い，外出や行動を　監視する，制限する ・（子どもに危害を加　える，別れたら自殺　するなどと）脅す など	・生活費を制限する，　渡さない ・金銭を搾取する ・勝手に借金をつくる，　返済を強要する など	・性行為を強要する ・避妊に協力しない ・中絶を強要する ・無理矢理ポルノを見　せる ・無理矢理裸の写真を　撮る など

子どもによるこれら暴力の目撃　⇒　面前DV（心理的虐待）

出所：内閣府「配偶者からの暴力 相談の手引き」等を基に筆者作成。

ることを認めない，あるいは否定する場合もあり，支援者，被害者本人ともに形態や程度に関係なくDVの認識をもつことが大切である。

3）DVのサイクル

DVでは加害者が暴力という手段を用いて相手を支配していくが，これには「緊張期」「爆発期」「ハネムーン期」の3つの状態で構成されるサイクルがある（図7-4）。「緊張期」とは，加害者がイライラし配偶者間の緊張感が高まっていく状態，次の「爆発期」では，加害者が被害者の言動を理由にイライラを爆発させ，暴力を正当化する状態をいう。このとき被害者は「自分に落ち度があった」「自分のことを思っての言動だ」などと被害体験を自分の問題として認識してしまう。続く「ハネムーン期」では，加害者が被害者の気持ちを取り戻すために急に優しくなる，下手に出るなどして態度を一変させ被害者を支配していく。やがてまた「緊張期」が訪れ，サイクルを繰り返しながらDVがエスカレートしていく。このように加害者は相手を不安に陥れながら時として安心感を与えることを繰り返すため，被害者には混乱が生じていく。DVは多くの場合，外部からの発見が困難なことから潜在化しやすく，周囲が気づかないうちに激化，深刻化しやすいことが特徴的である。

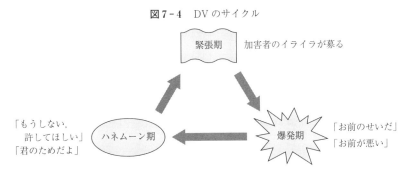

図 7-4　DV のサイクル

出所：「暴力のサイクル論」（レノア・E・ウォーカー）を基に筆者作成。

（2）支援活動の重要性

　DV は人権侵害であり，被害者や DV 場面にさらされた子どもの心身に深刻な影響を及ぼす。DV の発見者や，DV によるけがなどを発見した医師その他医療関係者は，配偶者暴力相談支援センターや警察に通報するよう努めることとされている。被害者自ら SOS を出すことが難しい場合も多く，周囲が DV 被害による影響やサインに気付き早期に適切な相談や支援に繋げることで事態の深刻化を防ぐことが可能となる。

1）DV 被害による影響

①　被害者にみられる影響

　DV を受けた影響は心身の様々な症状として表れる。まず，身体面の影響として，疲労感や免疫力の低下，一見，仮病や気のせいと判断されてしまうような原因特定の難しい理解されにくい身体反応が見られることが多い。また，痛みや味，体温や気温を適切に感じられない（感覚麻痺）症状も被害者の特徴である。

　行動面においては，出来事を思い出せない（健忘），DV の事実を受け入れられない（否認）ことが多く，DV による混乱状態から話に一貫性がない，抑うつ状態となり判断力や決断力が弱まる，常に相手の顔色を窺うという様子も見受けられる。

　心理面への影響としては，出来事に対して現実感がなく喜怒哀楽を感じられ

ない（感情麻痺）ことが挙げられる。被害者は感覚や感情を無いものにすることで身を守り過酷な環境を生き抜いてきたためである。さらに，過去に体験した苦痛や恐怖がよみがえる（再体験），体験を思い出すような状況や場面を意識的または無意識的に避ける（回避），物音や刺激に過敏に反応する，不眠や悪夢，興奮，イライラが続く（過覚醒）などの症状がある。

　これらは異常な状況下から身を守るための正常な反応と言えるが，加害者から逃れ安心安全な環境で過ごせるようになることですぐに解消するものではない。症状が長期間続いたり，日常生活自体が困難となる場合には，カウンセリングや精神科受診に繋げることが必要である。被害者には，暴力は絶対に許されないものであり，暴力という手段を用いた相手が間違っているということを時間をかけて丁寧に伝え続ける必要がある。

　②　子どもへの影響

　子どもはたとえ目の前でDVが行われていなくても，緊迫した雰囲気や親の表情等の異変を敏感に捉えDVを察知している。しかし，口外してはいけないと思い込んだり，そもそも自覚することが難しいため，周囲から見過ごされやすい。子どもはDVを知らないのではなく「知っていても表現することが困難」だと認識し，見聞きしたことを話して良いと伝える必要がある。子どもにも大人同様の影響が表れるが，加えてより特徴的な影響を述べる。

　子どもの受ける影響は発達段階によっても異なるが，行動面においては，注意散漫，衝動的，大人の気を引く言動，排泄の失敗や赤ちゃん返り等の様子が見られる。いつ暴力が起こるか分からない不安定な環境や心理状態では当然の行動であり，遊びの中で暴力の再現をすることもある。また，外からの刺激を遮断し身を守ろうとした子どもは，他者への不信感や警戒心が生まれて信頼感を得にくくなり，健全な人間関係の構築が困難となる。

　心理面への影響には，自責感や無力感，自己肯定感の低下が挙げられる。子どもが，DVが起きたことや止められなかったことは自分のせいだと思い込んでしまうためである。外にSOSを出せないまま気持ちを溜め込み，感情表現が苦手になることも多い。暴力の責任は加害者にあり子ども自身にはないこと

を，理解できるように伝えることが重要である。

　価値観への影響も大きい。子どもは家庭の中で，強い者が弱い者を支配するのは当たり前，暴力は正当化されるものと学び，これら価値観を身につけてしまう。その結果，子ども自身も感情表現や問題解決の手段として暴力を用い，DVの連鎖を生んでしまう可能性がある。不適切な行動に対してやみくもに注意するのではなく，理解を示し，適切な表現方法や行動を繰り返し伝えていく必要がある。

　③　母子関係への影響

　DVは母子関係にも深刻な影響をもたらす。1つ目は母子間での愛着関係や信頼関係構築の難しさである。母親自身も常にDVを警戒して緊張状態にあるため，子どもとの安定した関わりをもつ余裕を失っている場合が多く，子どもの変化や状態に気付けないことすらある。対して，子どもはDVで学んだ価値観から母親を軽視したり不信感を募らせると，母親に対して父親と同じような言動をとることがあり，こうした状況が良好な母子関係形成を困難にしてしまう。

　2つ目は母子の役割逆転である。DVの起きている家庭では，傷ついた母親に代わり上の子が下の子の面倒をみる，子どもが母親の相談相手になるということがよく見られる。結果，子どもが自分の欲求や感情表現を抑え込むことに繋がってしまう。

　3つ目は子どもへの虐待である。DVによって正常な判断や思考を奪われた母親は，もし加害者が子どもを虐待していても制止できず，加害者から指示されるままに虐待に加担してしまう場合さえある。DVが起きている家庭では子どもへの虐待が同時に起きている可能性が極めて高いと考えなくてはならない。

2）DV被害者の相談窓口と支援

　①　DV被害者の相談窓口

　DV被害者支援の中心的な役割を担う機関は配偶者暴力相談支援センター（以下，支援センター）である。支援センターとは施設の名称ではなく機能の名称であり，都道府県が設置する婦人相談所または都道府県や市区町村が設置す

る適切な機関がその機能を果たす。2019（令和元）年10月現在，全国に287カ所設置される。支援センターのほか，DVの相談窓口は，警察，福祉事務所，その他の公的機関や市町村，民間団体等にも設置され，各窓口への相談を通じて支援センターへと繋がる。

　支援センターの主な特徴は，都道府県では一時保護施設の運営，市区町村では身近な支援窓口として相談，安全確保，自立支援等の継続的な対応を行うことである。被害者がDV相談や手続きのために複数の窓口に出向き自分の状況を繰り返し説明することは，加害者に遭遇する危険性が高く心理的負担も大きい。支援センターでは対応を一元化し，必要時には外出時の同行支援も行うことで，支援の円滑化と被害者の負担軽減を図る。具体的な業務は以下の通りで，配置される婦人相談員や母子自立支援員等の職員が中心となって進められる。ただし，自治体により支援センターと福祉事務所や婦人相談員，母子自立支援員等の関わりには違いがある。

① 相談又は相談機関の紹介
② カウンセリング
③ 被害者及び同伴者の緊急時における安全の確保及び一時保護
④ 被害者の自立生活促進のための就業促進，住宅確保，援護等に関する制度の利用等についての情報提供，助言，関係機関との連絡調整その他の援助
⑤ 保護命令制度の利用についての情報提供，助言，関係機関への連絡その他の援助
⑥ 被害者を居住させ保護する施設の利用についての情報提供，助言，関係機関との連絡調整その他の援助

② 安全確保と一時保護

　相談があった際の最優先課題は被害者の安全確保である。来所相談の場合でも電話相談の場合でも同様であり，緊急に保護が必要な場合には「一時保護」を行う。一時保護施設が遠方であったり相談が夜間・休日であった場合には，警察から一時保護施設に繋いだり，一旦，市町村が被害者の安全確保をし，後

図7-5　DV 被害者支援のしくみ

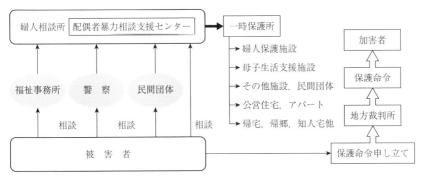

出所：内閣府資料を基に筆者作成。

日一時保護に繋ぐこともある。一時保護入所の決定は婦人相談所長が行い，一時保護は婦人相談所が実施するほか，民間シェルターに委託される場合もある。被害者本人だけでなく同伴児童も入所可能であり，住所は非公開である。概ね2週間の一時保護期間中に，支援センターや福祉事務所，児童福祉関係機関の職員らとの面接を行い，今後の生活や必要な支援について本人の状況や意向を踏まえながら検討を行う（図7-5）。

　一時保護施設には，一時保護担当職員，同伴児童の保育や学習支援を行う同伴児童対応職員，精神科医，心理士等が配置され，DV 被害者は生活支援のほか医務の診察や心理面接を受けることができる。

　③　自立生活支援

　一時保護を終え新しい生活を始めるに当たっては，住宅や生活費の確保，就職相談，同伴児童の保育所入所や転校手続き，児童扶養手当申請等，様々な準備が必要となる。他にも，離婚問題や心身の疾患など複数かつ複雑な困難を抱えていることが多く，1つの支援機関のみで問題解決を図ることはまずない。支援センターは問題解決に向けて情報提供や助言，関係機関との連絡調整を行う。関係機関は行政機関だけではなく，裁判所，弁護士会，医療機関，民間団体等と幅広い。また，DV 被害者にとって心理的ケアや養育相談は欠かせず，必要に応じてカウンセリングや相談機関等の紹介も行う。

被害者は，これまで生活してきた地域や築いてきた人間関係，職場等から切り離され，ゼロからの生活を余儀なくされる。同伴児童もまた住み慣れた家や友達，学校から離れなくてはならない。加害者の追及の心配がある場合には親族との交流さえも制限され，被害者の抱える不安は非常に大きい。少しでも不安や負担が軽減されるよう，選択肢や見通しを伝えながら支援を進める必要がある。

　新たな生活の場は，大きく地域生活と施設入所とに分かれるが，中には帰宅や帰郷を選択する人もいる。地域生活が可能な場合には公営住宅やアパートへ入居するが，加害者の追及により地域生活が危険であったり，被害者自身が様々な困難を抱えているために支援を受けながらの生活が望ましいとされる場合には，婦人保護施設[17]や母子生活支援施設等への入所となる。入所中に心身の健康の回復や生活基盤の安定を図り，地域生活を目指していく。

④　法的手続きと制度

　加害者の追及などにより生命や身体に重大な危害を受けるおそれがある場合，加害者から身を守る手段として「保護命令」制度がある。加害者に対し被害者に近寄らないことを命じる制度で，「被害者への接近禁止命令」，「被害者の子または親族等への接近禁止命令」，「電話等禁止命令」，「退去命令」があり，被害者の申し立てにより裁判所が決定する。また，加害者が被害者の住所を探索することを防止する「住民基本台帳の閲覧制限」[18]制度や，被害者が医療保険や年金，児童手当等の手続きを加害者に知られずに安全に行うための「配偶者暴力被害相談の証明書」[19]発行など，被害者の安全を守る仕組みが制度化されている。

3）支援者に必要な姿勢

① 被害者の意思の尊重

　支援の最終目的は，被害者が自分の問題を解決できるような行動を自身の意向に沿ってとっていくことである。決して被害者の意思を否定したり，支援者から「危険なのでこうしなさい」と価値観を押し付けてはならない。被害者の置かれている深刻な事態や被害者のもつ迷い，感情を理解し，意向を尊重する

姿勢が求められる。

②　逃げられない被害者への理解

　加害者から逃げることを決断できない被害者は多い。このとき，被害者は逃げないのではなく，「逃げられない」状況にあることを理解する必要がある。被害者は「逃げたら追及され，もっとひどい目に遭うかもしれない」との強い恐怖感から逃げる決心をつけられないことが多い。無力感に陥り逃げることを諦めたり，加害者の収入がなければ生活困難な場合には逃げるという選択肢すら浮かばないこともある。また，子どもがいる場合には子どもの安全や就学について不安を感じて離婚を留まる人も多い。たとえ被害者が加害者から離れない（離れられない）との結論を出しても，その複雑な心理を理解することが大切である。その際には，再び逃げたいと思った時の緊急連絡先や相談機関を伝えておく必要がある。

③　被害者への労いと二次被害の防止

　被害者は様々な不安や葛藤を抱えて相談に来ていることから，そのことに対して労いの気持ちをもつことが大切である。心無い一言は被害者を傷つけ苦しめることになるため，どのような場合においても決して被害者に対し「あなたにも落ち度があったのではないか」「どうして○○しなかったのか」等と責めるような姿勢であってはならない。丁寧に話を伺い必要な情報を提供することが重要である。

④　個人情報の保護

　避難や相談をしている被害者の情報が加害者や加害者の関係者に漏れると，例えば加害者が被害者の家族や職場，転居先に押しかけるなど安全が脅かされる危険性がある。そのため，被害者の個人情報保護を徹底しなければならない。

（3）現在行われている支援の課題

1）DV被害者への支援体制

①　被害者への支援

　DV被害者は，離婚問題や就労の継続困難，経済的困窮，養育問題，心身の

疾患など多様な困難を背景に抱えており，一人ひとりのニーズに応えられる支援体制が必要である。年々，精神疾患や知的障害，妊婦や外国籍，性的マイノリティ等，特別な配慮を必要とするDV被害者への対応も増えている。しかし現在の支援体制では，個別のニーズに丁寧に対応できるだけの職員配置が不足している。男性被害者に対する相談機関や支援体制も未だ不十分なままである。DV被害者には，単に生活環境を整えるだけではなく生きる力を取り戻すための中長期的な時間と継続的・専門的な支援が求められ，支援体制の充実が必須である。

② 子どもへの支援

DV被害者の子どもはあくまで「同伴児童」であり，制度上，支援の主体とはみなされず，子どもへの支援体制はさらに未整備で脆弱なものに留まっている。しかし，子どももまた虐待やDVの被害者であり，発達や学習の遅れ，不登校，障害の疑いなどが見られることも多い。こうした状態にある子どもをDV被害で疲弊する母親が1人で育てることは極めて厳しく，安心できる環境と適切なケア，育児サポート体制は必須である。同伴児童にも重点を置いた「子ども主体」から「母子一体」の支援システムの構築が求められる。さらに，これら事後対応だけではなく，教育現場などにおいてDVの予防教育の導入が必要と考えられる。子ども自身がDV知識をもつことは，将来の望まない妊娠や児童虐待，暴力の連鎖を生まない為の有効な手段と言える。

2）職員の専門性の確立とメンタルケア

DV被害者の抱える困難や属性は実に多様で複雑であることから，これらに対応する職員には幅広い知識と能力が求められる。また，様々なニーズや重複被害を抱えた被害者に対応する職員の精神的負担は非常に大きなものとなっている。しかし，職員の知識習得や被害者への対応能力向上のための研修およびメンタルケアは不十分な状況である。DV被害者へのよりよい支援のためにはこれらの保障が不可欠であり，プログラム作りが急務である。

3）DV防止法のあり方と加害者への対応

現行のDV防止法は，DVから逃げた被害者を支援することが前提である。

被害者やその子どもは，これまでの生活すべてを失い逃げ続けなければならない。一方で加害者は，被害者から訴えられることがなければこれまでと何ら変わらない生活を送り続けることが可能であり，被害者や子どものみが理不尽な状況に置かれているのが実情である。現行の支援方法ではなく，被害者が逃げ続けなくて済むような制度設計が求められる。また，DVは行為そのものが人権侵害であり，加害者側への対策や法的責任を明確にする必要がある。その際，加害者を犯罪者で終わらせるのではなく，再犯防止に向けた教育や支援プログラムを実施しなければDV支援は片手落ちで終わり問題解決とはならない。現在の日本ではこうしたプログラムの実施機関が極めて少なく，新たな制度や体制の創設が求められる。

注

⑴　子どもへの重大な権利侵害を指す。虐待よりも広義の概念であるが，諸外国における「マルトリートメント」とは，日本の児童虐待に相当する。

⑵　秋田喜代美・馬場耕一郎監修，矢萩恭子編『保護者支援・子育て支援』（保育士等キャリアアップ研修テキスト⑥）中央法規出版，2018年，70頁。

⑶　日本子ども家庭総合研究所編『子ども虐待対応の手引き』有斐閣，2014年，6-7頁。

⑷　学習効率が高い時期で，その期間を逃すと後でも学習は可能であるが効率は低くなる期間。

⑸　友田明美・藤澤玲子『虐待が脳を変える──脳科学者からのメッセージ』新曜社，2018年，142頁。

⑹　要支援児童とは，保護者を支援することが特に必要と認められる児童であり，要保護児童とは，保護者に監護させることが不適当であると認められる児童や保護者ない児童を指す。

⑺　児童虐待防止対策に関する関係閣僚会議「児童虐待防止対策の強化に向けた緊急総合対策」2018年。

⑻　交際相手からの暴力のことをいう。恋愛関係になった途端に相手の態度が急変し，命令や監視，暴力を受けるようになることが多い。こうした状況をお互いが「DV」と認識できず，次第にエスカレートし，ストーカー行為や暴行，傷害に繋がることもある。

⑼　交際相手や配偶者との関係が破綻した際，復讐や関係修復を迫る目的で相手の裸や

下着姿等の性的画像を無許可でインターネット上等に流出させる行為をいう。被害者は女性が圧倒的に多く，被害の低年齢化が見られている。

⑽　配偶者等からの暴力の防止および被害者保護のための業務を行う。都道府県は義務設置，市町村は2007（平成19）年のDV防止法改正以降，努力義務設置となった。

⑾　内閣府男女共同参画局「配偶者暴力相談支援センターにおける配偶者からの暴力が関係する相談件数等の結果について（平成30年度分）」2019年。

⑿　内閣府男女共同参画局「男女間における暴力に関する調査（平成29年度調査）」。

⒀　アメリカの心理学者レノア・E・ウォーカーは暴力に3つのステージからなるサイクルがあることを明らかにし「暴力のサイクル論」を唱えた。

⒁　売春防止法第34条に規定された機関。一時保護機能をもち，保護を必要とする女性の相談，支援などを行う。都道府県では義務設置，市町村では任意設置である。

⒂　婦人相談所では，女性（母親）とともに保護・入所となる子どもを「同伴児童」としている。

⒃　資格要件は保育士・児童指導員。

⒄　売春防止法を根拠法にもつ女性を対象とした施設。売春経歴者，DV被害者，ストーカー被害者，人身売買取引被害者，その他様々な困難を抱えた女性が入所する。

⒅　加害者が，被害者の住民基本台帳の一部の閲覧，住民票の写し等の交付，戸籍の附表の写しの交付などを不当に行うことを防止することができる。

⒆　DV被害を理由として相談したことを記した証明書。証明書の提示により，被害者や子どもに関する必要な手続きを行う際，離婚や住所変更等が成立していなくても，被害者が加害者に知られることなく必要な手続きを行うことが可能。

参考文献

・第1節

社会保障審議会（第26回児童部会社会的養育専門委員会）配布資料2019年。

厚生労働省子ども家庭局「児童虐待防止対策の取組状況について」2018年。

高橋重宏・庄司順一・中谷茂一ほか「子どもへの不適切な関わり（マルトリートメント）」のアセスメント基準とその社会的対応に関する研究（2）──新たなフレームワークの提示とビネット調査を中心に」『日本総合愛育研究所紀要』32，1995年，87-106頁。

厚生労働省「健やか親子21検討会報告書」2000年。

中央法規出版編集部編『改正児童福祉法・児童虐待防止法のポイント（平成29年4月完全施行）──新旧対照表・改正後条文』中央法規出版，2016年。

牧野千春「児童虐待対応をめぐる現状と課題──近年の児童虐待事件から」『調査と情報』1012，2018年，1-12頁。

・**第2節**

内閣府男女共同参画局「配偶者からの暴力の被害者対応の手引」2008年。

内閣府男女共同参画局「配偶者からの暴力で悩んでいる方へ　平成28年度改訂版」2017
　年。

春原由紀『子ども虐待としての DV ──母親と子どもへの心理臨床的援助のために』星
　和書店，2011年。

婦人保護施設・一時保護所における児童と親のニーズと支援に関する調査研究会「DV
　に曝された母親と子どもの理解と支援」こども未来財団，2010年。

第8章	特別な配慮が必要な子どもへの支援と課題

1 発達障害児

（1）発達障害児の増加

昨今，発達障害児が増えていると言われている。

少子化が進み，子どもの出生数が少なくなってきている中，発達障害児の増加の理由を考えてみるとともに，医療面や制度，サービスや支援体制についてどのような仕組みになっているかを考えていきたい。

（2）問題が起きている理由

1）統計から見た発達障害の増加

まず，厚生労働省の人口動態総覧より出生数の推移を見てみると，第2次ベビーブーム（209万1,983人／1973年）を境に徐々に減少してきており，2007（平成19）年の1,08万9,818人から2017（平成29）年には94万6,146人と10年比で約13％減少している。

発達障害児の数は，身体障害者・知的障害者及び精神障害者と異なり，固有の手帳制度がないので，正確な数は分かっていないが，2016（平成28）年の厚生労働省の「生活のしづらさなどに関する調査」によれば，医師から発達障害と診断された人は，推計48万1,000人で，そのうち障害者手帳を取得している割合は76.5％であった。

また，文部科学省の「通常の学級に在籍する発達障害の可能性のある特別な教育的支援を必要とする児童生徒に関する調査結果について」（2012年）によると，全国の公立の小中学校に在籍する児童生徒のうち6.5％に学習面または行

動面での著しい困難が見られたという。しかし，通常学級に通う児童生徒を対象とした調査であるため，知的障害児や，特別支援学校・特別支援学級・通級指導教室などに通っている子どもは除外されており，これらを含めた時の数字は6.5％より高い可能性がある。

特別支援教育の対象については，文部科学省による2017年調べでは，特別支援学校は2007年比で1.3倍の約14万2,000人，特別支援学級は2007年比で2.1倍の約23万6,000人，通級による指導は2007年比で2.4倍の約10万9,000人となっている。

2）診断基準の変化

発達障害の子どもが増えてきた大きな要因の一つとしては，診断基準の変化が挙げられる。一般に心の病気の診断においては，WHO（世界保健機構）が作成している ICD と，アメリカ精神医学会が出版している DSM（精神疾患の診断・統計マニュアル）が診断基準として参照される。

ICD は現在第10版（ICD-10）だが，2018年に WHO が第11版を公表しており，各国での適用に向けて準備が進められている。DSM では第 4 版において，広汎性発達障害を上位概念として，自閉症，アスペルガー症候群，特定不能の発達障害などの下位概念が存在していたが，2014年に改訂された第 5 版（DSM-5）では，自閉症スペクトラム障害（ASD）という概念の下，軽度から重度までの状態がスペクトラム（連続体）として捉えられるようになったため，今まででは診断にいたらなかった軽度の人も診断されるようになったと考えられる（表 8 - 1）。

3）発達障害への社会的な認識

発達障害という名称は，2005年に発達障害者支援法が施行されたことにより，医療・福祉・教育の関係者に広く知られるようになった。同時に発達障害に関する書籍が増え，インターネット上でも「発達障害」と検索すると様々な情報を見ることができるようになった。これにより，保護者が自分の子どもに不安を抱えたときに，情報にアクセスしやすくなった。

さらに，発達障害は生まれつき脳の発達が通常と異なるために症状が現れる

表8-1　DSM-5における自閉症スペクトラム障害（ASD）の診断基準

A：社会的コミュニケーション及び相互関係における持続的障害
（以下の3点で示される）
1．社会的・情緒的な相互関係の障害。
2．他者との交流に用いられる非言語的コミュニケーションの障害。
3．年齢相応の対人関係性の発達や維持の障害。
B：限定された反復する様式の行動，興味，活動（以下の2点以上の特徴で示される）
1．常同的で反復的な運動動作や物体の使用，あるいは話し方。
2．同一性へのこだわり，日常動作への融通の効かない執着，言語・非言語上の儀式的な行動パターン。
3．集中度・焦点づけが異常に強くて限定的であり，固定された興味がある。
4．感覚入力に対する敏感性あるいは鈍感性，あるいは感覚に関する環境に対する普通以上の関心。
C：症状は発達早期の段階で必ず出現するが，後になって明らかになるものもある。
D：症状は社会や職業その他の重要な機能に重大な障害を引き起こしている。

出所：「DMS-5精神疾患の分類と診断の手引」より抜粋。

　ことがわかってくると，幼少期や学生時代に気づかなかった人たちが大人になって発達障害と診断されることも多く見られるようになってきた。メンタル不調になりうつ症状などで医療機関を受診したところ，その背景に発達障害があることがわかったというケースが非常に多く見られる。現在では，社会生活を送る中で困り感があっても診断が下りないグレーゾーンの存在も明らかになっている。

　幼児期の子どもを抱える保護者がその発達を気がかりに思った際，インターネットで情報を集めることが容易になり，相談できる人も増え，疑わしい場合は病院へ行って診断を受けることに対するハードルも下がってきた。こうして保護者の認知度が広まったことも，発達障害児が増加している要因の一つであると考えられる。以前は，「元気で活発な子」「変わった子」「落ち着きがない子」などと受け止められていて特に問題にされなかった子が，グレーどころかクロとして見られるようになってきている。以上のことから，社会的な認識の広がりと発達障害の診断基準の変化により，発達障害が増えてきているということが考えられる。

（3）現在どのような対策が実施されているか

　発達障害のある，または発達が気になる子どもに対して，どのような対策が

実施されているか，制度・医療・福祉面から考えていきたい。

1）発達障害と発達障害者支援法の制定

　自閉症・アスペルガー症候群などの発達障害は，生まれつきの特性で，発達の早い時期から症状が現れ，その発達過程に大きな影響を与える。具体的には，日常生活や他人との関わり，学業などに影響が出て，本人は生きづらさを感じ，親は育てにくさを感じることがある。

　他方で，発達障害者は特定の分野にすぐれた能力を発揮する場合もあり，周りから見てアンバランスな様子が理解されにくい障害とも言える。

　こうした発達障害は，従来身体障害，知的障害及び精神障害という障害カテゴリーごとに設けられた制度の谷間に置かれ，また一般の理解が得られずその発見が遅れ，必要な支援が届きにくい状態になっていた。そこで，発達障害者が乳幼児期から成人期までの各ライフステージにあった適切な支援が受けられるように，発達障害者支援法が制定され，2005（平成17）年から施行された。

　発達障害者支援法の成立に伴い，障害者関連の各制度においても，発達障害が位置づけられ，必要な支援サービスが提供される仕組みが整備されている。

2）ライフステージに応じた支援

① 就学前（乳幼児期）

　発達障害，特に自閉スペクトラム症は1歳前後でその特徴が目立ち始めるとされており，その発見の場が1歳6カ月児健診や3歳児健診となる。

　ADHDは，多くの児童が保育所または幼稚園で集団生活に慣れ始める5歳頃までにはその特性が現れるとされており，市町村が任意で実施している5歳児健診も発達障害を発見する上で重要な役割を果たすものと考えられる。

　また，保育所入所後の発達障害の発見の取り組み方法について，国は市町村に対し特段に通知等は行っていないが，障害者総合支援法に基づく地域生活支援事業のメニューの一つとして，巡回支援専門員整備事業の促進を図っている。

② 就 学 時

　文部科学省は小学校入学前にある就学時健診を行うにあたり，発達障害の早期発見に十分留意するように求めている。しかし，具体的な方法は特に示して

いないため，市町村教育委員会の中には発達障害が疑われる児童を発見する取り組みを行っていないものもある。

　総務省の「発達障害者支援に関する行政評価・監視」による勧告（2017年）を踏まえて，公益財団法人日本学校保健会にて，就学時の健康診断マニュアルの改定がなされた。具体的には，①乳幼児健診の結果を就学時健診の際に活用すること，②発達障害の特性を踏まえた視点に関すること（健康に関する調査（問診票）に発達障害の視点を記載する，面接実施要領に発達障害の視点を記載する），③発達障害の発見の重要性を例示する（発達障害の早期発見の重要性について記載），といった点が追加された。[1]

　また，市町村教育委員会では，就学相談で就学先を決定している。

　就学基準に該当する障害のある子どもは特別支援学校に原則就学するという以前の就学先決定の仕組みを改め，障害の状態，本人の教育的ニーズ，本人・保護者の意見，教育学，医学，心理学等専門的見地からの意見，学校や地域の状況等を踏まえた総合的な観点から就学先を決定する仕組みとすることが適当である。その際，市町村教育委員会が，本人・保護者に対し十分情報提供をしつつ，本人・保護者の意見を最大限尊重し，両者が合意形成を行う事を原則とし，最終的には市町村教育委員会が決定する。

　ただし，就学時に決定した学びの場は，固定したものではなく，それぞれの児童生徒の発達の程度，適応の状況等を勘案しながら柔軟に転学ができることを可能にする仕組みづくりが重要である。

　③　就学後（学齢期）

　特別支援教育については，障害の状態に応じて，その可能性を最大限に伸ばし，自立と社会参加に必要な力を培うため，一人ひとりの教育的ニーズを把握し，適切な指導及び必要な支援を行う必要がある。

　このため，障害の状態等に応じ，特別支援学校や小中学校の特別支援学級，通級による指導等において，特別の教育課程，少人数の学級編成，特別の配慮の下に作成された教科書，専門的な知識・経験のある教職員，障害に配慮した施設・設備などを活用した指導や支援が行われている。特別支援教育は，発達

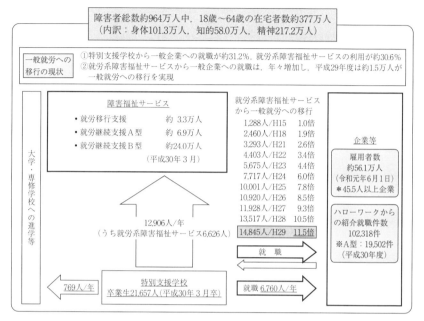

図 8 - 1　就労支援施策の対象となる障害者数／地域の流れ

障害者総数約964万人中，18歳～64歳の在宅者数約377万人
（内訳：身体101.3万人，知的58.0万人，精神217.2万人）

| 一般就労への移行の現状 | ①特別支援学校から一般企業への就職が約31.2%，就労系障害福祉サービスの利用が約30.6%
②就労系障害福祉サービスから一般企業への就職は，年々増加し，平成29年度は約1.5万人が一般就労への移行を実現 |

障害福祉サービス

- 就労移行支援　　　　約 3.3万人
- 就労継続支援A型　　約 6.9万人
- 就労継続支援B型　　約24.0万人

（平成30年 3 月）

大学・専修学校への進学等

就労系障害福祉サービスから一般就労への移行

1,288人／H15	1.0倍
2,460人／H18	1.9倍
3,293人／H21	2.6倍
4,403人／H22	3.4倍
5,675人／H23	4.4倍
7,717人／H24	6.0倍
10,001人／H25	7.8倍
10,920人／H26	8.5倍
11,928人／H27	9.3倍
13,517人／H28	10.5倍
14,845人／H29	11.5倍

12,906人／年
（うち就労系障害福祉サービス6,626人）

就　職

769人／年

特別支援学校
卒業生21,657人（平成30年 3 月卒）

就職 6,760人／年

企業等

雇用者数
約56.1万人
（令和元年6月1日）
＊45.5人以上企業

ハローワークからの紹介就職件数
102,318件
※A型：19,502件
（平成30年度）

資料：社会福祉施設等調査，国保連データ，学校基本調査，障害者雇用状況調査，患者調査，生活の
　　　しづらさなどに関する調査，等。
出所：国立障害者リハビリテーションセンター学院研修会厚生労働省行政説明資料。

障害児も含めて，障害により特別な支援を必要とする子どもが在籍するすべての学校において実施されるものである。

　また，放課後等デイサービスは，学校通学中の障害児に対して，放課後や夏休み等の長期休暇中において，生活能力向上のための訓練等を継続的に提供することにより，学校教育と併せて障害児の自立を促進するとともに，放課後等における支援を推進する。具体的には，①自立した日常生活を営むための必要な訓練，②創作的活動，作業活動，③地域交流の機会の提供，④余暇の提供等を行っている。対象は，学校教育法に規定する学校に就学している障害児（幼稚園，大学は除く）である。ただし，引き続き放課後等デイサービスを受けなければその福祉を損なう恐れがあると認められる時は，満20歳に達するまで利用することが可能である。

④　卒業後（成人期）

障害者に対しては，障害者総合支援法に基づき各種障害福祉サービスを提供している。このうち，障害者の「働く」を支援するサービスとして就労移行支援，就労継続支援等を提供している（図8-1）。

就労支援施策の対象となる障害者の一般就労への移行は2017（平成29）年で1万4,845人であり，2003（平成15）年から11.5倍と大幅に増加している。

3）巡回支援専門員整備事業

巡回支援専門員整備事業とは，発達障害等に関する知識を有する専門員が保育所や放課後児童クラブ等の子どもやその親が集まる施設・場を巡回し，施設のスタッフや親に対し，障害の早期発見・早期対応のための助言等の支援を行う事業のことである。

専門員とは，「医師，児童指導員，保育士，臨床心理技術者，作業療法士，言語聴覚士等で，発達障害に関する知識を有する者」「障害児施設等において発達障害時の支援に現に携わっている者」「学校教育法に基づく大学において，児童福祉，社会福祉，児童学，心理学，教育学，社会学を専修する学科またはこれに相当する課程を修めて卒業した者であって，発達障害に関する知識，経験を有する者」である。[2]

専門性の確保は，国立障害者リハビリテーションセンター学院で実施している発達障害に関する研修や地域の発達障害者支援センター等が実施する研修等を受講し，適切な専門性の確保を図る。また，巡回相談でできることは，以下の通りである（図8-2）。

①　子ども発達支援・相談

保育所や子育て支援センター，学校等を訪問し，子どもたちの様子を見たり，一緒に遊んだりしながら子どもの発達の様子を把握し，保護者や支援者の相談に乗ることができる。子どもの発達状況や適応行動の様子を客観的に把握することで，具体的な子どもの支援の方向性がわかる。

②　保護者支援・相談

保育所や子育て支援センター，学校等を訪問し，子どもの状況を把握した上

図8-2　巡回相談のフローチャート

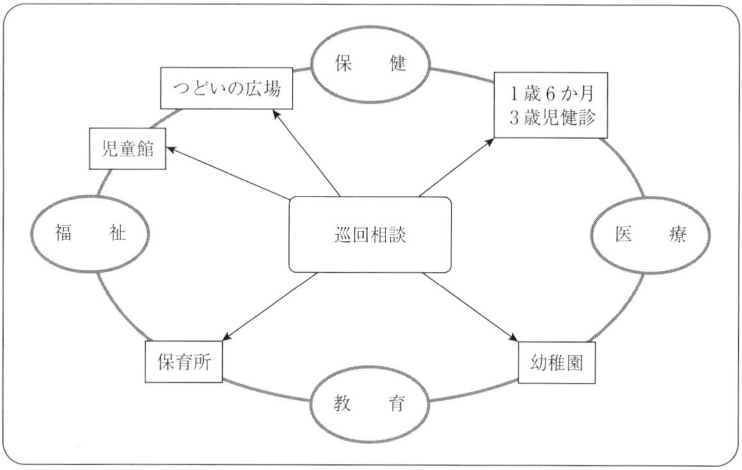

で，保護者の不安や困り感を聴き，発達支援の方向性を提案することができる。また，ペアレント・トレーニング等を地域で実施して，保護者が楽しい子育てをできるようにサポートすることができる。

③　支援者支援・施設へのコンサルテーション

保育所や子育て支援センター等だけでなく，児童発達支援事業所等や学校を訪問し，子どもが生活する生活環境（教室等）を暮らしやすい，刺激に混乱することのない，理解しやすい環境にするための工夫を提案したり，子どもに合った遊びの提案をすることができる。

日常的に子どもを担当する支援者（保育士等）に対して，子どもの発達状況や適応行動の様子を客観的に把握する方法を提示し，子どもの発達を支援し，楽しい毎日を創り出すための具体的な関わり方を，子どもに合った形で伝える。また，個別の支援計画の作成や支援の実際の方向性の助言をすることができる。

④　機関連携・つなぎ

巡回相談担当者は，地域内の施設を巡回し相談活動を行うことができる。保健・医療・福祉・教育の各施設がそれぞれの専門性を持って支援を行い，巡回

相談担当者が各機関の専門性を尊重しつつ，子どもの特性や行動の理解，支援方法を機関を超えて橋渡しすることで，ライフステージを通した切れ目のない支援を実現することができる。2020（令和2）年度より，戸別訪問による支援も実施している。

4）「トライアングル」プロジェクト──家庭と教育と福祉の連携

発達障害をはじめ障害のある子どもたちへの支援に当たっては，行政分野を超えた切れ目ない連携が不可欠であり，特に教育と福祉の連携については，学校と児童発達支援事業所，放課後等デイサービス事業所（障害児通所支援事業所）との相互理解の促進や，保護者も含めた情報共有の必要性が指摘されている。こうした課題を踏まえ，各地方自治体の教育委員会や福祉部局が主導し，支援が必要な子どもやその保護者が乳幼児期から，学齢期，社会参加に至るまで，地域で切れ目なく支援が受けられるよう，家庭と教育と福祉のより一層の連携を推進するための方策を検討するため文部科学省と厚生労働省が連携を組んだ「トライアングル・プロジェクト」が2017（平成29）年に発足された。

今後の対応策として，教育と福祉の連携を推進するための方策として，①教育委員会と福祉部局，学校と障害児通所支援事業所との関係構築の「場」の設置，②学校の教職員等への障害のある子どもに係る福祉制度の周知，③学校と障害児通所支援事業所等との連携の強化，個別の支援計画の活用促進が挙げられる。また，保護者支援を推進するための方策として，①保護者支援のための相談窓口の整理，②保護者支援のための情報提供の推進，③保護者同士の交流の場等の促進，④専門家による保護者への相談支援が挙げられる（図8-3）。

主に教育分野における支援を独立行政法人国立特別支援教育総合研究所（発達障害教育推進センター）が，福祉分野における支援を国立障害者リハビリテーションセンター（発達障害情報・支援センター）がそれぞれ研究し，普及を進める中で，発達障害者の支援に当たる人材が身に付けるべき専門性を整理し，各地方自治体において指導的立場となる者に対する研修の在り方などを文部科学省・厚生労働省，発達教育推進センター・発達障害情報・支援センターによる連携の下，教育や福祉の現場にその成果を普及させる方策を検討している。

図8-3 「トライアングル」プロジェクトの概要

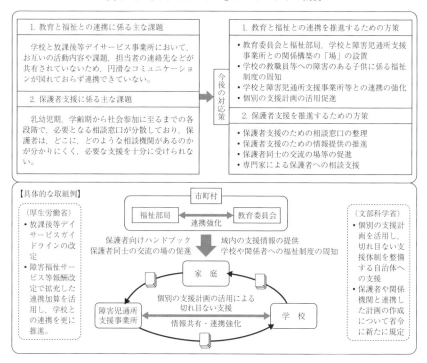

1. 教育と福祉との連携に係る主な課題
学校と放課後等デイサービス事業所において、お互いの活動内容や課題、担当者の連絡先などが共有されていないため、円滑なコミュニケーションが図れておらず連携できていない。

2. 保護者支援に係る主な課題
乳幼児期、学齢期から社会参加に至るまでの各段階で、必要となる相談窓口が分散しており、保護者は、どこに、どのような相談機関があるのかが分かりにくく、必要な支援を十分に受けられない。

今後の対応策

1. 教育と福祉との連携を推進するための方策
・教育委員会と福祉部局、学校と障害児通所支援事業所との関係構築の「場」の設置 ・学校の教職員等への障害のある子供に係る福祉制度の周知 ・学校と障害児通所支援事業所等との連携の強化 ・個別の支援計画の活用促進

2. 保護者支援を推進するための方策
・保護者支援のための相談窓口の整理 ・保護者支援のための情報提供の推進 ・保護者同士の交流の場等の促進 ・専門家による保護者への相談支援

【具体的な取組例】

（厚生労働省）
・放課後等デイサービスガイドラインの改定
・障害福祉サービス等報酬改定で拡充した連携加算を活用し、学校との連携を更に推進。

市町村

福祉部局 — 連携強化 — 教育委員会

保護者向けハンドブック　域内の支援情報の提供
保護者同士の交流の場の促進　学校や関係者への福祉制度の周知

家庭

個別の支援計画の活用による
切れ目ない支援

障害児通所支援事業所 — 情報共有・連携強化 — 学校

（文部科学省）
・個別の支援計画を活用し、切れ目ない支援体制を整備する自治体への支援
・保護者や関係機関と連携した計画の作成について省令に新たに規定

出所：厚生労働省「家庭・教育・福祉の連携『トライアングルプロジェクト』報告」。

　その対応策を受けて、厚生労働省では、2019年度の地域生活支援事業の中に、家庭・教育・福祉連携推進事業を新規で予算化し、「地域連携推進マネジャー」を市町村に配置できることとした。市町村単位で家庭・教育・福祉の連携を実現するための配置になっている。

5）発達障害に係る医療体制整備

　発達障害における早期発見・早期支援の重要性に鑑み、最初に相談を受け、または診療することの多い小児科医などのかかりつけ医等の医療従事者に対して、発達障害に関する国の研修内容を踏まえた対応力向上研修を実施し、どの地域においても一定水準の発達障害の診療、対応を可能とし早期発見・早期支援の推進を図っている。

図8-4　発達障害専門医療機関初診待機解消事業

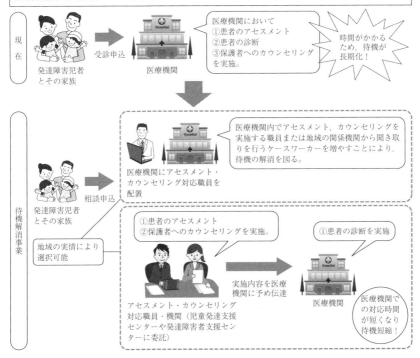

平成29年1月の総務省「発達障害者支援に関する行政評価・監視結果に基づく勧告」によると，発達障害の診断にかかる初診待機が長期化しているとの指摘があった。これに対し，平成30年度予算で地域の医師が発達障害の診療・支援を行うための「発達障害専門医療機関ネットワーク構築事業」を新設した。令和元年予算では，初診待機解消を更に加速させるため，診断に至るまでの過程を見直し，その効果測定を行う事業を実施する。

出所：図8-1と同じ。

　2017（平成29）年の総務省の「発達障害者支援に関する情勢評価・監視結果に基づく勧告」により，発達障害の専門医療機関が少ないという指摘があり，専門医療機関の確保が急務となっていることに対して，発達障害の診療・支援ができる医師の養成を行うための実地研修等を実施し，専門的医療機関の確保を図っている。

　また，発達障害の専門医療機関において初診の待機期間が長いことが，同勧告で指摘された。半年から2年待ちという医療機関もあり，初診待機解消を加速させるため，診断に至るまでの過程を見直し，2018（平成30）年度より医療

機関内にアセスメントやカウンセリングを実施する職員または地域の関係機関から聞き取りを行うケースワーカーを増やすことにより，待機の解消を図る取り組みを行っている（図8-4）。

（4）今後の課題

　発達障害児が増えてきている要因としては，診断基準の変化で広範囲に診断ができるようになったことや，発達障害者支援法施行や発達障害に関する書籍の充実，インターネットなど情報の増大により，発達障害に対する社会的な認識ができ，医療機関への垣根が低くなったことが考えられる。

　今後は，さらに発達障害の早期発見・早期支援に対して家庭・医療・教育・福祉がそれぞれの役割を果たしながら，お互いに連携を図り，ライフステージを通して切れ目のない支援を継続して行っていくことが必要である。

　そのために施策や制度をよく見ながら，関係者それぞれが支援力向上の努力を行うことが重要である。その上で地域で発達障害の子どもたちをどのように支えていくか，垣根を越えて相談し，支援や実践に結びつけていくことが，子どもたちの未来の幸せにつながるだろう。

2　少年非行

（1）少年非行の3類型と年齢区分

　少年法において少年とは20歳に満たない者をいい，①犯罪少年，②触法少年，③ぐ犯少年を非行少年として規定している。犯罪少年，触法少年，ぐ犯少年の定義については表8-2の通りである。なお，ぐ犯とは罪を犯すおそれ（虞）のことを指す。

（2）少年非行の現状

1）戦後から今日に至るまでの動向

　図8-5は少年による刑法犯，危険運転致死傷及び過失運転致死傷等（以下，

表8-2　非行少年の分類

犯罪少年	罪を犯した少年（犯行時に14歳以上であった少年）
触法少年	刑罰法令に触れる行為をした14歳未満の少年
ぐ犯少年	次に掲げる事由があって，その性格または環境に照らして，将来，罪を犯し，または刑罰法令に触れる行為をするおそれのある少年 ぐ犯事由　(ア) 保護者の正当な監護に服しない性癖のあること (イ) 正当な理由がなく家庭に寄りつかないこと (ウ) 犯罪性のある人もしくは不道徳な人と交際し，またはいかがわしい場所に出入りすること (エ) 自己または他人の徳性を害する行為をする性癖のあること

出所：少年法第3条第1項を基に筆者作成。

図8-5　少年の検挙人員（刑法犯・危険運転致死傷・過失運転致死傷等）の推移

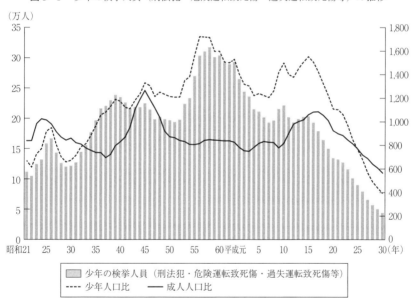

注：(1)　警察庁の統計，警察庁交通局の統計及び総務省統計局の人口資料による。
　(2)　犯行時の年齢による。ただし，検挙時に20歳以上であった者は，成人として計上している。
　(3)　触法少年の補導人員を含む。
　(4)　1970（昭和45）年以降は，過失運転致死傷等による触法少年を除く。
　(5)　少年の「人口比」は，10歳以上の少年10万人当たりの，成人の「人口比」は，成人10万人当たりの，それぞれ刑法犯・危険運転致死傷・過失運転致死傷等の検挙人員である。
出所：法務省法務総合研究所『犯罪白書　令和元年版』昭和情報プロセス，2019年，77頁。

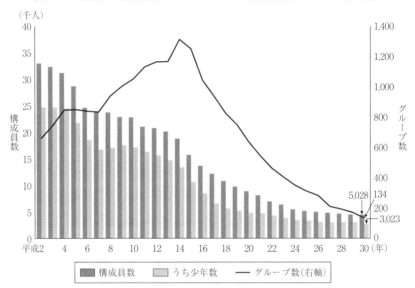

図8-6 暴走族の構成員数とそのうちの少年の構成員数及びグループ数の推移

注：(1) 警察庁交通局の資料による。
　　(2) 共同危険型暴走族（爆音を伴う暴走等を集団で行う暴走族をいう。）に限る。
出所：図8-5と同じ，91頁。

刑法犯等）の検挙人員の推移であり，これまでに3つの大きな波が見られる。

　第1の波は1951（昭和26）年の16万6,433人をピークとする波，第2の波は1964（昭和39）年の23万8,830人をピークとする波，第3の波は1983（昭和58）年の31万7,438人をピークとする波である。平成に入ると，1996（平成8）年から1998（平成10）年，2001（平成13）年から2003（平成15）年と一時的な増加が見られたこともあったが，全体として見れば減少傾向にあり，2018（平成30）年の少年の検挙人員は過去最低の4万4,361人となっている。

　第1の波は戦後間もない混乱の時期がピークであり，貧困が背景にあり，「生きるため」に行われる窃盗や強盗が多かった（「貧困型非行」）。第2の波は学園紛争が起き大学生，高校生の大人（権威・権力）への反抗が見られた高度経済成長期の時期である。高度経済成長のゆがみが子どもと家庭に影響を与え，義務教育修了後に就職せざるを得ない少年たちも多く，欠乏感が社会への敵意

図8-7　少年による家庭内暴力認知件数の推移

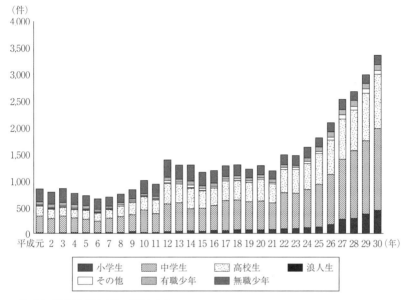

注：(1)　警察庁生活安全局の資料による。
　　(2)　犯行時の就学・就労状況による。
　　(3)　一つの事件に複数の者が関与している場合は，主たる関与者の就学・就労状況について計
　　　　上している。
　　(4)　2008（平成20）年以降の「その他」は，「浪人生」を含む。
出所：図8-5と同じ，94頁。

となったと言える。この時期の非行は傷害や強盗といった犯罪が増え，「反抗
型非行」と言われる。第3の波は万引き，自転車盗，暴走行為といった非行が
増加し「遊び型非行・初発型非行」といわれる。

　2）近年の特徴

　近年，少年による「刑法犯等」の検挙人員は大きく減少してきている。ここ
からはさらに3つの項目から近年の特徴を概観する。

　1つ目は暴走族の構成員数とそのうちの少年の構成員数及びグループ数の推
移である（図8-6）。暴走族の構成員数は1982（昭和57）年をピーク（4万2,510
人）に減少傾向にあり，少年の構成員も同年の3万2,368人をピークに減少し，
2018（平成30）年は3,023人であった。グループの数も最もグループ数が多かっ

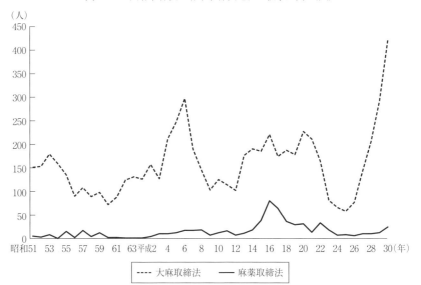

図 8 - 8　大麻取締法・麻薬取締法違反の検挙人員の推移

注：(1)　警察庁の統計による。
　　(2)　犯行時の年齢による。
　　(3)　触法少年を含まない。
出所：図 8 - 5 と同じ，91頁。

た2002（平成14）年の1,313から2018（平成30）年は134と大きく減少をしている。

　2つ目は少年による家庭内暴力である。2012（平成24）年から毎年増加して
おり，2018（平成30）年は3,365件（2017〔平成29〕年は2,996件）であった。その
うち中学生が約半数を占め，1,545件（同1,385件）となっている（図 8 - 7 ）。

　3つ目は薬物犯罪である。薬物犯罪とは有機溶剤（シンナー），覚せい剤，大
麻，合成麻薬の4種類の使用または所持である。それぞれ法律で禁止されてお
り，有機溶剤は「毒物及び劇物取締法」（毒劇法）で，覚せい剤は「覚せい剤取
締法」で，大麻は「大麻取締法」で，合成麻薬については「麻薬及び向精神薬
取締法」（麻薬取締法）で規制されている（図 8 - 8 ・ 9 ）。

　大麻取締法違反による少年の検挙人員は2014（平成26）年から5年連続で増
加し，2018（平成30）年には422人（前年比130人増）が検挙されている。一方，
1972（昭和47）年に毒劇法が改正され，シンナーの濫用が犯罪とされて以降，

図8-9 覚せい剤取締法・毒劇法違反の検挙人員の推移

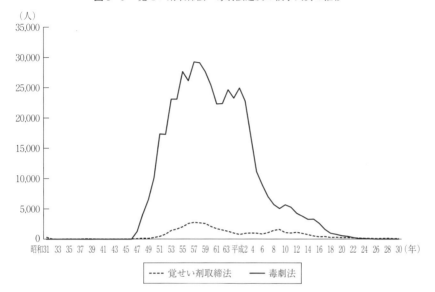

注；(1) 警察庁の統計による。
　　(2) 犯行時の年齢による。
　　(3) 触法少年を含まない。
出所：図8-5と同じ，89-91頁を基に筆者作成。

薬物犯罪の多くを占めてきた毒劇法違反は，1982（昭和57）年の２万9,254人を
ピークに減少を続け，2018（平成30）年は７人であった。また，覚せい剤取締
法違反の検挙人員は1998（平成10）年以降減少傾向にあり，2018（平成30）年は
95人であった。

　このように，近年の特徴として，少年による犯罪は減少傾向にあるが，家庭
内暴力事件や薬物犯罪のように全体の傾向と異なり増加傾向を示す事件も存在
している。

3）少年非行の要因と背景

　少年非行は単一の原因から発生するという単純な因果関係に規定されるもの
ではなく，その子どもの生物学的要因，心理的要因，そして社会的要因といっ
た様々な要因が絡み合い相互作用する中で生じる現象である。例えば，非行の
リスク要因となる不適切な養育（虐待やネグレクト）を受けたとしても家族に代

わる第三者から愛情を注がれたり，家庭に代わる安心や安全を感じられる別な居場所がある子どもは自己統制力を身につけ非行のリスクを遠ざける。一方で，自己統制力が不十分な子どもは衝動的に行動したり，学校場面で適応できずに同じような子ども同士が逸脱的な集団を形成し，非行を深めていく。

以下では，少年非行の要因となる要因や背景となりうるものを見ていこう。

① 貧　困

戦後間もない時代の非行の背景に貧困があったということは先に述べたとおりである。モノがあふれ，食品の廃棄が問題となる現代社会において，貧困は過去の問題となったのであろうか。例えば，「少年矯正統計調査」（法務省）では2019（令和元）年に少年院に収容された1,727人のうち家庭の生活程度が貧困だった少年は417人（約24％）となっている。経済的な状況を含めた生活基盤の弱さに親の離婚や入院，死亡といったライフイベントが重複した際に非行が発生すると考えられ，未だ非行の背景には貧困の問題が存在していることを示唆している。

② 不適切な養育（虐待・ネグレクト）

虐待を受けた子どもの中には感情が抑圧され親密な人間関係をうまく築くことができなかったり，自己中心的で自己の欲求にこだわる等の非社会的な問題行動をとったりする子どもがいる一方で，暴力的行動や反抗をしたり万引きや無断外泊，飲酒喫煙を繰り返すといった反社会的問題行動をとる傾向の子どももいる。虐待は子どもの基本的安全感の欠如や不安定な愛着関係の形成に結び付く。また，虐待は子どもにとっては受け入れ難く，耐え難い経験でもあるため，回避しようとすることは想像に難くない。それが家出という形になったり，食べ物を与えられず空腹から食料品を盗むということもあり得る。ニュージーランドで行われた長期的な追跡調査では愛着関係が形成されていないことが他の家庭内要因（社会的階級やしつけなど）に比べ反社会的な行動に強く影響を及ぼすことが示されている。実際，2019（令和元）年に少年鑑別所に新規に収容された5,495人のうち被虐待経験のある者は1,504人（約27％）であった（法務省「少年矯正統計調査」）。

③　発達障害

　ここでは代表的な３つの発達障害を取り上げる。発達障害の特徴は社会性の発達の未熟さや特異さ，運動能力のバランスの悪さが挙げられる。このような特徴が「場の空気を読めない」「文脈が読めない」等になり，対人関係の悪化や非行につながるのである。

　自閉スペクトラム症（ASD）は社会的なコミュニケーションや対人関係の持続的な障害，そして行動・興味・活動が限定的で反復する傾向があるという特異的なこだわりを示す。また，いつもと違う状況でパニックになりやすい，感覚過敏といった随伴症状を示す。スペクトラムとはグラデーションのことで症状の重症度や年齢，発達段階によって多様な症状が現れることを示している。例えば，対人関係の障害でいえば，人との距離感がつかめず，ストーカーになる，こだわりが刃物や危険物に向かい反社会的な行動をとる，こだわりが性の場合，性犯罪を起こすという可能性がありえる。

　注意欠如多動症（ADHD）の特徴としては，不注意，多動性，衝動性の３点が挙げられる。不注意とは集中を継続することが難しいことや忍耐力に欠けること，多動性とは過度にそわそわしたり，状況に適さない形で動きまわること，衝動性とは，見通しを立てることが苦手であるためすぐに行動に移すこと，順番を待つことが出来ないことなどである。このような特徴から刺激に過剰に反応し暴力につながることがある。

　学習障害（LD）は単語の読みや文章の読解，書字，計算のいずれかの学習が困難であることが主な症状である。子ども本人の努力不足や知的障害が原因ではないという特徴がある。学習障害で学校や家庭，その他の環境からの支援が不十分な場合，成績は低迷する。その結果，周囲からの評価や自己評価の低下を招き，家庭が落ち着かない環境であれば非行につながることも考えられる。

④　精神疾患

　非行に関連する素行症，間欠爆発症，反抗挑発症を取り上げる（以下はDSM-5〔精神疾患の診断・統計マニュアル〕に基づく）。

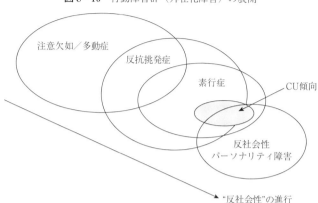

図 8 - 10　行動障害群（外在化障害）の展開

注意欠如／多動症
反抗挑発症
素行症
CU傾向
反社会性
パーソナリティ障害
"反社会性"の進行

注：向社会的な感情に乏しい傾向のことを冷情・非情緒的傾向（CU 傾向）
　　と呼ぶ。
出所：富田拓『非行と反抗がおさえられない子どもたち――生物・心理・社会
　　　モデルから見る素行症・反抗挑発症の子へのアプローチ』合同出版，2017
　　　年，29頁。

　素行症の行動の特徴は，①他人や動物への攻撃性，②物の破壊，③嘘や窃盗，
④重大なルール違反である。その要因としては，身体的虐待やネグレクト，親
の犯罪歴といった家族に関する要因や同年代からの拒絶や非行集団との関係と
いった地域に関する要因，さらに父母が素行症であるか等の要因が考えられる。
　間欠爆発症は人や動物を攻撃しケガをさせたり，モノを壊したりする行動の
頻度は素行症よりも少ないものの急に怒りを爆発させたり，言葉で攻撃したり
する。その行動は何気ない一言や思い通りにならないことがきっかけになる。
幼少期に暴力で身の危険を感じたという環境要因や双生児から遺伝要因が示さ
れている。
　反抗挑発症とは年齢相応の反抗や挑発に比べて持続性と頻度が異なる。図
8 -10のように ADHD の子どもの一部が反抗挑発症となり，素行症へと至り
その一部が反社会性パーソナリティ障害に発展する[4]。反社会性パーソナリティ
障害は DSM- 5 によると，「良心の呵責の欠如」や「一貫して無責任であるこ
と」，「自分または他人の安全を考えない無謀さ」といった特徴を有する。

⑤　有害環境

　近年，中高生のみならず，小学生にもインターネットの利用が広がっており，スマートフォンから SNS を利用した子どもが性犯罪等の被害に遭うことが増加している。また，いわゆる「JK ビジネス」と呼ばれる法令を遵守した営業形態をとりながら，子どもに性的な行為をさせるものが，大都市を中心に現れている。これらの営業は性被害の温床になることが懸念される。

⑥　補償要因

　ここまで非行の要因について触れてきた。反対に非行を防ぐ要因（補償要因）を考えてみる。家庭外の環境，例えば学校で心の支えとなってくれる教師がいること，または学校での成績が良く周囲から一目置かれ自尊心が高まると非行の歯止めになりうる。また，発達障害があっても，早期に支援をし，その子どもの特性にあった対応を行っている場合，そのことが補償要因となり子どもはストレスを抱え込まず大きな逸脱行動もなく生活することができる。

（3）少年非行への法的対応

1）児童福祉法と少年法

　非行少年は児童福祉法第 6 条の 3 第 8 項に定義される「要保護児童」であるとともに，少年法の対象となる児童である。非行少年の年齢や非行の内容，程度によってこの 2 つの法律で様々な対応がされる。第 2 次世界大戦後，保護者を失った子どもたち（戦災孤児）は国や民間の篤志家により保護されたが数が足りず，ある者は靴磨き等の労働をし，ある者は盗みを繰り返すことで命をつないだ。このような状況下で福祉的な政策の観点から1947（昭和22）年に児童福祉法が制定された。

　また，非行少年の処遇制度及び刑事手続きを規定した少年法が1948（昭和23）年に旧少年法（1922〔大正11〕年）を改正する形で公布された。旧少年法と少年法の違いは少年の年齢を18歳未満から20歳未満に引き上げたこと，保護処分の決定を新たに設置された家庭裁判所に行わせること，科学的見地から保護処分決定の判断をするため少年鑑別所を設けたこと等が挙げられる。

少年法が制定された際，児童福祉法との整合性が検討され，14歳未満の少年は福祉による支援を優先にし，児童相談所から送致があった場合に限り，家庭裁判所の審判を行うこととした。このことを児童相談所先議の原則という。2007（平成19）年の少年法改正により，一定の重大な事件に対しては，児童相談所は原則として家庭裁判所に送致しなければならないことになった（少年法第6条の7）。

2）少年法改正と厳罰化の流れ

平成の時代になり，重大な凶悪事件が発生したこと等により，少年法改正の世論が高まった。2000（平成12）年の少年法の改正では，刑事処分可能年齢を16歳以上から14歳以上に引き下げた。また，罪を犯したときに16歳以上の少年が故意の犯罪行為で人を死亡させた事件は，原則として検察官に送致することとされた（いわゆる原則逆送制度）。2007（平成19）年の改正では，14歳未満（おおむね12歳以上）の少年についても必要と認める場合には少年院送致が可能となった。このような改正の背景には神戸連続児童殺傷事件（1997〔平成9〕年）や教師刺殺事件（1998〔平成10〕年），佐世保女子児童殺害事件（2004〔平成16〕年）といった14歳未満の触法少年事件が「凶悪化」や「低年齢化」を印象づけたことが影響したとも考えられる。その後，2014（平成26）年の改正では，不定期刑を科することとなる事件の範囲の拡大や不定期刑の長期と短期の上限の引き上げ等がなされた。少年による重大な事件が発生すると少年の「凶悪化」という印象を受けるが，児童福祉法は非行少年を保護が必要な児童と位置づけており，少年法は非行のある少年に対して性格の矯正及び環境調整に関する保護処分を行うことを理念としている。厳罰化が必要か今後も議論が必要であろう。

3）少年非行に対応する法制度

① 少年非行に関係する機関

少年非行に対応する機関は警察署，児童相談所，家庭裁判所等である。それぞれの機関の概要は表8-3，その手続きの流れは図8-11の通りである。2018（平成30）年の家庭裁判所の処理件数は5万4,796人で，審判を開始しない

表 8-3　少年非行に関係する機関の概要

機関名	箇所数	主な役割
警察署	1,160 （平成31年 4 月 1 日現在）	街頭補導による非行少年の早期発見，関係機関への送致・通告，継続補導や少年相談により立ち直りを支援している。また，電話，電子メールによる相談窓口「ヤングテレホン」を設けている。
児童相談所	215 （平成31年 4 月 1 日現在）	児童や家族，関係機関から児童に関する相談に応じる。児童福祉司や児童心理司による医学的，心理学的，教育学的，社会学的な視点から調査，判定を行い指導を行う。必要に応じて，一時保護所に保護または児童養護施設等に措置する。
一時保護所	139 （平成31年 4 月 1 日現在）	児童相談所に設置され，虐待や，非行などの理由により子どもを一時的に保護するための施設。
児童自立支援施設	58 （平成31年 4 月 1 日現在）	犯罪などの不良行為をしたりするおそれがある児童や家庭環境等から生活指導を要する児童を入所または通所させ，必要な指導を行って自立を支援する児童福祉施設である。開放処遇であるが，非分類による支援，家庭的な支援を特徴とする。
家庭裁判所	50（本庁） （令和元年 7 月 1 日現在）	非行の背後にある原因を探り，どのようにすれば非行少年が再び非行に及ばないかと考え，将来を展望した解決を図っている。家庭裁判所調査官が心理学，社会学，社会福祉学，教育学などの行動科学等の専門的な知識や技法による事実の調査や調整を行っている。
少年鑑別所	52（支所含む） （平成31年 4 月14日現在）	家庭裁判所の観護措置決定により送致された少年を収容し，医学，心理学，社会学，教育学等の専門知識に基づいて，資質及び環境の調査を行う少年の収容施設である。
保護観察所	50（本庁） （令和元年11月現在）	犯罪や非行により家庭裁判所の決定で保護観察になった少年，刑務所や少年院から仮釈放になった者，保護観察付の刑執行猶予となった者に対して保護観察を行う。保護観察官とボランティアの保護司が連携して，生活指導，家族調整を行う。
少年院	50 （令和元年 6 月 1 日現在）	家庭裁判所から保護処分として送致された少年に対し，その健全な育成を図ることを目的として矯正教育，社会復帰支援等を行う。収容年齢は12～20歳が原則だが，26歳まで収容することができる。
少年刑務所	6 （平成31年 4 月 1 日現在）	少年受刑者を成人受刑者から分離し，男性の少年受刑者を収容し処遇を行う。更生可能性が高いと考えられるため，更生のための処遇を強化している。

出所：警察庁・法務省・厚生労働省 HP を基に筆者作成。

図 8 - 11　関係機関の手続きの流れ

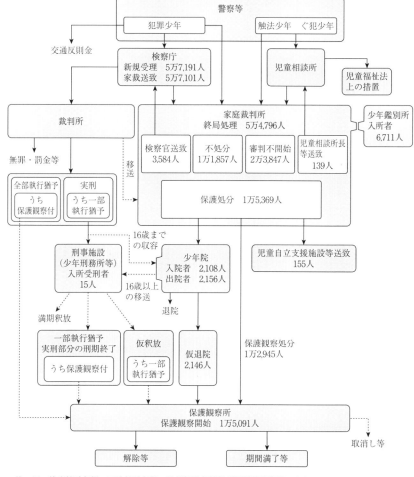

注：(1)　検察統計年報，司法統計年報，強制統計年報及び保護統計年報による。
　　(2)　「検察庁」の人員は，事件単位の延べ人員である。例えば，1人が2回送致された場合には，
　　　　2人として計上している。
　　(3)　「児童相談所長等送致」は，知事・児童相談所長送致である。
　　(4)　「児童自立支援施設等送致」は，児童自立支援施設・児童養護施設送致である。
　　(5)　「出院者」の人員は，出院事由が退院又は仮退院の者に限る。
　　(6)　「保護観察開始」の人員は，保護観察処分少年及び少年院仮退院者に限る。
出所：図 8 - 5 と同じ，204頁。

審判不開始が2万3,847人，審判の結果，処分をしない不処分が1万1,857人で
あった。保護処分のうち，保護観察処分が1万2,945人，少年院送致が2,108人，
児童自立支援施設等送致が155人であった。

② 児童福祉行政

児童相談所は現在，増加する児童虐待への対応に追われている。しかし，児
童相談所は子どもと家庭の様々な問題に対応する機関であり，非行相談もその
1つである。地域の特徴や社会状況によって相談内容に変化はあるが，怠学や
家出，不良交友，万引き，暴行，放火など軽度なものから凶悪なものまで対応
している。児童相談所では措置権者たる権威的な機能と児童福祉司と児童心理
司の協働による治療的な機能を併せた支援を行う。非行相談では，子どもや保
護者の問題意識や動機付けの低さが特徴であり，困難の要因となっている。通
所指導での面接では非行が継続される場合，一時保護や児童養護施設，児童自
立支援施設への措置，家庭裁判所送致など段階的な処遇の検討を行う。

児童自立支援施設は児童相談所による入所措置または家庭裁判所による審判
の結果入所する施設である。対象は表8－3の通りだが，必要に応じて20歳ま
では入所措置を延長することができる。また，国立施設2カ所には，家庭裁判
所の許可を得て強制的措置をとることができる寮舎が設置されており，自傷他
害のおそれや精神的，情緒的に不安定で個別支援が必要な場合に鍵のかかった
部屋で子どもの支援を図っている。児童自立支援施設では，日々の生活の中で
人や社会との基本的信頼感を確立し，自己肯定感や自尊心，自主性等を形成す
るとともに問題解決に必要な力，態度及び自立した社会人としての基本的な生
活力を形成することを目指している。また，自ら行った加害行為などと向き合
い，再発防止に向けた取り組みを行っている。運営形態としては，夫婦とその
家族が寮舎に住み込み，子どもたちと一緒に家庭的な生活を送りながら支援す
る小舎夫婦制と，職員が家庭的な雰囲気で寮舎を管理運営し疑似的な家族によ
って支援を行う小舎交替制が施設の主流であり，いずれの場合でも家庭的な支
援を特徴としている。長時間，継続的な関わりが可能である児童自立支援施設
では子どもと職員の間で信頼関係を構築していくことを重要なアプローチとし，

信頼関係を土台としながら行動上の問題を表出している子どもを受け入れながら子どものニーズに合致した支援を提供して自立を促す「育ち・育て直し」を行っている。施設は開放処遇だが無断で外出することは禁じられ，小学校・中学校は施設内に設置されている学校に通学している。高等学校へ通学する子どもも少なくないが，退学せず卒業することが大きな課題となっている。

③　少年保護司法

　警察署は少年の被疑事件について捜査を行い，14歳以上で罰金以下の法定刑にあたる犯罪の嫌疑があると思われる場合は家庭裁判所に送致する。一方，法定刑が懲役，禁錮等の比較的重い犯罪の場合には検察庁に送致し，検察官が取り調べ，意見を付けて家庭裁判所に送致する。14歳未満の場合は少年の行為や環境に応じ児童相談所に通告する。通告を受けた児童相談所は一定の重大な罪に係る刑罰法令に触れる行為を行った触法少年については家庭裁判所に原則送致しなければならず，また，家庭裁判所の審判や保護処分が必要と認めた場合には家庭裁判所に送致する。

　送致を受けた家庭裁判所は調査を行い，審判不開始，審判開始等の決定を行う。保護処分の必要がないと認める時は，不処分の決定をする。児童福祉法上の措置が相当と認めるときは児童相談所に送致する。また，保護処分の場合には，保護観察，児童自立支援施設・児童養護施設送致または少年院送致のいずれかの決定を行う。

　保護観察は保護観察官（国家公務員）と保護司（非常勤国家公務員）が協働しながら行い，保護観察の対象となった少年は社会の中で生活をしながら定期的に保護司による家庭訪問や保護司の元を訪問しての面接を受ける。遵守事項が守られているか指導監督を受け，同居可能な家族と連絡を取らせたり，ハローワークへの同行等の支援を受けながら再非行や再犯を防ぎ更生を図ることを目的としている。保護観察の対象は家庭裁判所から保護観察の処分を受けた少年や非行により家庭裁判所から少年院送致の処分を受け，その後仮退院となった少年となっている。

　少年院は少年院法改正（2015〔平成27〕年6月）により次のとおり分類された。

①第１種少年院とは保護処分の執行を受ける者であって心身に著しい障害のないおおむね12歳以上概ね23歳未満のもの（②の者を除く），②第２種少年院とは保護処分の執行を受ける者であって，心身の著しい障害がない犯罪傾向が進んだ，おおむね16歳以上23歳未満のもの，③第３種少年院とは，保護処分の執行を受ける者であって，心身に著しい障害があるおおむね12歳以上26歳未満のもの，④第４種少年院とは少年院において刑の執行を受けるものである。少年院では少年の特性に応じた矯正教育等を行っており，改善更生と円滑な社会復帰を図っている。少年院では少年が有する問題に対して面接や作文等を通して自立した生活のための基本的知識や生活態度を身に付けるための指導（生活指導），溶接や土木建設，農業等の職業上有用な知識や技能を身に付ける指導（職業指導），義務教育や高等学校への進学を希望する者に対する指導（教科指導）を行っており，希望する者には高等学校卒業程度認定試験を受験する機会が設けられている。また，健全な心身を育むことを目的とした指導（体育指導）や日直やレクリエーション活動や社会貢献活動を通して情操を豊かにし，自主性や協調性を育む指導（特別活動指導）が行われている。

　少年刑務所は家庭裁判所から裁判所へ逆送された少年及び若年成人受刑者（26歳未満）を収容する刑事施設である（ただし，実際には一般の成人受刑者も収容されている）。昼夜間の独居拘禁の制限や作業選定の配慮，教育の実施等が配慮されている。少年刑務所も刑務所であるため懲役刑を務めるが，少年であることから，職業訓練に力が入れられている。職業訓練には溶接や自動車整備，電気工事や情報処理等があり，訓練が終了すると何らかの資格や免許が取得されるよう配慮されている。松本少年刑務所には公立中学校の分校が設置され，全国の刑事施設に収容されている義務教育未修了者等のうち希望者を中学３年生に編入し文部科学省の定める学習指導要領を踏まえた指導が行われている。松本少年刑務所と盛岡少年刑務所では近隣の高等学校の協力の下，高等学校の通信制課程に受刑者を編入させ指導を行っている。

４）少年非行の防止と再非行防止のための取り組み

　少年非行の防止とは一言でいうと，その子どもが一人の大切な存在として認

められ，より良い人生を歩むことができるようになることである。生まれなが
ら弱さを持っている，成長段階で逆境を抱えている，または抱えそうになって
いる子どもを早期にそうならないように支援をすることが必要である。例えば，
虐待といった不適切な環境にある子どもの環境を改善したり，改善することが
難しければ里親や施設といった家庭に代わる場所での養育を行う，発達障害を
抱えている子どもを早期に発見し適切な関わり方を家庭や学校に伝え療育を実
施するといったことが求められる。つまり，排除ではなく支援するという視点
や態度が必要なのである。日本では「乳児家庭全戸訪問事業（こんにちは赤ちゃ
ん事業）」「乳幼児健診」「就学前検診」といった支援が幼少期に行われている。
非行に特化した支援ではないが，非行のリスクに関連する家庭環境や発達障害
の有無を把握し，必要に応じて支援するということは非行予防につながってい
るのである。

　さらに，非行は生物・心理・社会的な視点による支援が必要である。発達障
害の子どもがすべて非行少年ではないことから心理的または社会的な要因が非
行に影響を及ぼすことは明らかであろう。一方で，ADHD に対するメチルフ
ェニデート（コンサータ）やアトモキセチン（ストラテラ）といった薬が有効と
認められる場合には，薬物療法により精神症状を改善することで，結果として
非行等の行動が落ち着く場合がある。服薬により ADHD 等が治ることはない
が，例えば，ADHD であれば衝動性や不注意，多動性が改善できれば，集中
することができたり，周囲の子どもとのトラブルが減少し，成功する体験を数
多く経験することができる。そのような体験は低い自己肯定感や自己評価を高
めることにつながる。

　警察では，都道府県警察に少年サポートセンターを設置し，少年補導職員を
中心とした非行防止の取り組みを行っている。例えば，少年や保護者等の悩み
や困りごとについて，専門的な知識を有する職員等が面接や電話等で相談に応
じる少年相談活動や少年の集まる繁華街や公園等において，少年警察ボラン
ティア等と共同して深夜徘徊や喫煙等を行っている少年に対して指導や注意を行
う街頭補導活動，それらの活動を通して関わった少年に対して本人や保護者か

らの申し出に応じて継続指導を行う立ち直り支援活動が挙げられる。加えて，非行少年等問題を有する児童や生徒に関する情報を相互に通知する学校・警察連絡制度が全ての都道府県で運用されている。

　少年鑑別所は，「法務少年支援センター」という名称で，非行犯罪及び犯罪の防止に関する援助を行っている。少年や保護者等からの相談に応じるほか，関係機関からの依頼に対して情報提供や助言，心理検査等を行っている。

　一方で，非行に対する問題点を述べると，義務教育期間は子どもの非行に対して学校の組織的な支援が期待できるが，高校ではその支援は小さくなり，高校に進学しなければ子どもへの支援はもっと小さくなる。児童相談所による公的な支援も期待できるが，18歳を超えると，警察や司法機関以外の公的な支援はほとんど期待できない。日本においては義務教育修了と18歳の2つの段階で支援体制の縮小が起きる。加えて，青年期における支援が乏しいのが課題である。2022年4月から成年年齢が18歳に引き下げられるが，18歳成年化と少年法適用年齢のあり方については，今後の少年司法の方向性を決める大きな課題として，慎重な検討がなされているところである。

3　胎児性アルコール・スペクトラム障害

（1）胎児性アルコール・スペクトラム障害とは何か

　妊娠中の女性が飲酒することによって，そのアルコールが胎盤を難なく通り，子宮内の発達途上にある胎児にまで到達し，脳を含めた様々な器官や身体に広範囲に損傷を与えることが明らかになっている。特に欧米では，この胎児のアルコール曝露による損傷が生後の精神・運動・行動面や学習面に与える影響が深刻さを増している。毎年アメリカではこの子どもたちの治療教育や福祉支援につぎ込む国家予算が大きいこともあり，厚生労働省にあたる「健康福祉保健省」が女性の飲酒にアラートを出しているほどである。

　この障害を持つ子どもの中には，特異な顔貌奇形を有し，また脳（中枢神経）の機能不全を原因とする精神・運動・行動や学習面に現れる多彩な問題を有し，

日常生活がままならない子どもたちもいれば，記憶や学習の問題を幾つか抱え持っているが外面的にはノーマルで，日常生活にさほど問題が現れない子どももいる。この障害は，母親の摂取したアルコール量や飲酒によるアルコール曝露のパターン（過度な飲酒・頻繁な飲酒等），タイミング（曝露と胎児の発達時期との関係）に起因することもわかってきている。この障害を連続した臨床像として包括して捉えたのが「胎児性アルコール・スペクトラム障害」（Fetal Alcohol Spectrum Disorder 以下，FASD）なのである。

（2）胎児性アルコール・スペクトラム障害の歴史

　飲酒による胎児のアルコール曝露と発達障害との関係は古くから知られている。ヨーロッパでは紀元前の旧約聖書にも記述がある[(5)]と指摘する専門家もいるほどである。小児科医療の分野で初めて着目されたのは18世紀のイギリスにおいてであった。1720年から約30年間，庶民が安価に手に入れられる蒸留酒ジンの流行によって庶民の生活を破壊に導いてしまった暗い歴史があった。主に犠牲になったのは母親の子宮内の胎児だったといわれている。当時の医師たちは妊娠中の飲酒は「肉体的および精神的にも虚弱児をつくる一因」として，再三にわたり議会に規制を要望したという[(6)]。

　その後，イギリスの取り組みを受け継いで1968年フランスにおいて「新たな障害」として警鐘を鳴らし，その予防と治療，啓発に尽力したのは医師ルモワンだった。この研究はその後，アメリカのワシントン大学の研究チームと共有された。研究チームは，妊娠中に飲酒歴がある人種や階層が違う母親から生まれた8名の子どもたちから前述したような共通する臨床像を抽出することに成功したのである。

　当時の研究者の一人で，現在はワシントン大学教授でFASDの世界的権威として著名なストレイガス博士は，当時を振り返り，「明らかに脳損傷を持っていた…（中略）…現している神経性の兆候は髄膜炎や脳炎と同程度のものであることは確かであった」と述懐している[(7)]。またその時の驚きを，「これについて今まで誰も書いたことがなかったのか…（中略）…まだ生まれてもいない

子どもに，アルコールが影響することをアメリカでは誰も調査しなかったのか」「急いで私はアルコールと妊娠についての資料を見つけられることを期待し，膨大な資料が保管されている図書室に駆け付けたが，何も見つけることが出来なかった」とも書き記している。チームはこのような経緯を経て，1973年に最初は胎児性アルコール症候群（fetal alcohol syndrome：FAS）と命名し，イギリスの医学雑誌「ランセット」に世界初となる研究を発表したのである。本節では胎児と表現しているが，実際は妊娠8週目までを胎芽期（様々な器官形成期），その週以降で人の形が出来上がっていく時期を胎児期という。アルコール曝露はこの胎芽期から影響を及ぼす。

（3）具体的な臨床像

　一言で飲酒と言っても，依存症のように日常的に多量の飲酒の習慣もあれば，週に数回の飲酒，あるいは月に1回ほどのパーティなどでの飲酒，摂取量もグラス一杯であったり，泥酔までいかないまでも多量の飲酒であったりするように，さまざまなパターンが考えられる。ちなみに妊娠中は母体のアルコール濃度と胎児の濃度は比例し，数分で等しくなる。胎児はアルコールを分解できる能力・機能は，まだ未発達である。まして母体側は，妊娠を継続させるために分泌されているエストロゲン（卵胞女性ホルモン）によってアルコールを分解し，排出する酵素の働きを低下させているので，胎児は分解力がないまま長い時間を母体のアルコール濃度と等しい濃度で曝露を受け続けることになる。それによって出生前に以下の4つに大別できる「出生前障害」を受けるのである。以下の臨床像は，アメリカ医学研究所（IOM）で出されている診断基準[8]を参考に，筆者の実際の支援から得た様子を加筆して整理したものである。

1）子宮内発育遅延

概ね2,500g以下の低体重で出産してしまう。母体側の低栄養等の問題ではなく，アルコール曝露によるもので，出生後も低身長等の発育遅延が続く。

2）顔貌奇形

図8-12は2018（平成30）年に日本で開催されたFASDの国際フォーラムで

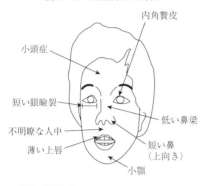

図 8 - 12　顔貌奇形の特徴

内角贅皮

小頭症

短い眼瞼裂

不明瞭な人中

薄い上唇

低い鼻梁

短い鼻
（上向き）

小顎

出所：筆者作成。

筆者が発表した顔貌奇形と称される部位の図である。この顔貌は年齢が上になるほど目立たなくなるので，5歳頃までに判別することが大切とされている。「奇形」という用語は差別を引き起こすことにもなるので，筆者は「形成不全」といった用語を普段使用しているが，ここではあえて欧米で通用している「奇形」（anomaly）という用語を使用する。

この顔貌は，欧米ではダウン症候群の子どもたちと見分けられるほどポピュラーな判別の手法の一つでもあると言われているが，FASDの全ての子どもたちに現れているわけではない。主な部位の特徴は，上向きの短い鼻と，両目の間（鼻梁）が平坦であるために両目の間が広いように目立つ。

また上唇が薄く，鼻先との間にある人中がなく，平坦で広い。目は上下の瞼の合わせ目の距離（眼瞼裂）が狭いので，目が「アーモンド・アイ」と言われるようにアーモンドのように見える。顎は小さく，後ろに後退している。

実際の判別は，診断基準に沿って行われる部位の計測による。またこの顔貌奇形だけをみるならば，FASDだけに特有に見られるものではない。例えばこの奇形は，ある種の「てんかん」治療薬を妊娠中に服用することによっても起きるといわれている。FASDとの鑑別は母親の飲酒歴の有無が決め手になる。

3）アルコール関連出生前障害（ARBD）

アルコール曝露は心臓や腎臓，耳や眼等の諸器官と関節等の骨格に至る領域で構造的な形成ないし機能的な損傷を与え，生後に障害として現れる。斜視や強度の近視，上瞼が下がって視界を遮る眼瞼下垂，口蓋裂，股関節の形成もしくは機能不全による歩行障害，心臓の房室を分ける壁の欠損（心室・心房中隔欠損）等と，起きる障害の範囲は広い。筆者が多く見たのは，歯の異常である。

上顎などの通常は生えないような個所から何本も生えてくるのである。

4）アルコール関連神経発達障害（ARND）

　中枢神経と呼ばれる脳の構造的な構築・発達と，神経細胞によるネットークの発達・構築の広範囲に，奇形もしくは機能不全の結果をもたらす。それによって脳と心を操る物質と呼ばれるアドレナリンやセレトニン等の神経伝達物質（ホルモン）のバランスをも崩壊させる。今はCTスキャンよりも，脳の構造を立体的に細部にわたってスキャンできるMRIによって，ずいぶんとこの障害の実態が判明してきた。その例として，左脳と右脳を連結する約一億本の神経細胞の束である「脳梁」が，部分的もしくは完全に欠損している「脳梁欠損症」が挙げられる。

　また記憶領域でもある「海馬」の委縮や，判断や実行機能をもつ「前頭葉」の機能不全，小脳の形成不全（FAS〔後述〕では約17％，FAE〔後述〕では約5％も委縮しているとのエビデンスがある），神経ネットワーク構築に損傷が及んだために，灰白質が多く，白質が少ない場合も見受けられる。他にも脳の中心部にあり，計画を立てて実行する実行機能とも関連している「尾状核」にもアルコールは損傷を与える。これらはすべてが子ども一人に存在する訳ではなく損傷部位も違う。

　以上の損傷は喫煙や他の薬物（ドラッグ）には見られないという。アルコールの胎児への影響は薬物の中でも最大といわれる（アルコールは合法ドラッグとも称されている）。

（4）スペクトラム（連続）な臨床像と無理解による誤解

1）胎児性アルコール症候群（FAS）

　前項で解説した臨床像の4つ，すなわち発達遅延，顔貌奇形，ARBDおよびARNDが揃った状態のことである。極めて障害は重く，特別な医療・教育・日常生活支援が常時必要な子どもたちである。障害が可視できることもあって，支援につながることが多い。

2）胎児性アルコール効果（FAE）

　前項で解説した４つの臨床像の要素すべてではないが，ARND 由来の多動性や衝動性等のいくつかの組み合わせや ARBD 由来の眼や耳等の損傷が認められる，あるいは顔貌奇形のみが目立つなど，程度は限りなく FAS に近いものからその種の特徴が目立たない子どもたちまでいる。山に例えるならば，FAS を頂点とすると，その周りに広がるすそ野が FAE である。FAE は「部分 FAS」（pFAS）ともいわれる。顔貌奇形を持ち合わせる FAS は見た目に明らかな特徴がある反面，FAE は顔貌奇形がない場合もあり，外見はとてもフレンドリーで，特に芸術面で一つ秀でているものを持っている場合が多く，それによって障害がないかのようにカバーしてしまうので「隠された」出生前障害とまで称される。(10)

　そのためアメリカでさえ医療・教育・福祉等の機関からの支援につながらない場合が多いという。むしろ行儀が悪い子ども，自分勝手，怠惰等と周囲から見られることが多いことと，劣悪な環境の問題にされることを筆者は経験した。支援した子どもは，14歳時の発達検査で，５歳の課題にことごとく失敗していた。一方で，耳で聞いたメロディを，音符が読めないにもかかわらずピアノで弾けてしまう得意技があったために，教育機関かから「どうしてこの優秀な児童を障害児にするのか」等の誤解と支援者に対する批判が激しかった。

　また，あるアメリカの FAS の女性は，理解と手厚い支援によって先住民族ネイティブ・アメリカンの生活や文化を描き，伝承するアーティストとして活躍している反面，記憶面では多くの問題を抱えているという。

　このように FASD の子どもたちは，日常生活の中の一つひとつの場面でつまずき，生活のしづらさが拡大し，支援の側も困り感が増幅していくことが特徴である。またその障害は，重度である FAS から，目につかないが潜在的に問題がある FAE のレベルまで，連続体（スペクトラム）をなしている。

（5）二次障害

　FASD によって生じる脳の損傷は，出生後に早くから「徴候」（ソフトサイ

ン）として現れて来る。身体的には「感覚過敏」，散在する「脳波異常」，手足の協応運動（バランス）の欠如，頭や腕に始終見られるチック性動作等がそれであり，精神面では，常に気持ちが「ここにあらず」，感情を抑えられないなどの顕著な情緒の不安定や，極めて強い衝動性，年齢が経ても6歳程度の心の発達，極めて自己中心的なふるまい（相手の気持ちの理解に欠ける）などが見られる。

　学習面では抽象的な内容の理解に欠けてルールや因果関係が理解できない等の短所が目立ち始める。この徴候を見誤り，有効な手立てが取られないと保育・幼稚園の年齢から学齢児に進む過程で，二次障害といわれる主に精神面，行動や学習面での問題が急激に浮上してくる。

　クラスでは友人関係やグループ活動，授業などで問題視されることが急激に増える。年齢によっても多彩さを現していく。それは発達課題に直面した際に乗り越えられないことにも原因がある。以下は，筆者が重度であるFASの子どもたちを含めたFASDの子どもたちを支援した経験から，具体的に日常支援が困難であった二次障害の臨床像を分類したものである。この関わりにより，支援者の数人が力尽き，バーンアウトした場面を目の当たりにしてきた。

　①　精神・情緒面

　極めてフラストレーションに弱く，日常的に人，時間，物，行事等の環境の変化に著しく反応し（固執性），感情を爆発させる。また感情の起伏が「ジェットコースター」と比喩されるほど激しく，日常生活で「ON」と「OFF」（むしろshutdown）が始終繰り返される。「快」「不快」の二極だけで激しく反応する。極端な「あまのじゃく」「虚言」などによって人に対する激しい「操作性」も際立つ。

　②　運動・行動面

　男女の差があるが，最初に目立つのは多動で行動の予測ができないことである。加えて周囲の安全を脅かすほど他児や物等への衝動性が高いことから，自身や他者にとって危険な行動をとりやすい。物事の因果関係及び暗黙のルールが理解できないこともある。危険の度合いもわからない。

そのために学齢児になっても幼児と遊んでいて力加減なく物で叩いて怪我を負わせることなどがあり，目が離せない。さらに支援が困難を極めるのは，日常的な激しい焦燥感（苛々）と易怒性（爆発性）で，それによる自傷と泣き叫びを伴う「癇癪」を昼夜構わず，繰り返し続けることである。自他のコントロールや制止が効かない。そして時には場所に構わず公然と自慰に耽ることがあり，性暴力や火遊びのような衝動に強迫的である。

　③　記　憶　面

　物事の手順や新しいことが覚えられない（学習ができない）。月曜日に学んだことは水曜日には完全に忘れている。さらに理解のタイムラグが大きいこともあり，言われたことが行動に移せないか，移せたとしても時間がかかる。記憶に矛盾が多く，突拍子もない会話になりがちである。話をトータルに聞けず，例えば相手の話の一部の単語だけで判断するので極めて誤解が多く，人間関係に支障を来すことが多い。また他者からの指示に基づく行動をすることができない。

　④　学　習　面

　抽象的な思考ができないために，学齢児になるにしたがって算数や時間管理，金銭管理ができないことが目立ち始める。ゲームや集団でのルールも理解できず，友人関係や体育の授業などで仲間に入れない。運動では手足のバランスが取れない（協応運動ができない）ために目立つ。またフラストレーションがたまると，突然に授業中でも何本もの鉛筆を折り出すなど奇怪な行動に出る。漢字練習では，練習帳の一ますに字を収められない（視覚神経の問題）。知的な発達面を挙げると，筆者が支援したあるFASの子どもは知的には6歳時でIQ80だったが，15歳頃には精神年齢を表す指標は7.8歳でIQ54程にまで急激に下がっていた。これもFASの特徴ともいわれている。

（6）妊娠中の飲酒は次世代の問題

1）アルコールは「催奇形性（さいきけいせい）」化学物質

　前述したが，お酒の成分のアルコールは胎盤を通り，胎児に奇形を伴って広

範囲に影響を及ぼす化学物質（催奇形性物質という）である。一昔前は，医学の領域では胎盤は母親の摂取した毒となるものは通さない役割を持つ（胎盤関門）と信じられてきた。しかし，フランスの医師ルモワンが取り組んだ6年前の1962年に，アメリカの生物学者レイチェル・カーソンは『沈黙の春』を著わし，[11]有機化学物質の農薬等が胎盤を通過することによりその害が子孫に継承され，次世代の生存に大きく影響することを唱え，世に警鐘を鳴らした。

　日本のこの時期は，いくつもの好景気を経て高度経済成長が頂点に達しようとする頃であった。因みにこの『沈黙の春』が世に出た翌年の1963年，アメリカが「ランセット」にFASを発表した1973年よりも11年も早くに水俣市で歴史上未曽有の公害事件が起きていた。以前より水俣湾を含めた不知火海（有明海）は，日本チッソ水俣工場が排出した有機水銀（有機金属化合化学物質）を含む廃液によって汚染されていた。そして沿岸の住民は，有機水銀を体内に取り込んでいる魚貝類を，そうと知らずに摂取し続けた。これによって発生したのが「水俣病」である。その中でも悲惨を極めたのが，母親が摂取し続けた有機水銀が胎盤を通って子宮内の胎児に蓄積し続けたことによって，不可逆的で重い脳性マヒ様な障害を持つことになる「胎児性水俣病」である。1963年はその最初の公式確認があった年でもあった。[12]

　カーソンの予見が日本で現実化していたのである。カーソンは著書の中で，「毒は母親のからだを通って子孫へとおよんでいく…（中略）…，すでに胎内にいるときから，化学物質の洗礼を受けている…（中略）…，自由自在に胎盤をよこぎる。ふつう胎盤は，母体内の有害な物質が子宮に入らないように毒除けの役目をしている…（中略）…，胎児がさらされる化学薬品はわずかな量にすぎないが，年のいかぬ子どもほど毒に敏感に反応する」と語っていた。それ[13]から半世紀が経つ。

2）発　生　率

　アメリカでは政府の機関が予防・治療・教育に取り組んでいる。アメリカ疾病予防管理センター（CDC）のデータでは，毎年生まれる約400万人の乳児のうち，約1,000人から6,000人がFASDの中でも重度であるFASだという統計

がある。FAEは，FASの3倍，ダウン症候群の2倍という。⁽¹⁴⁾

　日本国内ではアメリカのような取り組みは皆無といってよいが，そうした中でも研究は行われていた。1995（平成7）年には，東京都小平市にある当時の国立武蔵療養所神経センター（現・国立精神・神経医療センター）の研究チームが「わが国における胎児性アルコール症候群」と題して発表している。⁽¹⁵⁾助産師と保健師を対象にアンケート調査を実施して，その結果，国内でのFASの発生頻度は出生1,000に対して0.1と推定した。しかしその頃から比べて，昨今，特に若い女性の飲酒率が男性のそれと同じというよりも，むしろ越すほどになっていると言われている世相で，FASの発生率はさらに上がっているのではないかと危惧している。

3）これまでの日本国内での取り組みの現状

　日本国内では，今世紀に入り，用語としてようやく胎児性アルコール・スペクトラム障害の名前が目につくようになってはきたが，実例に基づいた研究書やレポートは未だにない。こうした国内の現状でも，今日まで少数ではあるがFASDに取り組んできた医学者や研究者がいる。また今世紀に入り，アルコール依存症治療支援の領域で以下のような注目すべき取り組みがあった。

　　・2003年　「FAS国際シンポジウム──「妊娠中の飲酒」がもたらす次世代への影響と対策」。

　　　　　　　坂田ひろみ（徳島大学）「エタノールによる脳発達障害」発表。

　　・2004年　「妊婦のアルコール飲料の摂取による胎児への影響とは」内閣府食品安全委員会ファクトシート。

　　・2005年　「妊娠中および子育て中の母親の喫煙・飲酒の現状について」（厚生労働省子ども家庭総合推進事業の一環で，全国保健所長会が委託研究。分担研究者・墨田区保健所長澤節子）。

　　　　　　　第27回日本アルコール関連問題学会第9分科会「FAS（胎児性アルコール症候群）」。久里浜アルコール症センター医師鈴木健二⁽¹⁶⁾「私のFASとの出会い」発表（国内で唯一FASDの臨床に臨んでいる医師）。

・2008年　「第11回世界乳幼児精神保健学会」がパシフィコ横浜会議セン
　　　　　ターで開催。カナダのカトリックの民間支援組織から胎児のアル
　　　　　コール曝露についての詳細な報告と啓発があった。[17]
・2009年　「アルコール依存症の母親から生まれた子供たちと家族の12年
　　　　　間にわたる追跡調査」（内閣府食品・薬品安全性研究ニュース第29号）。
・2018年　「胎児性アルコールスペクトラム障害の予防と対策に関する国
　　　　　際フォーラム」（厚生労働省依存症対策全国拠点機関設置運営事業）。

（7）次世代への支援

　妊娠中の飲酒によって出生前に曝露を受け，生後に生活や学校で不適応に苦
しむ子どもたちが早期に認識され，親子ともども正しく理解され，適切な治療
教育，福祉の支援を継続して受けられる環境を早くに構築しなくてはならない。
FASD を知らずに，あるいは妊娠中の飲酒はいけないことをある程度知って
いながら，不本意に飲酒したことによってわが子の FASD の問題に直面し，
苦しむ母親たちがいたならば（きっといる），彼女らに対しきめ細かな支援・寄
り添いが必要であることも忘れてはならない。

　前述したように母親は周囲から FASD を子育ての問題にされ，果ては飲酒
したことに対する自己責任だと責められがちであると同時に，子どもに対して
の罪悪感にも苦しむこととなる。そのような母親たちの様子を，筆者も目の当
たりにしてきた。他方，女性の過度の飲酒の背景には，トラウマがあると指摘
する研究者もいることに真摯に関心を払っていく必要がある。筆者が支援した
ある FAS の子どもの母親には，長年にわたる飲酒歴と DV に晒され続けてき
た背景があった。この母親にとって飲酒は意味があったのである。

（8）FASD は100％予防できる

　アルコールに安全な量はない。欧米では妊娠中の少量の飲酒も生後の運動・
学習面に影響を与えるとの研究が多い。FASD は妊娠中に飲酒をしないこと
で100％予防できる。そのためには FASD について配偶者である夫や周囲の理

解と配慮も大切になる。アメリカでは，妊娠を望んだ時点で飲酒はやめるべき
だと警告している。女性が妊娠に気づく前には，すでに諸器官とともに胎児の
脳は発達をし続けているからである。

4 医療的ケア児

（1）医療・社会の変化と医療的ケア児

　近年，日常的に医療的ケアを必要とする状態で，在宅生活を送る子どもが増
加している。このような子どもたちが増加している背景には，医療技術の進歩
に伴う救命率の上昇や社会福祉制度の改革がある。しかし，疾病構造や障害が
従来とは質的に異なってきているため，今までの障害児・者への支援制度の枠
にはめ込むことが困難であることが多い。そのため，支援制度の不備により医
療的ケアを必要とする子どもとその家族への支援が困難となることが課題とな
っている。日々の在宅での生活において，子どもとその家族の QOL を向上さ
せるために，必要かつ適切な支援を考えることが重要であると言える。一方で，
医療的ケア児という言葉が使われるようになってから日が浅く，医療的ケア児
とその家族が抱える問題は，まだ十分に認知されていない現状もある。本節で
は，医療的ケア児について解説し，課題と支援について考える。

（2）医療的ケア児とその家族の現状

1）医療的ケアを要する子どもの増加とその背景

　わが国では，医療の進歩・発展により新生児，乳児の死亡率が大幅に減少し，[18]
幼い命が救われるようになった。医療の高度化の恩恵により，かつては出生時
の障害や疾患等により失われていた命を，救命することができるようになった
と言える。例えば，重度の呼吸機能障害に対する人工呼吸器の装着や気管切開，
経口からの栄養摂取が困難な場合に胃へ直接栄養剤を注入する胃ろう造設など，
様々な医療機器・医療技術による継続的な処置を行うことで命が救われること
も少なくない。

図8-13　医療的ケア児数（0～19歳）〈推計値〉

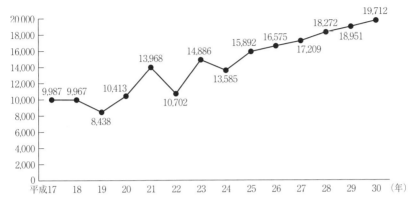

出所：平成30年度厚生労働科学研究費補助金障害者政策総合研究事業「医療的ケア児に対する実態調査と医療・福祉・保健・教育等の連携に関する研究（田村班）」の協力のもと障害福祉課障害児・発達障害者支援室で作成。

図8-14　在宅人工呼吸器を要する児数（0～19歳）〈推計値〉

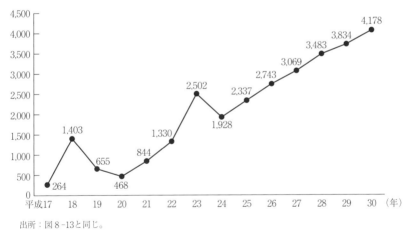

出所：図8-13と同じ。

　一方で，新生児集中治療室（NICU）等に長期入院した後も引き続き医療的ケアを必要とする子どもが増加しているという現状もある。つまり，永続的に医療的ケアが必要な状態で医療機関を退院し，在宅生活を送ることになっている子どもたちが多くなっているということである。実際に，このような医療的

表 8 - 4　主な医療的ケア

主な医療的ケア	主な内容
喀痰吸引（痰の吸引）*	筋力の低下などにより、痰の排出が自力で困難な児に対して、吸引器による痰の吸引を鼻腔や口腔、気管カニューレから行う
経管栄養* （経鼻、胃ろう・腸ろう）	摂食・嚥下の機能に障害があり、口から食事を摂取することができない、または、十分な量を摂取できない場合などに、鼻・胃や腸に造設した小さな穴（胃ろう・腸ろう）から胃や腸までチューブを通して流動食や栄養剤を注入する
吸入（薬剤）	痰を切れやすくする等のために吸入器（ネブライザー）などを使い、薬剤を吸入する
人工呼吸器の管理	呼吸機能の低下などにより、自力での呼吸がうまくできない場合などに人工呼吸器を使い、酸素や肺に空気を送る【機器の管理が医療的ケア】
酸素療法（在宅酸素療法）の管理	呼吸機能の低下などにより、体内の酸素が不足している場合、酸素濃縮器を使い、口や鼻、気管切開部から酸素を補う【機器の管理が医療的ケア】
パルスオキシメーターの管理	パルスオキシメーターは、酸素療法を行う際や人工呼吸器を使う時に呼吸状態を把握するために動脈血酸素飽和度（SpO2）と脈拍数をモニタリングする機器【機器の管理が医療的ケア】
気管切開部の管理	呼吸機能の低下により、口や鼻から十分な呼吸ができない場合などに気管を切開して機器（気管カニューレ）を装着する【切開部の管理が医療的ケア】
導尿	排尿障害により自己での排泄が困難な場合に膀胱にチューブを入れて尿を出す
人工肛門（ストーマ）管理	疾病や障害により自然に肛門から排便が困難な場合に、腹部の外に造設した人工の肛門部から排便の処理を行う【人工肛門部の管理が医療的ケア】
自己注射	注射による薬剤投与を頻回に行う必要があり、自己で注射を行う（インスリン製剤、ヒト成長ホルモン剤　等）

注：＊印は、平成23年の社会福祉士および介護福祉士法の一部改正に伴い、一定の研修を修了し、登録認定を受けるなど一定の条件のもとに、保育士等の職員が実施することが可能となった特定の医療的ケアを指す。
出所：「医療的ケアが必要な子どもと家族が、安心して心地よく暮らすために——医療的ケア児と家族を支えるサービスの取組紹介」（平成30年厚生労働省政策統括官付政策評価官室 アフターサービス推進室資料および文部科学省　学校における医療的ケアの実施に関する検討会議　資料3「学校における医療的ケアへの対応について」平成29年）を基に筆者作成。

ケア児は2016（平成18）年には約1万人と推計されていたが、2018（平成30）年には約1.97万人と推計され、12年間で約2倍となっている（図8-13）。医療的ケア児の中でも、人工呼吸器を装着している児も急増しており、2005（平成17）年には264人であったが、2018（平成30）年には約4,100人と顕著に増加してい

図8-15　気管カニューレ，医療的ケア児

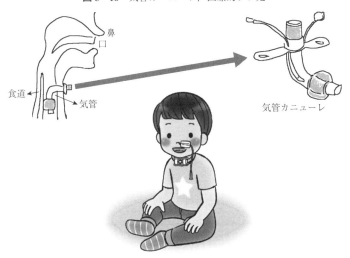

鼻
口
食道
気管
気管カニューレ

経管栄養のために，鼻からチューブ挿入（経鼻）気管切開し，
気管カニューレを挿入した医療的ケア児

出所：筆者作成。

る（図8-14）。このことは，かつてはあまり想定していなかった支援対象者が
急激に増加していることを意味し，医療的ケアを必要とする子どもとその家族
の支援において新たな課題が生じているのが現実である。

2）医療的ケア児

　医療的ケアを必要とする子どもには，生まれつきの先天性疾患や先天的障害
によるものと，後天的な疾病や事故の後遺症に伴う障害によって，医療的ケア
が日常的に必要となった子どもがいる。医療的ケアとは，在宅において生命維
持のために必要な医療にかかわる行為である。たとえば，人工呼吸器や気管切
開部の管理，喀痰吸引，経管栄養，導尿等である（表8-4）。日常生活を営む
ために必要な医療的ケアを要する子どものことを，近年「医療的ケア児」と称
すようになった（図8-15）。

　2016（平成28）年5月に「障害者の日常生活及び社会生活を総合的に支援す
るための法律及び児童福祉法の一部を改正する法律」において，児童福祉法第

56条の6第2項は「地方公共団体は，人工呼吸器を装着している障害児その他の日常生活を営むために医療を要する状態にある障害児が，その心身の状況に応じた適切な保健，医療，福祉その他の各関連分野の支援を受けられるよう，保健，医療，福祉その他の各関連分野の支援を行う機関との連絡調整を行うための体制の整備に関し，必要な措置を講ずるように努めなければならない」と改定された。「人工呼吸器を装着している障害児その他の日常生活を営むために医療を要する状態にある障害児」と医療的ケアを要する子どもにかかわる文言が初めて明文化された。したがって，「医療的ケア児」は，歴史が浅く新しい概念および用語であることがわかる。なお，医療的ケア児における，法律的・学術的に明確な定義はないが，本書においては法律に明記されている「日常生活を営むために医療を要する状態にある障害児」を定義とする。

3）医療的ケアと医行為（＝医療行為）の違い

医療的ケア児のケアを考えていく上で，「医療的ケア」と「医行為」の違いについて考える必要がある。例えば，気管切開をしている子どもであれば，どうしても痰を自力で喀出することが困難になるため，適切な処置をしないと痰が気管に詰まって窒息したり，肺に痰が貯留して肺炎を起こしたりする危険性がある。そのため，適宜，吸引器を使って溜まった痰を吸引することが必要となる（喀痰吸引）。また，胃ろうを造設している子どもであれば，胃に直接繋がるチューブを通じて栄養剤を注入しなければ，生命の維持に必要なエネルギーを摂取することができない（経管栄養）。糖尿病の子どもであれば，血糖測定やインスリン注射が必要になる。医療機関に入院している子どもであれば，医師や看護師などの医療職によって，これらの処置は医行為として行われる。「医行為（医療行為）」は，医師法第17条において「医師でなければ，医業をなしてはならない」とされ，原則として医師以外の者が医行為を行うことは法律的に禁止されている。ただし，医師以外の看護師であっても実施可能な医行為として，「診療の補助行為」がある。

しかし，子どもが医行為を必要とする状態で医療機関から退院後，普段の生活の場が自宅や通園施設へと移行した場合，絶えず医師や看護師がいる環境に

なることはない。その場合は，以前より特定の医行為については子どもの家族が入院中にケアの指導を看護師から受け，医行為を行うことが可能とされていた。そして，長年，医行為および診療の補助行為に該当する行為と該当しない行為が明確にされてこなかったことで，在宅や教育，福祉の現場で，医療的ケア児の受け入れやケアの提供に混乱をきたしてきた。そこで，様々な法解釈や法律改正を経て，医療機関以外の自宅や施設で，喀痰吸引や経管栄養等，特定の医行為を行うことについて，一定の研修等の要件を満たせば医療職以外が実施しても差し支えないと認定された。これら在宅や施設など日常生活の中で，看護師や家族などが行う特定の医行為は「医療的ケア」と称されている。医療的ケアは，「医行為および診療の補助行為に含まれる行為」と「一定の要因を満たせば医行為および診療の補助行為には含まれない行為」の両者を含むケアであるといえる。そのため，医療的ケアの中には，家族以外に看護師などが必要な場合と，医療職以外が実施可能な場合がある。子どもの支援にとって必要とされる医療的ケアの内容によって，必要な職種や整備すべき体制が異なるため，法整備が進みつつあるとはいえ，まだまだ課題が山積している状況である。

4）医療的ケア児の障害分類における問題

　医療的ケア児における障害の程度や内容は極めて幅広い。日常生活全般にわたって介助が必要な重症心身障害児もいれば，概ね日常生活が自立しており，四肢の運動障害（肢体不自由）や知的障害もなく，歩行や他者とのコミュニケーションにも大きな問題がなく，健常な子どもと同じように遊び，発達をしていく子どももいる。わが国における障害支援に関しては，「身体障害，知的障害，精神障害」の３障害を基本に法整備と支援制度が構築されてきた。したがって，従来の障害支援の中には，身体障害，知的障害，精神障害が軽度で，かつ日常的に医療が必要な人が想定されていない。そのため，障害としては軽度だが常に医療的ケアを要するという「医療的ケア児」の場合，支援対象の障害のいずれの分類にも属さず，制度の狭間に陥ってしまうことがある。

　一方，重症心身障害児とは，重度の肢体不自由と重度の知的障害が重複した障害の子どもであり，医学的診断名ではなく児童福祉法上において障害者福祉

表8-5　大島分類

21	22	23	24	25	70
20	13	14	15	16	50
19	12	7	8	9	35
18	11	6	3	4	20
17	10	5	2	1	0
走れる	歩ける	歩行障害	座れる	寝たきり	IQ

注：1・2・3・4の範囲が重症心身障害児，5・6・7・8・9
　　は重症心身障害児の定義にあてはまりにくいが，①絶えず医学
　　的管理下に置くべきもの，②障害の状態が進行的と思われるも
　　の，③合併症のあるものが多く，周辺児と呼ばれている。
出所：大島一良「重症心身障害の基本的問題」『公衆衛生』35(11)，
　　　1971年，4 -11頁。

表8-6　超重症児（者）・準超重症児（者）の判定基準

以下の各項目に規定する状態が6か月以上継続する場合に，それぞれのスコアを合算する
1．運動機能：座位まで（共通項目）
2．判定スコア

	スコア		スコア
① レスピレーター管理	＝10	⑦ IVH	＝10
② 気管内挿管，気管切開	＝ 8	⑧ 経口摂取（全介助）	＝ 3
③ 鼻咽頭エアウェイ	＝ 5	経管（経鼻・胃ろう含む）	＝ 5
④ 酸素吸入	＝ 5	⑨ 腸ろう・腸管栄養	＝ 8
⑤ 1回／時間以上の頻回の吸引	＝ 8	接続注入ポンプ使用（腸ろう・腸管	
6回／日以上の頻回の吸引	＝ 3	栄養時）	＝ 8
⑥ ネブライザー6回／日以上また継続		⑩ 手術・服薬にても改善しない過緊張	
使用	＝ 3	で発汗による更衣と姿勢修正を3回	
		／日以上	＝ 3
		⑪ 継続する透析（腹膜灌流を含む）	＝10
		⑫ 定期導尿（3／日以上）	＝ 5
		⑬ 人工肛門	＝ 5
		⑭ 体位交換6回／日以上	

運動機能が座位までであり，かつ，判定スコアの合計が**25点以上の場合を超重症児（者）**，**10点以上25点未満の場合を準超重症児（者）**

出所：鈴木康之ほか「超重症児の判定について――スコア改訂の試み」『日本重症心身障害学会誌』33
　　　（3），2008年，303-309頁。

図8-16　児童福祉法における医療的ケア児の概念整理

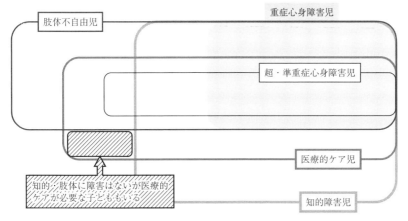

出所：厚生労働省　医療的ケア児に関する施策について「日本重症心身障害福祉協会　医療問題検
　　　討委員会報告（平成29年）一部改」資料，2020年。

サービス等の行政上の措置を行うためのカテゴリーである。国は細かい判定基
準を明示していないが，1971（昭和46）年に考案された判定方法「大島分類」
（表8-5）で判定することが一般的である。しかし，大島分類の考案時には，
医療機器を日常的に使用し医療的ケアを必要とする「医療的ケア児」という概
念がなかった。そのような子どもはほとんどいなかったということである。

　その後，医療技術の発展により，重症心身障害児の中に人工呼吸器管理を中
心とした高度な医療ケアを要する子どもに対する枠組みが必要となり，「超重
症児」「準超重症児」の判定スコアが障害判定の基準に導入された（表8-6）。
しかし，必要な医療ケアが気管切開や経管栄養のみの医療的ケア児の場合，日
常的に医療的ケアが必要である状態であるにもかかわらず，行政サービスにか
かわる障害の判定基準である「大島分類」や「超重症児」「準超重症児」にも
該当しないため，支援制度の対象にあたる障害分類の枠組みにあてはまらない。
気管切開や経管栄養のみの医療ケアであったとしても，常に医療と密接に関わ
りながら，福祉的な支援も必要な子どもと家族である。

　彼らは，支援にかかわる制度上の障害分類の枠外であるがゆえに支援を受け

ることが難しいが，日常生活を営むための壁は多く，抱えている負担は大きいのが現実である。医療的ケア児は，制度の狭間に陥りやすいため，制度上の支援が届いていないという現状があることを認識しなければならない（図8-16）。

5）在宅における家族の医療的ケアの現状

医療的ケア児の在宅における日常生活の中では，医療的ケアや健康管理等の看護については家族（主に母親）がその殆どを担っている。たとえば，人工呼吸器の管理，頻回な喀痰吸引等，ほぼ24時間365日の看護を家族が行っている。そのため，高度な医療的ケアを要する重症心身障害児の家族は，訪問看護などの支援がない時間帯は自宅から離れることができない。障害が軽度な医療的ケア児においても，その医療的ケアをできる人が限られていることから，どこに行くにも家族が付き添わなくてはならないという問題がある。

医療的ケア児の家族は，毎日の付き添いによる時間拘束により，慢性的な疲労や寝不足などの身体的負担だけでなく，行っている医療的ケアが命に直結することもあるという心理的負担，医療資材や通院などにかかる経済的負担もあり，身体的・精神的・経済的にも厳しい状況に置かれている。また，家族内において，きょうだいの養育や祖父母の介護などがある場合は，さらに負担の重積により家庭生活を苦しめることになる。

（3）医療的ケア児の子どもとしての育ちと QOL

小児医療の急速な進歩により，幼い子どものかけがえのない命の多くを救うことができるようになったという事実は喜ぶべきことである。一方で，病気の子どもの治療では，救命や病気の治癒に加えて，QOL の向上が重視されるようになってきた。その背景の一つとして，1989年の第44回国連総会において子ども自身の権利を保障する「児童の権利に関する条約」（以下，子どもの権利条約）が制定され，日本も1994年に批准したことが挙げられる。子どもの権利条約とは，18歳未満を「児童」と定義し，国際人権規約において定められている権利を児童についてあてはめ，児童の人権の尊重及び確保の観点から必要となる具体的な事項を規定したものである。子どもの権利条約における4つの大き

な柱が，①生きる権利，②育つ権利，③守られる権利，④参加する権利，である。これらの権利は，病気や障害のない健常な子どもに限らず，病気や障害を抱えた子どもたちも含め，すべての子どもに対して尊重されるべき権利であり，保障されることが必要なものである。その中には，保育・教育を受け育つ権利も含まれている。

「子どもの権利条約」が制定されて以降，医療における子どもの権利についての提言も各国でなされている。医療的ケア児も同様に，保育・教育を受ける権利がある。しかし，子どもの成長・発達の過程において，心を育み社会性を身につけていくなど育ちにかかわる保育・教育を受けることが困難な状況下にある。特に，医療的ケア児は，長期の入院生活や退院後の在宅など限られた環境の中で過ごしていることが多い。同年代の子どもたちに比べ，多様な環境に触れる機会や子ども同士の関わり，遊ぶ機会が少ないことから，社会経験も乏しく健全な発達が阻害されている恐れがある。このような状況にあるからこそ，医療的ケア児とその家族も，子どもの育ちに重要である保育・教育を受けることを権利として求めており，また保育や教育を受けることは QOL を保つためにも大切なことである。

（4）医療的ケア児の通園にかかわる園および施設の課題

前述の通り，子どもにはいかなる状況や状態においても保育や教育を受ける権利がある。そこで，医療的ケア児が保育や療育，教育を受けるために通園する幼稚園，保育所や施設についての受け入れの現状を知る必要がある。医療的ケアと医行為の項目にて説明した通りだが，基本的には医療的ケアを行うことができるのは，家族以外であれば医師や看護師が殆どである。

つまり，幼稚園，保育所などが医療的ケア児の受け入れを考える際には，子どもに必要な医療ケアを実施する看護師が常駐しているか否かが鍵となってくる。そのため，実際には医療的ケアを要する乳幼児が通所や通園できる施設は限られているのが現実である。たとえば，重症心身障害児を受け入れている障害児通所支援の医療型児童発達支援センターでは，医療的ケア児を受け入れて

いる。しかし，児童発達支援の施設においても，福祉型児童発達支援も多く，看護師が常駐していないことや受け入れ環境が整っていないために医療的ケアの実施を保障できず，結果的に医療的ケア児を受け入れることができていない。そのため，障害のある子どもを受け入れる児童発達支援の施設の中においても，通園できる施設が限定されている現状がある。

　また医療的ケア児の中でも，身体障害や知的障害がない，もしくは極めて軽度であるが，医療的ケアが必要な子どももいる。例えば，気管切開だけでカニューレ管理や喀痰吸引だけが必要な子どもや，胃ろうや経鼻からの経管栄養だけが必要な子どももいる。そのような子どもやその家族は，障害児支援を行う児童発達支援の施設ではなく，近隣の幼稚園や保育所に通園したいと希望することも多い。この場合も，看護師の常駐の問題で受け入れが困難となる。法的には，幼稚園・保育所ともに職員の配置基準に看護師の配置は義務化されてはいない。

　そのため，殆どの幼稚園は看護師が配置されておらず，根本的に医療的ケアを行うことができない。保育所においては，幼稚園以上に看護師配置を推進されているが，実際には看護師・保健師・准看護師のいずれかが常勤で配置されている保育所は全国でも約３割にしか及ばない。看護師が配置されている保育所においても施設環境が医療的ケアに対応できる体制が整っていないため，結果的に医療的ケア児を受け入れることは困難であると断わることが多い。

　したがって，医療的ケア児とその家族は，一般的な健常な子どもとその家族が希望する幼稚園や保育所の選択条件，すなわち，自宅から近隣であることやきょうだい・友人の有無等，に合う園への入園は困難である。医療的ケア児が保育所に入所するために，家族が多くの労力や困難を要している事例はいくつもある。

　たとえば，先天性の胃の疾患による障害のために経口での栄養摂取ができず，乳児期より鼻腔から胃へチューブを通して経管栄養を行っていた医療的ケア児の例がある。児は，経管栄養に関する医療的ケア以外，身体障害や知的障害などの障害を伴っていなかった。子どもが１歳になり，母親が育児休暇から仕事

に復帰するために保育所への入所を希望した。しかし，「乳幼児のチューブ管理は安全面等も含め支援体制がないため，園へ受け入れることはできない」と，ほとんどの保育所からは受け入れを拒否され，受け入れを検討された保育所でも「食事の時間には，毎日保護者の方が来園して経管栄養の注入を行ってもらえるのであれば受け入れる」など，家族側に重い負担の条件を提示されことから，1歳からの入園を断念したという。

　しかし，同様の医療的ケア児を養育している家族の中には，保育所側が求める条件や自宅から遠方である等の重い負担を背負う条件であるとしても，受け入れることも多々ある。なぜなら，子どもは保育所という環境下における子ども同士のかかわりや家族以外の保育者との出会いなど，社会の中でこそ培われていく育ちがある。また，家族にはそれぞれの生活があり，親自身の社会復帰のためにも受け入れざるを得ない場合もある。したがって，多少の負担を担う以上に子どもが保育所等へ入所できることは有益なことが多く，重要度も高いとの考えにより，保育所の要望を受け入れていることも少なくない。

（5）医療的ケア児とその家族の支援に向けて

　近年における医療的ケア児の増加によって引き起こされている新たな課題について解説してきたが，最後に，医療的ケア児と家族の支援に向けて，どのように制度の見直しや保育のあり方が求められるのかを考えていきたい。

1）法的な支援制度の見直し

　児童福祉法第56条の6第2項に，都道府県や市区町村に対する責務として，医療的ケア児への対応が明記された。しかし，この市町村における責務は努力義務とされているため，公的な支援制度は各自治体によって取り組みに大きな差異がある。そのため，転居により医療的ケア児とその家族が在住していた自治体を移動すると，これまで受けられていた公的サービスが受けられないなど，家族が困惑することもある。したがって，医療的ケア児と家族の支援のために必要とされる公的サービスについては，各自治体で支援の統一化が求められる。

　また前述した通り，国が定めている障害児に対する公的サービスの受給対象

の障害区分に，医療的ケア児が該当しないことがある。そのため，どの自治体においても公的サービスを受けることができないという課題がある。そのような子どもとその家族への支援のためには，医療的ケア児が公的支援の対象として含まれるように，従来の身体障害，知的障害，精神障害の３障害以外の障害をカバーできる障害区分の見直しが求められる。医療的ケア児に関しては，少しずつ認知され始めている領域であるとはいえるが，支援における現状の課題を踏まえ，国としての法的制度の見直しが期待される。

２）保育における医療的ケア児とその家族への支援の方向性

　医療的ケア児の育ちや家族への支援を行う上で，医療的ケア児に対する保育を再考していくことも必要不可欠である。健常な子ども同様に，全ての医療的ケア児が個々の状態に合わせて，分け隔てなく保育を受けることができる環境が望まれる。特に，通園が可能な医療的ケア児に関しては，医療的ケアへの対応が可能なように，看護師が常駐している保育所や幼保連携型子ども園などの通園施設の整備が求められる。

　また，子ども家庭福祉の役割として，障害児の保育や療育を担う児童発達支援の施設においては，看護師や医療的ケアに関する研修を受講した職員を配置することが必要である。すべての児童発達支援の施設において医療的ケア児を受け入れられる支援体制と環境整備が急がれる。また，軽度の障害で，日々の生活の中においては健常な子どもと同様に多くのことを一緒に行うことができるような医療的ケア児については，地域の中で保育を受けられることが保障される社会の仕組みが求められる。2017（平成29）年３月告示の保育所保育指針解説，幼保連携型認定こども園教育・保育要領解説では，医療的ケア児について「個別的な配慮を要する子どもへの対応」として下記のように明記されている。

　　【その他の医療的ケアを必要とする子どもへの対応】　医療技術の進歩等を背景として，新生児集中治療室（NICU）等に長期入院した後に，様々な医療的ケアを日常的に必要とする子どもが増えている。保育所の体制等を十分検討した上で医療的ケアを必要とする子どもを受け入れる場合には，

　主治医や嘱託医，看護師等と十分に協議するとともに，救急対応が可能である協力医療機関とも密接な連携を図る必要がある。医療的ケアは，その子どもの特性に応じて，内容や頻度が大きく異なることから，受け入れる保育所において，必要となる体制を整備するとともに，保護者の十分な理解を得るようにすることが必要である。また，市町村から看護師等の専門職による支援を受けるなどの体制を整えることも重要である。[21][22]

　医療的ケア児の増加に伴い，保育所や幼保連携型認定こども園においては指針に解説されているとおり，保育の受け入れ体制の整備が必要であることが認識されつつある。実際的には，地域の保育所等において，看護師の配置と医療的ケア児を受け入れることができる環境整備とともに，保育者に対して医療的ケア児の知識や技術を学ぶ研修が必須となる。

　これについては，厚生労働省より2019年に「保育所での医療的ケア児受け入れに関するガイドライン」も示されている。医療的ケア児が，居住している地域内で健常な子どもと同じように保育を受けられるようにしていくためには，常勤看護師の配置に限定せずに，医療的なケアに対応できる人材を幅広く養成していく支援体制の構築も望まれる。[23]

　ただし，保育所や施設へ通園が困難な重症心身障害児や超重症児・準超重症児という高度医療機器を使用している医療的ケア児もいることも忘れてはならない。障害が重度な医療ケア児に関しては，通園に限らず，子どもの状態に合わせた訪問保育や療育が必要となると考えられるが，これらの支援も十分に提供できる体制が整っているとは言えないのが現状である。したがって，これらの支援についても拡充が望まれる。また，子どもへの介護のために在宅で時間的拘束が強いられている家族への負担軽減への対応として，家族が一時的に休息をとることができるよう，医療型短期入所施設に医療的ケア児を短期間でも預けることができるレスパイト（短期入所）利用の整備を促進していくことも必要である。

　このように，多くの課題が山積している医療的ケア児と家族への支援を考えていくために，支援者は子どもと家族とともに多職種および多機関との連携を

図ることも必要である。その中で，まだ十分ではないが各自治体に連携や制度を家族への支援を円滑に行うためのリエゾン的役割を担う「医療的ケア児コーディネーター」が配置されてきているところもある。

　「医療的ケア児」の課題は，これからの保育の領域において，身近な問題と認識する必要がある。保育者は一人ひとりの子どもの育ちを保障する役割として，子どもとその家族の支援のために医療的ケア児の理解を深めていくことが求められている。今後，医療的ケア児への保育のニーズは高まっていくことを認識し，支援や保育のあり方について考えていくことが急務である。

5　子どもとグリーフケア

（1）愛する人の死

子どもの死──あなたの未来を失うこと

配偶者の死──あなたの現在を失うこと

親の死──あなたの過去を失うこと

友人の死──あなたの一部分を失うこと[24]

　愛する人の死は誰にとっても辛く悲しい体験である。この世に誕生した誰もが必ず死を迎えるという「死への存在」であるかぎり，自分が死を迎えるまでに，愛する人の数だけその死に出くわす可能性が生じる。たとえ子どもであっても，例外とはならない。

　愛する人の死の訪れは千差万別であり，長い闘病後の死のようにある程度予測できる場合もあれば，事故や災害などによる突然死のように不意に訪れる場合もある。しかしいずれの場合であっても，大人でも大きな悲しみや苦悩を伴うものであるから，子どもにとっては自分だけでは到底手に負えないものとなる。ここにケアの必要性が生じるのである。

1）子どもにとっての死別の意味

　死別するということは，単に愛する人を失うということに留まるものではない。これに加えて，「愛する人のいない世界をこれから生きていかなくてはな

らない」ということが必然的に含意される。愛する人との死別は，これまでの自分の生活を一変させるものとなりえる。生きていく上で親の養育を必要とする子どもにとって，死別は人格形成にも影響を与えることもあり，大人とは異なった独自の意味合いを帯びることになる。

　子どもが死別と向き合うのは家庭という環境においてであるゆえに，子どもにおける死別を考える際には，子どもだけを対象にするのではなく，親や家庭についても視野に捉えながら，これらが一緒に考慮されなくてはならない。

　①　生存への不安

　愛する人の死の中でも，特に親の死は子どもにとって大きな影響を与えるものであり，特別なものとなる。なぜなら，子どもは生活のすべてを親に依存しているからである。死別によって生活を支えてきた身近な存在を失うということは，自らの生活基盤を損なうことでもあり，「これからどうなってしまうのだろう」，「生活していけるのだろうか」という不安が，意識的もしくは無意識的に子どもを襲う。これはさらなる死への不安（持続的不安）を子どもに呼び起こしうる。

　たとえば，5歳のときに父親をガンで亡くした知恵ちゃんは，「時々，『つかれた』という言葉をきくと，すごく心配になります。お母さんも死んだらどうしようといつも思います」と綴り，小学生になっても不安を抱えている。

　そしてまた，「親と同様に自分も死ぬのではないか」という不安が生じたり，亡くなった親のもとに行くために「死にたい」と願う子どももいる（再会への希望：死の願望）。たとえば，震災で両親を失った小学生のある女の子は，風邪をひいて訪れた病院の医師に，「パパとママのところに行くから，治らなくてもいい」と発言している。

　②　2つの死

　聖職者でグリーフケアの専門家であるE. A. グロルマンが，「愛する人が死んだ時，子どもは『二人の人の死』を体験します。一人はすでに亡くなった人であり，もう一人は，悲しみにくれて子どもの気持ちがわからなくなっている親なのです」と述べているように，もし死別の悲しみの中で助けを必要として

いる子どもに対して，親が十分なケアを提供できなければ，子どもは一人で放置されてしまうことになる。

　親を亡くした場合には，亡くなった親の役割を担うのは大抵もう一方の親であるため，子どもへのケアが手薄になってしまう。その結果，実質的に子どもは２人の親の存在を失うことになってしまうのである。以下は，外資系保険会社の日本支社長であった父をガンで亡くしたスティーブ（当時13歳）の体験である。

　　　「母は生活の糧を得るために，東京へ仕事に出かけるようになった。家にもどるのは夜遅くなり，子どもが学校から帰っても，迎えてくれる母はいなくなってしまった。母も奪われ，父が死んでしまったことで，片親がいなくなったばかりでなく，子どもにとっては両親ともにいなくなってしまったのである。[28]」

2）対象喪失

　愛する人との死別は，自分が自分でいられないほどの大きな悲しみや苦悩を引き起こすものである。これらの源泉にあるのは，愛情を抱く対象や依存する対象を失うということ，すなわち対象喪失である。なお，精神分析学者である小此木啓吾は，「愛情や依存の対象を，その死によって，あるいは生き別れによって失う体験を，対象喪失という[29]」と，定義している。

　対象喪失における対象は，人に限られるものではなく，物や環境やイメージなどの物的対象や概念にも当てはまる。児童精神医学の専門家である森省二は，喪失する対象を次の５つに分類している。[30]

　　　第１群：親密感や一体感を抱いていた「人物」の喪失

　　　第２群：かわいがっていた「動物」や使いなじんでいた「物」の喪失

　　　第３群：慣れ親しんだ「環境」の喪失

　　　第４群：自分の身体の一部分の喪失

　　　第５群：目標や自分の描くイメージの喪失

　①　乳幼児における対象喪失反応の３段階

　乳幼児は母親から引き離されると激しく泣き叫ぶ。なぜなら，それまでいつ

でも一緒だった依存対象を失って大きな不安に襲われるからである。たとえば，保育の現場においても，最初に預けられるときに乳幼児が大泣きするのは，よく見受けられる光景である。

このような乳幼児の反応に関して，イギリスの精神科医で精神分析学者でもある J. ボウルビィは，自らの愛着理論に基づいた研究調査を通して，母親からの離別に関する乳幼児（生後6カ月から3歳くらいまで）の反応を3段階に定式化した。[31] これを端的にまとめると以下のようになる。

　　第1段階：抵抗（protest）

　　　　　　…激しく泣き叫び，母親を必死に探し求める。

　　第2段階：絶望（despair）

　　　　　　…次第に叫び声も減少し，無感動で内閉的となって一言も発しない。

　　第3段階：脱愛着（detachment）

　　　　　　…母親との再会において，愛着行動を一切示さない。

②　対象喪失としての悲嘆（グリーフ）

前述したように，対象喪失における対象には5つのカテゴリーが考えられるのだが，愛する人との死別は永遠に取り戻せないことであり，まさに対象喪失の最たるものである。したがって，死別による対象喪失やそれに伴う反応は，他の対象喪失とは区別して論じる必要がある。

アメリカの心理学者である J. W. ウォーデンは，「『悲嘆』という単語を，愛する人と死に別れた人の経験として使用する」[32] と定義づけているのであるが，本節でもこれにしたがって死別による愛着対象の喪失を，他の対象喪失とは区別して，悲嘆（グリーフ）として位置づけることにする。

（2）グリーフケアとは何か

グリーフケア（grief care）とは，文字通りグリーフに対するケアのことである。これは愛する人を亡くした遺族へのケアと言い換えてもよいだろう。わが国ではグリーフケアという表現が定着しているが，英語ではビリーブメントケ

ア（bereavement care）という表現が一般的である。

　人間はグリーフ（悲嘆）を体験すると，大きな悲しみに包まれ，特徴的な様々な反応が現れる。これをグリーフ反応（悲嘆反応）と呼ぶ。

　グリーフは病気でも異常な反応でもなく，愛する人と死別したときの誰にでも現れる正常な反応である。とても辛いことであるが，グリーフを乗り越えるためには，グリーフに向き合い，グリーフ反応に適切に対処しながら，グリーフ・プロセス（悲嘆の過程）を辿るグリーフ・ワーク（悲嘆の作業，もしくは喪の仕事）を行うことが不可欠となる。

1）グリーフの語源と意味

　グリーフ（grief）は一般的に「悲嘆」と訳され，その語源はラテン語のgravis（重い）／gravāre（重荷を負わす）に由来する。したがって，グリーフとは「単なる悲しみ」を意味するのではなく，「愛する人と死別したことによって生じる特別な重苦しい悲しみ」を意味することとなる。

　日本グリーフケア協会では，「故人を思慕する気持ち」と「死別の現実に対応しようとする努力」という2つの思いの間で揺れ動いて不安定な状態となることを，グリーフと紹介している。

2）グリーフ反応とその特徴

　グリーフ反応は人によって様々な反応として表れうるが，日本グリーフケア協会によれば，その反応は主として以下の3つの反応に大きく分けられる。

　1つ目は心（精神）的反応である。これは長期にわたる「思慕」の情を核にして，感情の麻痺，怒り，孤独，寂しさ，やるせなさ，罪悪感，自責感，無力感などが症状として表れる。

　2つ目は身体的反応である。睡眠障害，食欲障害，体力低下，疲労感，血圧上昇，白髪の増加，自律神経失調症などの症状が表れる。

　3つ目は日常生活や行動の変化である。ぼんやりする，涙があふれてくる，反応性の「うつ」により引きこもる，落ち着きがなくなる，故人の所有物やゆかりのものを一時的に回避しつつも，時が経つにつれてそれを愛おしむ，などの行動が表れる。

「死別の悲しみ（グリーフ）は時間が解決してくれる」とよく言われるが，グリーフ反応はどのくらい続くのであろうか。日本グリーフケア協会の会長である宮林幸江は，遺族340人を対象（分析対象272人）にした自身の研究調査から，日本人の悲嘆反応は，4.6年であることを明らかにした。[34]

また，死因別の死別反応の強度については，同じく宮林らによって近親者を亡くした428人の遺族（分析対象178人）を対象とした研究調査が行われている。[35]その結果，自殺が最も遺族への影響が大きく，次いで事故死，その次に急性死，そして病死の順であることが明らかにされた。

3）グリーフ論

グリーフが研究対象として最初に取り上げられたのは，精神分析の創始者であるS.フロイトの「喪とメランコリー」（1917年）という論文においてであった。彼の影響を受けて，精神分析学者や精神科医によって面接調査や研究が進められ，いくつかの古典的学説が提唱された。そしてその後は，主に心理学者によっていくつかの新しい学説が提唱されている。以下，前者と後者の代表的な学説を一つずつ挙げることにする。

①　悲哀の4段階説

精神科医によって唱えられた古典的な学説が，ボウルビィの「悲哀の4段階説」[36]（図8-17参照）である。近親者を失った遺族の反応の観察や先行調査研究に基づいて，死別した人が辿る悲嘆の一連のプロセスを，彼は以下の4段階に定式化した。

第1段階：無感覚…茫然として，死を受け入れられない状態
第2段階：思慕…失った人物を探求しつつも叶えられずに怒りが生じる状態
第3段階：混乱と絶望…喪失を受止めて過去を諦めることによる抑うつ状態
第4段階：再建…死別後の新しい役割を見出して現実化していく状態

②　意味の再構成説

心理学者によって唱えられた新しいグリーフ論の一つが，アメリカの心理学者R.A.ニーメヤーの「意味の再構成説」[37]である。従来のグリーフ論が画一的で固定的な段階論に基づいており，痛みを必要以上に凝視し，過去から遠ざか

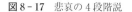

図8-17 悲哀の4段階説

再建の段階

混乱と絶望の段階

思慕の段階

無感覚の段階

出所：筆者作成。

図8-18 ニーメヤーのフェーズ論

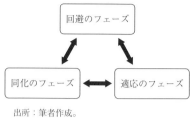

回避のフェーズ

同化のフェーズ　　適応のフェーズ

出所：筆者作成。

ることを主導していると，彼は批判する。

　これに対して，むしろ死別がもたらす能動的な側面やプラス面に目を向け，「グリーフ行為における中心的なプロセスは，意味の世界の再構成である」と，彼は主張する。これは，死別が単に悲しみや痛みを呼び起こすだけものではなく，死者と象徴的な絆を結ぶ契機であり，新たな自分を見出す契機であると捉えるということなのである。

　彼は従来の階段式の段階論に代わり，円環式のフェーズ（局面）論（図8-18参照）を対置させる。フェーズには以下の3局面があり，その時々のグリーフの状態に応じて柔軟にお互いを行き来しながら，次第にグリーフから立ち直っていくのである。

　　回避のフェーズ：現実の認識を拒否している状態
　　同化のフェーズ：喪失の現実を受容した抑うつ状態
　　適応のフェーズ：故人の死を容認して徐々に前進する状態

（3）子どもへのグリーフケア

　ケアという言葉は日常生活においても頻繁に用いられているのだが，それを適切に行おうとすると，実はとても難しいことに気づく。なぜなら，ケアをしすぎると，相手の主体性を奪って依存度を高めてしまうことになり，逆にケアが足りないと，有効な助けとならずに相手を放置することになってしまうから

である。

　子どもへのグリーフケアにあたっては，グリーフを抱える子どもの繊細な心と向き合うことになるため，子どもの特徴を考慮した上で，その子どもに相応しい適切さを見極めたケアを行わなくてはならない。

1）ケアをする上で必要なこと

①　正しく伝えること

　病や死と向き合うことは，大人であっても大きな負担を強いられることなので，これらは子どもから遠ざけられがちである。子どもは何もわからない場合でも，成人のようにいろいろと質問できる立場におかれていないので，自分が得ることができた情報から誤った推測をしたり，自分が見た出来事や立ち聞きした話を誤解したりしがちである。

　芸術療法の専門家であり，自身も遺児である半田結は，子どもの絵画療法に携わりながら，親が闘病中の子どもが置かれた状況を以下のように記している。

　　「子どもが闘病中の親の病気──ガン──についてはっきりと説明されることは，多くはない。特に小さければ小さいほど，子どもにショックを与えたくない，話したとしても理解できないだろうといったような理由から，病気からは遠ざけられがちである。しかし，病気について知っていても知らなくても，子どものなかで病気のイメージは勝手に形作られ，膨らんでいく。断片的なおとなの言葉を組み合わせ，現実以上に普遍化したり，無関係の出来事までをも病気に結びつけたりしてしまうこともある[38]。」

　後述するが，子どもは子どもなりに死を理解し，その小さな胸で必死にグリーフを受けとめようとしている。それは辛い作業に他ならないが，真実が知らされずにその機会を失ってしまえば，自らのグリーフワークに取り組むことができず，いつまでもグリーフが心の中にくすぶり続け，人格形成や成長に悪影響を及ぼしかねない。

　児童の権利に関する条約第12条1では，「締約国は，自己の意見を形成する能力のある児童がその児童に影響を及ぼすすべての事項について自由に自己の意見を表明する権利を確保する。この場合において，児童の意見は，その児童

の年齢及び成熟度に従って相応に考慮されるものとする。」と謳われており，その前提をなすのが「知らされること（適切な情報提供）」である。なぜなら，そもそも知らなくては何も考えることができず，自由な表現や意思表明の機会が奪われてしまうからである。また，児童福祉法第2条で記されている「全ての国民は，児童が良好な環境において生まれ，かつ，社会のあらゆる分野において，児童の年齢及び発達の程度に応じて，その意見が尊重され，その最善の利益が優先して考慮され，心身ともに健やかに育成されるよう努めなければならない。」にしても，同様である。

　確かに子どもを傷つけないという配慮は欠かせないが，これらを踏まえた上で，「子どもが求める権利（能動的権利）」を守ることによって，子どもの主体性を尊重することが何より大切である。そのためにも，子どもの理解度に応じた死についての適切な説明がなされるべきであり，このことが子どもへのグリーフケアとなる。

　②　寄り添うこと

　ウォーデンによる「ハーバード子ども死別研究[39]」の結果の一つとして，「親が亡くなると，子どもが必要とするものは，サポート，愛と慈しみ，関わりの継続である」ということが記されている。「子どもが悲嘆の営みをうまくやるには，大人の一貫した守りが必要である。子どものニーズを満たせるように，悲しみを表現できるように変わらない態度で傍らにいること」が求められるのである。

　グリーフの最中にある子どもにおいて，退行現象（赤ちゃん返り）が見られることがあるが，その根底には不安がある。保育士で子育てアドバイザーでもある須賀義一は，現場の経験を踏まえ，乳幼児について次のように記している。

　　　「人間の子どもというのは，他の生物に比べて圧倒的に未熟な状態で生まれてきます。それは大人の保護を前提として生まれてくるということです。それゆえに子どもには大人の保護を求める強い欲求というものがあります。自分が十分に保護されていないと子どもが感じるとき，子どもは安心・安定した状態ではいられなくなります[40]。」

　大切なのは，子どもから死を隠したり取り除くことではなく，共に悲しみ，共に語り合い，寄り添うことである。子どもに安心できる環境を提供することによって，子どもは「泣いてもいいんだ」と，自分の感情を素直に出せるようになり，グリーフワークを正しく行うことが可能となるのである。

2）子どもの死の理解の特徴

①　罪　悪　感

　多くの子どもに見られることであるが，子どもは自分と相手との区別が曖昧であり，大切な人の死を自分と結びつけて理解してしまうことが多いので，親の死は自分のせいであるという罪悪感を抱いてしまいがちである。以下は，当時小学校四年生だった美恵子ちゃんの事例である。[41]

　病室に人がたくさんいて恥ずかしかったので，闘病中の父に「がんばって」と言えず，「明日言おう」と思っていたが，その夜に父が急逝してしまった。それ以来，彼女は，「もしもあのとき，私が『お父さん，がんばって』とひとこと言っていたら」と後悔し，自分を責め続けている。

②　親へのいたわり

　子どもには「親を悲しませたくない」という思いがあり，それは自分がグリーフの最中で深く傷ついている場合でも変わることがない。5歳のときに父親をガンで亡くした小学校一年生のたかしくんは，葬儀の夜に自分が泣いている姿に涙を流す母親の様子をみて，「ぼくはもうなかないよ。だって，ぼくがなくと，おかあさんもなくからね」と綴っている。親を悲しませないために，子どもは自分の悲しみを封印しうるのである。[42]

　子どもは親の気持ちに敏感であり，親の思いに同調する。故人や死について尋ねることを親が嫌がっていることを感じ取ると，子どもはそのことをもう質問しなくなるのである。

③　同　一　化

　故人への思慕の思いが強いと，同一化と呼ばれる行動をとることがある。これは，「思慕の情があまりはげしいために，失った対象を失うまいとし，心の中で保持しようとするあまり，しばしばわれわれはその失った対象そのものに，

自分自身がなってしまう。死んだ人物に完全になりかわってしまうことで，悲哀の苦痛も思慕の情も，克服してしまう[43]」ということである。以下に挙げるのは，大好きだった兄を亡くした美弥子さんの事例[44]である。

　美弥子さんは，15歳のときに大学生になった兄を事故で失った。兄の無念を思ううちに，兄の魂が自分の中に入り込むのを感じ，兄の思いを叶えようと自分も同じ大学に入学し，兄の残したノートを頼りに，兄が受講したと思われる講義を受講した。卒業後も，この大学にいれば兄が喜ぶと思い，この大学の職員採用試験を受けて，12年間職員として働いたのだった。

　④　サイレント・グリーフ

　自死は遺族にとって最も大きなグリーフとなるということは，前述した通りだが，自死遺族の苦悩を深めるのは，それを語ることができないことにある。これをサイレント・グリーフ[45]と呼ぶ。

　父が自死したある男の子は，「父を忘れ，考えないことが，唯一の生きる術だったのです[46]」と綴っているように，家族が自死した子どもたちは，悲しみを抑圧し，沈黙を強いられる。このような状況では，故人や死と向き合うことができないので，グリーフワークを行うこともままならないのである。

　このような場合のグリーフケアとしては，自らの思いを安心して語り合えるように，同じような体験をした者どうしによる自助グループ（セルフ・ヘルプ・グループ）などの参加が効果的である。

　3）年齢による死の理解とそのケア

　子どもが死をどう理解しているかということは，子どもの理解度や成熟度によって異なってくるが，その違いを全体的に把握するには，年齢による区別が分かりやすい。子どもの死の理解については，ハンガリーの心理学者であるM. ナジによる1948年の古典的な論文[47]が有名であるが，これを今の日本の現状にそのまま当てはめることは相応しくない。そこでここでは，心理学者であり，心理カウンセラーでもある村上純子の示唆に富んだ論文[48]に依拠して，年齢別の子どもの死の理解とそのケアについて，以下にまとめていく。

①　2歳未満

　2歳未満の子どもは死の意味を理解していないが，言葉以外の態度や雰囲気には敏感で，「いつもと違う」ということを察知する。具体的には，ミルクを飲まなくなったり，泣きやまない，下痢をするなどの反応を見せることがある。

　この時期の子どもたちへのグリーフケアとしては，死が理解できないからと放っておくのではなく，できるだけ安心できる場所を確保し，言葉かけや接し方に気をつけることがポイントとなる。

②　2歳から5歳

　死を元に戻るものとして，眠りと同じような感覚で捉えており，死が永遠に続くことを理解できない。

　この時期の子どもたちへのグリーフケアとしては，「死ぬこと」と「生きていること」の違いを分かりやすい言葉で説明するのがよい。その際に，「現実世界ではゲームのように死んだ人が生き返ることがない」とはっきり伝えるようにする。この時期の特徴として，死と関係のないことを勝手に結びつけて理解してしまったり，「見捨てられる」という恐怖を死と結びつけやすい，ということが挙げられる。

　死と関係のないことを勝手に結びつけてしまうということに対しては，前にも触れたように，正しい説明をして誤解を解くことや，親の死は子どもの責任ではないことなどを，しっかり伝える。

　「見捨てられるという恐怖」に関しては，子どもは自分の気持ちを的確に表現できる言語能力をまだ持ち合わせていないので，遊びや絵，行動などを通じて自分の気持ちを表現できるようにサポートする。すなわち，遊びやおしゃべりなどの機会を確保し，子どもが子どもらしくいられるように心がけることが重要である。

③　5歳から9歳

　死が永遠に続くものだと理解しはじめるが，死が自分や両親も含めて必ず誰にでも訪れるということはまだ理解できない。死を「死神」や「ガイコツ」などのように擬人化して捉えることも多い。この時期の子どもたちは特に傷つき

やすく，死についての理解が進む一方で，その対処法がわからず，自分の身を守ることができないので，わざとふざけたりすることもある。

このような子どもたちへのグリーフケアとしては，簡潔に率直に事実を伝えることが一番の助けとなる。そして，子どもの様々な感情を否定せずに受け止めることが大切である。攻撃的な絵を描いたり，人形を叩いたり，乱暴な遊びで感情を表現することもあるので，それに付き合いながら，いろいろな故人との思い出話をすることがよい。それによって子どもの気持ちが整理される。

④　児　童　期

死は自分にも親にも訪れることを理解し始める。死の理解が現実的なものに近づくのであるが，「悪いことをした罰」として死を捉えたり，死に対して罪悪感を抱きやすい。また，「生まれかわり思想」を持つ子どもが多くなる。自我が芽生えるとともに，周りを気にして引きこもったり，孤立したり，感情をうまくコントロールできないこともある。

この時期の子どもへのグリーフケアとしては，死の概念が獲得されたからこその死への嫌悪感や恐怖感や不安感が強くなると同時に，死を罰と捉えたりするような未熟さもまだ合わせ持っているので，自分の気持ちを素直に表現できるようにし，故人の死を悼むことができるような周囲の支えが必要になる。

以上，子どもの死の理解とそのグリーフケアについて述べてきたが，子どもへのグリーフケアを考える際には，子どものみを対象としたケアだけでは十分なケアとはなりえないということを忘れてはならない。たとえ子どもが元気になっても，親が元気にならなければ，家庭は望ましい環境とはなりえない。子どもを養育する親（保護者）もまた家族と死別した当事者であることを考慮すべきである。

保育士として親にできることは限られるが，「私たちが子どもをしっかりサポートする」と伝えて安心してもらうことや，親の声に耳を傾け，お茶の時間を演出して寄り添うことは難しいことではないだろう。

子どものグリーフケアにおいては，子どもに対する直接のケアはもちろんの

こと，その子どもを養育する親（保護者）へのケア，そして両者の居場所とし
ての家庭へのケアという視点，すなわち子ども家庭福祉という視点が求められ
る。

注

⑴　日本学校保健会『就学時の健康診断マニュアル　平成29年度改訂』日本学校保健会，
　　2018年，18-19頁。
⑵　アスペ・エルデの会「巡回支援専門員による効果的な子育て支援プログラムに関す
　　る調査とその普及」（厚生労働省平成29年度障害者総合福祉推進事業報告書）2018年。
⑶　Silva, P.　& Stanton, W. *From Child to Adult: The Dunedin Multidisciplinary
　　Health and Development Study*, Oxford University Press, 1996.（＝2010年，酒井厚訳
　　『ダニーディン子どもの健康と発達に関する長期追跡研究──ニュージーランドの
　　1000人・20年にわたる調査から』明石書店。)
⑷　富田拓『非行と反抗がおさえられない子どもたち──生物・心理・社会モデルから
　　見る素行症・反抗挑発症の子へのアプローチ』合同出版，2017年。
⑸　『旧約聖書』士師記，13-4 。
⑹　Warner, R. H. & H. L. Rosett "The Effects Survey of American and British
　　Literature" *Journal of Studies Alcohol* 36, 1975. p. 1396.
⑺　Streissguth, A. *FETAL ALCOHOL SYNDROME*, Paul H. Brookes, 1992. pp. 3-4.
⑻　INSTITUTE of MEDICINE (IOM), *FETAL ALCOHOL SYNDROME*. 1996.
⑼　ヒダントイン系てんかん薬による症候群（Fetal hydantoin syndrome Centers for
　　Disease Control and Prevention〔CDC〕）
⑽　Streissguth op. cit., p. 10.
⑾　Carson, R. *Silent Spring*, Houghton Miffin, 1962.
⑿　『水俣病略年表』（水俣病裁判全史別冊）日本評論社，2001年，49頁。
⒀　カーソン，レイチェル／青木簗一訳『沈黙の春』新潮社，2001年，41頁。
⒁　Centers for Disease Control and Prevention (CDC), op. cit., p. 1.
⒂　国立武蔵療養所神経センター疾病研究第二部「わが国における胎児性アルコール症
　　候群」『日本医事新報』1979年。
⒃　当時久里浜アルコール症センター精神科医師で，他に「多彩な精神・神経症状を呈
　　した大人になった FAS（胎児性アルコール症候群)」『日本アルコール・薬物医学学会
　　誌』39（5 ）, Vol. 37, 2004年，474-481頁。
⒄　Breaking the Cycle（York University, Toront.）*The Use of DC: 0 -3R.Diagnostic
　　System in Alcohol-Exposed Children*, 2008.

⒅　総務省「平成25年度統計法施行状況に関する審議結果報告書（未諮問基幹統計確認
　　関連分）資料編」2015年。

⒆　平成29年度厚生労働科学研究費補助金障害者政策総合研究事業「『医療的ケア児に
　　対する実態調査と医療・福祉・保健・教育等の連携に関する研究（田村班)』報告」
　　2018年。

⒇　全国保育協議会「全国保育協議会会員の実態調査　報告書2016」2018年。

㉑　厚生労働省『保育所保育指針解説』2018年。

㉒　内閣府『幼保連携型認定こども園教育・保育要領解説』2018年。

㉓　厚生労働省『保育所での医療的ケア児受け入れに関するガイドライン』2019年。

㉔　若林一美『デス・スタディ——死別の悲しみとともに生きるとき』日本看護協会出
　　版会，1989年，１頁。この言葉はE.A.グロルマンの言葉の引用である。グロルマンの
　　言葉を正確に記すと，「子どもが亡くなるときあなたは未来を失う，配偶者が亡くな
　　るときあなたは現在を失う，親が亡くなるときあなたは過去を失う，友が亡くなると
　　きあなたは自分の一部を失う」ということである（Grollman, E. A. *What Helped Me
　　When My Loved One Died*, Beacon Press, 1981.)。

㉕　副田義也監修，あしなが育英会編『お父さんがいるって嘘ついた——ガン・闘病か
　　ら死まで，遺族たちの心の叫び』廣済堂出版，1997年，25頁。

㉖　副田義也監修，あしなが育英会編『黒い虹——阪神大震災遺児たちの一年』廣済堂
　　出版，1996年，214頁。

㉗　E. A. グロルマン／松田敬一訳『新版 愛する人を亡くした時』春秋社，2011年，
　　27-28頁。

㉘　若林，前掲書，143頁。

㉙　小此木啓吾「対象喪失とモーニング・ワーク」松井豊編『悲嘆の心理』サイエンス
　　社，1997年，115頁。

㉚　森省二『子どもの対象喪失——その悲しみの世界』創元社，1990年，５-８頁。

㉛　乳幼児の母親との離別反応の３段階については，以下からまとめたものである。
　　J.ボウルビィ／黒田実郎ほか訳『新版 母子関係の理論　Ⅱ分離不安』岩崎学術出版社，
　　1991年，３-35頁。J.ボウルビィ／黒田実郎ほか訳『母子関係の理論　Ⅲ対象喪失』岩
　　崎学術出版社，1981年，３-20頁。

㉜　J. W. ウォーデン／山本力監訳『悲嘆カウンセリング』誠信書房，2011年，16頁。

㉝　一般社団法人日本グリーフケア協会のHPは以下の通り。https://www.grief-care.
　　org（2020.11.20現在）

㉞　宮林幸江「悲嘆反応に関する基礎的研究——死別悲嘆の下部構造の明確化とそのケ
　　ア」『お茶の水醫學雜誌』51(3・4），2003年，51-69頁。

㉟　宮林幸江・安田仁「死因の相違が遺族の健康・抑うつ・悲嘆反応に及ぼす影響」

『日本公衛誌』55（3），2008年，139-146頁。

㊱　J.ボウルビィ／黒田実郎ほか訳『母子関係の理論　Ⅲ対象喪失』岩崎学術出版社，1981年，91-103頁。

㊲　R.A.ニーメヤー／鈴木剛子訳『〈大切なもの〉を失ったあなたに──喪失をのりこえるガイド』春秋社，2015年。

㊳　あしなが育英会編，前掲（25），115頁。

㊴　「ハーバード子ども死別研究」とは，ウォーデンらが行った2年間の追跡調査であり，その対象は親と死別した125人の学齢期にある子どもたちである（ウォーデン，前掲書，245-250頁）。

㊵　須賀義一『保育士おとーちゃんの「叱らなくていい子育て」』PHP研究所，2015年，92頁。

㊶　あしなが育英会編，前掲（25），48-49頁。

㊷　同前書，16-17頁。

㊸　小此木啓吾『対象喪失──悲しむということ』中央公論新社，2011年，67頁。

㊹　若林，前掲書，147-154頁。

㊺　西田正弘・高橋聡美『死別を体験した子どもによりそう──沈黙と「あのね」の間で』梨の木舎，2013年，8-10頁。なお，「サイレント・グリーフ」という語は出てこないが，以下の論文では，自死遺族の「語れない悲しみ」について，筆者の体験も交えて詳述されている。有末賢「語りにくいこと──自死遺族たちの声」『日本オーラル・ヒストリー研究』9，2013年，36-46頁。

㊻　自死遺児編集委員会・あしなが育英会編『自殺って言えなかった。』サンマーク出版，2002年，39頁。

㊼　M.ナジは，子どもの死の理解について，自らの面接調査によって3つのグループ（5歳未満，5歳〜9歳，9歳以上）に分けて述べている。これについては，以下の拙論に端的に紹介してある。小館貴幸「終末期ケアと子どもの関わり」井元真澄・坂本健編著『実践に活かす社会福祉』ミネルヴァ書房，2020年，159頁。

㊽　村上純子「親を亡くした子どもの死の理解」平山正実編著『死別の悲しみに寄り添う』聖学院大学出版会，2008年，129-154頁。

<table>
<tr><td>第9章</td><td>社会構造を要因とするニーズへの支援と
課題</td></tr>
</table>

1 ひとり親家庭の子どもとその家庭

（1）ひとり親家庭の定義と生活状況

1）ひとり親家庭の定義と記載方法

　ひとり親家庭とは，母親または父親のいずれかの親と，満20歳未満の児童がいる家庭のことである。日本はこれまで，「戸籍」において婚姻手続きをした夫婦を社会保障の対象とする傾向があった。しかし，昨今は，戸籍婚姻によらない世帯（非婚世帯，同居世帯）や，外国籍世帯の増加から，様々な背景を持つ家庭が増えてきている。

　今後，様々な家族のスタイルの世帯が増えていく可能性がある中で，調査報告書等による現状把握には限界があるかもしれないが，現段階においての状況をなるべく客観的に記すため，国等の調査に基づいた現状を記載する。また，家族が生活を共にする集団を表す場合を「家庭」とし，調査などにより生計をともにしている人達の単位のことを「世帯」が使われることが多いが，ここでは，報告書や調査等に基づいた記述を行うため，その資料の記載に基づき，必要に応じて「ひとり親家庭」「ひとり親世帯」の両方の記載をすることをあらかじめご了承いただきたい。

2）母子・父子家庭の世帯数・家族構成・困り事

　厚生労働省の「平成28年度全国ひとり親世帯等調査」によると，ひとり親家庭の総数は141.9万世帯であり，そのうち，母子のみにより構成される母子世帯数は123.2万世帯（全体の86.8％），父子のみにより構成される父子世帯数は18.7万世帯（全体の13.2％）である。ひとり親世帯の量的動向としては，1993

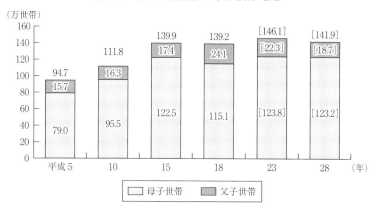

図9-1　母子世帯数及び父子世帯数の推移

（万世帯）

注：(1)　平成23年以前は，厚生労働省「全国母子世帯等調査」，28年は厚生労働省「全国ひ
　　　　とり親世帯等調査」より作成。
　　(2)　各年11月1日現在。
　　(3)　母子（父子）世帯は，父（又は母）のいない児童（満20歳未満の子供であって，未
　　　　婚のもの）がその母（又は父）によって養育されている世帯。母子又は父子以外の同
　　　　居者がいる世帯を含む。
　　(4)　平成23年値は，岩手県，宮城県及び福島県を除く。28年値は，熊本県を除く。
出所：内閣府男女共同参画局『男女共同参画白書　令和元年度版』2018年，140頁。

（平成5）年度と比較すると増加しているが，2003（平成15）年度から2016（平
成28）年度までの13年間ではおおむね同水準で推移している[(1)]（図9-1）。

　また，前述の「平成28年度全国ひとり親世帯等調査」の「ひとり親になった
理由別構成割合の推移」によると，母子世帯になった理由は「生別」が91.1％
であり，その内訳としては，「離婚」が79.5％と最も多く，次いで「未婚の母」
8.7％となっている。父子世帯になった理由は，「死別」19.0％，「生別」が
80.0％である。「生別」の内訳としては，「離婚」が75.6％と最も多い[(2)]。

　さらに同調査によると，ひとり親家庭になった時の親の年齢は，母子家庭の
母の平均年齢は33.8歳，父子家庭の父の平均年齢は39.3歳である。また，ひと
り親家庭になった時の末子の平均年齢は，母子世帯で4.4歳，父子世帯で6.5歳
であった[(3)]。

　「令和元年（2019）人口動態統計（確定数）の概況」によると離婚件数は，20
万8,496組である。離婚件数は2003（平成15）年度をピークにやや減少している

ものの，婚姻件数が減少傾向の中，子どものいる世帯のひとり親家庭の割合は増加傾向となっている[4]。

　このように，子どもの成長期の多感な頃にひとり親になる傾向にあり，その頃の親はゆとりがない状況であることが予想できる。そうした時期に，子どもたちは保育所や学童保育などを利用していることが多い。子どもの世話をする保育士などの支援者は，そうした子どもたちの様子を気にかけながら保育を行う必要があることに留意しなければならない。

　次に，毎日の生活における困り事について概観する。「平成29年度東京都福祉保健局基礎調査」の「母子世帯・父子世帯別現在困っていること」によると，母子世帯では，「家計」76.3％，「子供の教育・進路・就職」55.7％，「仕事」30.4％，父子世帯では，「子供の教育・進路・就職」「子どもの世話」ともに55.6％となっている[5]。

　また，同調査から「相談相手の有無」をみると，ひとり親世帯では「相談相手がいる」とした割合が89.0％であり，「相談相手がいないのでほしい」という回答が，母子世帯3.3％，父子世帯10.9％であった。両親世帯は2.4％であり，ひとり親世帯に比べ「相談相手がほしい」は少ない[6]。

3）ひとり親家庭の経済状況

① 就労の状況

　前述の「平成28年度全国ひとり親世帯等調査」によると，就労状況は，母子家庭の81.8％，父子家庭の85.4％が就労している[7]。そこで就業状況について詳しく見ていく。

　母子家庭では，「正規の職員・従業員」が44.2％，「パート・アルバイト等」が43.8％（「派遣社員」を含むと48.4％）であり，一般の女性労働者と同様に「非正規」の割合が高い。日本の母子家庭の就労率は高いものの，非正規で働く者の割合が高いため，経済的に困窮しやすい世帯が多い状況にある[8]。

　また就業している父子家庭では，「正規の職員・従業員」が68.2％，「自営業」が18.2％，「パート・アルバイト等」が6.4％と，母子家庭と比較すると正規率が高い状況にある。父子家庭の就労率は，母子家庭と比較すると高いもの

の，就労が不安定な経済状況にある者もいる。[9]

　②　収入の状況

　前述の「平成28年度全国ひとり親世帯等調査」の「母子家庭・父子家庭の状況」によると，2015（平成27）年度のひとり親世帯の収入状況は，母子家庭の母自身の平均年収は243万円（うち就労収入は223万円），父子家庭の父自身の平均年収は420万円（うち就労収入は380万円）であった。[10]

　また「2019年国民生活基礎調査の概況」によると，2018（平成30）年の全世帯の平均年収は552万3,000円，子どものいる世帯は745万9,000円である。その中で，「子どもがいる現役世帯」（世帯主が18歳以上65歳未満で子どもがいる世帯）のうち「大人が一人」の世帯員の貧困率は48.1％であり，ひとり親世帯は経済的困窮しやすい状況となっている。[11]

　わが国では離婚に際し，適切な養育費の取り決めがなされていない場合は少なくないと言われているが，「就労収入」以外の収入には，「養育費」や「児童扶養手当」などや，状況によっては「生活保護費」などが含まれる。

　その養育費の取り決め状況について，「取り決めをしている」が母子世帯で42.9％，父子世帯で20.8％である。[12]「協議離婚」の場合は，「その他の離婚」と比べ，養育費の取り決めをしている割合が低い。取り決めをしていない理由は，母子世帯では「相手と関わりたくない」（31.4％）が最も多く，次いで「相手に払う能力がないと思った」（20.8％）となっている。[13]

　一方，父子世帯は「相手に払う能力がないと思った」（22.3％）で，次いで「相手と関わり合いたくない」（20.5％）であった。養育費の金額は，離婚した父親からが平均月額は4万3,707円で，離婚した母親からが平均月額3万2,550円であった。[14]養育費の取り決めは，離婚などで子どもと離れて暮らしている親と子どもが直接会ったりするなどにより親子の交流をする権利である「面会交流権」[15]とセットとして考えられることが多く，「ドメスティックバイオレンス」[16]や「児童虐待」が行われていた場合に，面会をすることが困難な場合があることもあり，養育費の取り決めが困難になる要因にもなっている。

　生活保護を受給している母子世帯及び父子世帯などのひとり親世帯は，全体

の約5％である[17]。生活保護を受けているひとり親世帯が生活保護の受給理由としては，失業や子どもの保育所に入園ができないためなどの理由だけではなく，親の病気等により就労が困難になっている場合もある。

　子どものいるひとり親家庭にとって，住んでいる住居が本人所有か賃貸か，また，一緒に同居する家族がいるかは，経済的にも子育て環境においても家庭生活に大きな影響を与える。そのため，以下は，居住環境についての調査結果の記載をしておきたい。

　親子以外の家族等との同居率は，母子世帯の38.7％に「同居者」があり，同居者の内訳は「親」27.7％，「兄弟姉妹」9.7％であり，父子世帯は55.6％に「同居者」があり，その内訳は「親」44.2％，次いで「兄弟姉妹」11.6％であった[18]。

　住居の状況は，母子世帯は「持ち家」は35％であり，そのうち本人名義は15.2％である。「持ち家」以外には，「賃貸住宅」33.1％，「公営住宅」13.1％と続いている。父子世帯は「持ち家」68.1％であり，そのうち本人名義は49.4％であった。「持ち家」以外は，「賃貸住宅」11.4％，「公営住宅」7.4％となっている[19]。

4）ひとり親家庭の子どもの状況

　ひとり親世帯の子どもの数は，母子世帯では「1人」57.9％，「2人」32.6％となっている。父子世帯は「1人」59.8％，「2人」30.4％である[20]。

　就学状況別の20歳未満の子どもの状況は，母子世帯では「小学校入学前」14.5％，「小学生」30.2％，「中学生」20.1％，「高校生」23.0％となっている。父子世帯では「小学校入学前」8.2％，「小学生」26.8％，「中学生」20.4％，「高校生」27.4％である[21]。子どもの年齢状況からみると，父子世帯の方が母子世帯よりも，同居している子どもの年齢が高い傾向にある。

　小学校入学前児童の保育状況は，母子世帯，父子世帯ともに「保育所」の割合が多く，母子世帯で59.0％，父子世帯で57.1％となっている。次いで多いのが母子世帯は「幼稚園」「認定こども園」であり，父子世帯では「家族」であった[22]。

　子どもが利用できる福祉等施設には，「保育所」「幼稚園」「認定こども園」

「学童保育」「児童館」などの他に，様々な子育て家庭への在宅型支援事業として，子育て短期支援事業の「短期入所生活援助（ショートステイ）」「夜間養護等（トワイライトステイ）事業」などがある。また，ひとり親母子世帯には，居住提供・子育て支援や生活支援などが行われる「母子生活支援施設」もある。

　しかし，母子世帯の98％以上が，これらを「利用したことがない」と回答しており，利用しない理由のうち「制度を知らなかった」の割合も約半数であった。父子世帯では「母子生活支援施設」以外の「短期入所生活援助（ショートステイ）」「夜間養護等（トワイライトステイ）事業」を98％以上が利用したことがなく，「子どもの学習支援」も96.7％が利用していなかった。利用していない理由も母子世帯同様に約半数が「制度を知らなかった」であった(23)。

　昨今では，NPOや社会福祉法人等が行う「子ども学習支援」「子ども食堂」など無料又は低価格で利用できる事業も広がりつつある。こうした様々な子育て等に関する制度や事業については，行政窓口の他，行政のホームページやネットで知ることができるが，今後は，現在の子育て世帯の親にあった情報発信や，利用しやすくするための工夫が必要である。

　次に，ひとり親世帯の中で子どもについての悩みでは，前述の「平成28年度全国ひとり親世帯等調査」によると，母子世帯，父子世帯ともに，「教育・進学」が50％前後と最も多く，次いで「しつけ」が10％台，「就職」となっている。子どもの年齢別には，母子世帯，父子世帯ともに，「０歳〜４歳」では「しつけ」が最も多く，「10歳〜14歳」では「教育・進学」が最も多かった。その他に，母子世帯では子どもの「健康」「非行・交友関係」「食事・栄養」の順に悩んでいる。父子世帯では，「食事・栄養」「健康」「衣服・身のまわり」の順であった(24)（表9‐1）。

　子どもに関する最終進学目標等は，母子世帯では「大学・大学院」46.1％，次いで「高校」が28.0％であり，父子世帯では「大学・大学院」41.4％，「高校」31.3％となっている。父母ともに，５年前の調査に比べ，高学歴志向が強くなっている(25)。

　一方で，親の最終学歴では，母子世帯の母は「高校」44.8％，「短大」

表9-1　ひとり親世帯の子どもについての悩み

（1）母子世帯の母が抱える子どもについての悩みの内訳（最もあてはまるもの）

	しつけ	教育・進学	就職	非行・交友関係	健康	食事・栄養	衣服・身のまわり	結婚問題	障害	その他
平成23年　総　数	(15.6)	(56.1)	(7.2)	(3.6)	(5.3)	(2.6)	(0.8)	(0.1)	(＊)	(8.7)
平成28年　総　数	(13.1)	(58.7)	(6.0)	(3.0)	(5.9)	(2.6)	(0.8)	(0.4)	(4.3)	(5.2)
0歳～4歳	(42.7)	(24.4)	(－)	(－)	(8.4)	(9.2)	(3.1)	(1.5)	(3.1)	(7.6)
5歳～9歳	(26.7)	(48.2)	(－)	(3.0)	(6.3)	(4.0)	(0.7)	(－)	(5.3)	(5.9)
10歳～14歳	(10.4)	(67.4)	(1.3)	(4.7)	(4.7)	(1.7)	(0.4)	(0.2)	(4.4)	(4.7)
15歳以上	(2.4)	(63.7)	(14.2)	(2.1)	(6.1)	(1.3)	(0.8)	(0.6)	(4.0)	(4.7)

注：表中の割合は「特に悩みはない」と不詳を除いた割合である。以下同じ。

（2）父子世帯の父が抱える子どもについての悩みの内訳（最もあてはまるもの）

	しつけ	教育・進学	就職	非行・交友関係	健康	食事・栄養	衣服・身のまわり	結婚問題	障害	その他
平成23年　総　数	(16.5)	(51.8)	(9.3)	(2.9)	(6.0)	(6.7)	(3.1)	(－)	(＊)	(3.8)
平成28年　総　数	(13.6)	(46.3)	(7.0)	(1.8)	(6.6)	(7.0)	(4.8)	(2.2)	(2.9)	(7.7)
0歳～4歳	(35.3)	(17.6)	(－)	(－)	(5.9)	(5.9)	(23.5)	(－)	(－)	(11.8)
5歳～9歳	(19.0)	(33.3)	(－)	(－)	(4.8)	(9.5)	(9.5)	(4.8)	(2.4)	(16.7)
10歳～14歳	(14.6)	(59.4)	(－)	(2.1)	(3.1)	(7.3)	(3.1)	(1.0)	(3.1)	(6.3)
15歳以上	(7.7)	(44.4)	(16.2)	(2.6)	(10.3)	(6.0)	(1.7)	(2.6)	(3.4)	(5.1)

出所：厚生労働省「平成28年度全国ひとり親世帯等調査」2016年，86頁。

14.2％となっており，父子世帯の父は「高校」48.8％，「大学・大学院」
19.4％となっている。子どもに関する最終進学目標は，母子世帯は，高校卒業
以上の母は「大学・大学院」などの高学歴を子どもの最終学歴目標とする傾向
にあり，父子世帯は，短大卒業後以上の最終学歴の父は「大学・大学院」を子
どもの最終学歴目標としており，それ以外は自分と同様の学歴を目標にしてい
る傾向にあった。

（2）ひとり親家庭への支援制度の変遷

1）ひとり親家庭の施策の始まり

ひとり親家庭への支援制度は，2002（平成14）年に制定された「母子及び寡婦福祉法」（2014〔平成26〕年に「母子及び父子並びに寡婦福祉法」へ改正，以下，母子父子寡婦法）から始まる。その後の改正により，都道府県の母子及び寡婦の自立支援計画策定が規定されるようになった。

2）次世代育成支援の視点

2003（平成15）年になると，家庭や地域の子育て力の低下に対応し，次世代を担う子どもを育成する家庭を社会全体で支援する観点から「次世代育成支援法」が制定される。

3）母子・父子のひとり親家庭の施策へ

2014（平成26）年には，父子家庭への支援の拡大のため，母子及び寡婦福祉法の一部改正が行われた。その後，「母子及び父子並びに寡婦福祉法」へと名称変更となった。

4）生活困窮者世帯の子どもへの貧困対策

2015（平成27）年4月に，生活保護に至る前の自立支援策の強化を図るため，生活困窮世帯への家計相談事業や子どもの学習支援事業を含む「生活困窮者自立支援法」が施行される。2015（平成27）年12月には，「子どもの貧困対策の推進に関する法律」に基づく「子どもの貧困対策会議」において，「ひとり親家庭・多子世帯等自立応援プロジェクト（すくすくサポート・プロジェクト）」がとりまとめられ，子どもの最善の利益のために社会全体で子どもを健全に育成することが重要であり，施策の実施に当たっては，民間の創意工夫を積極的に活用するという方針がされ，各種施策の拡充が図られた。

5）ひとり親家庭の自立支援のための基本方針

2013（平成25）年3月に施行された「母子家庭の母及び父子家庭の父の就業の支援に関する特別措置法」を踏まえて，2015（平成27）年10月には「母子家庭等及び寡婦の生活の安定と向上のための措置に関する基本的方針」（以下，「基本的方針」）が定められ，母子家庭等施策の展開のあり方と，都道府県等に

図9-2　自立促進計画の4つの支援の柱

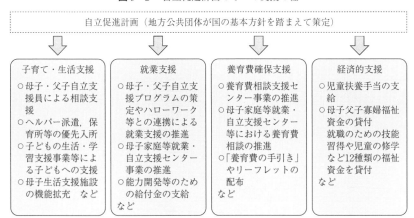

出所：厚生労働省「ひとり親家庭等の支援について」2018年，10頁。

対し自立支援計画を策定する際の指針が示された。「基本的方針」は2019（令和元）年度で計画対象期間の終期を迎えるため，国の社会保障審議会児童部会の「ひとり親家庭への支援施策の在り方に関する専門委員会」において，見直しが検討されている。

　このような変遷を経て，現在の自立促進計画は，「就業・自立に向けた総合的な支援」へと施策を強化し，「子育て・生活支援策」「就業支援策」「養育費の確保策」「経済的支援策」の4本柱により施策を推進するようになった（図9-2）。

（3）ひとり親家庭への支援

1）子育て・生活支援

　ひとり親家庭の子育て・生活支援は，①母子・父子自立支援員への相談，②ヘルパー派遣，保育所等の優先入所，③子どもの生活・学習支援事業等による子どもへの支援，④母子生活支援施設の利用などとなっている（表9-2）。これらは，各区市町村で実施されており，事業の提供窓口や支援内容は，地域によって異なる。例えば，母子生活支援施設は，すべての区市町村には設置され

表9-2　ひとり親家庭の子育て・生活支援関係の主な事業

事業名		支援内容	実績等
母子・父子自立支援員による相談・支援		ひとり親家庭及び寡婦に対し，生活一般についての相談指導や母子父子寡婦福祉資金に関する相談・指導を行う。	（勤務場所）原則，福祉事務所 （配置状況）1,764人 　　（常勤520人　非常勤1,244人） （相談件数）738,001件
ひとり親家庭等日常生活支援事業		修学や疾病などにより家事援助，保育等のサービスが必要となった際に，家庭生活支援員の派遣等を行う。	（派遣延件数）38,304件
ひとり親家庭等生活向上事業	相談支援事業	ひとり親家庭等が直面する様々な課題に対応するために相談支援を行う。	（相談延件数）72,750件
	家計管理・生活支援講習会等事業	家計管理，子どものしつけ・育児や健康管理などの様々な支援に関する講習会を開催する。	（受講延件数）12,918件
	学習支援事業	高等学校卒業程度認定試験の合格のために民間事業者などが実施する対策講座を受講している親等に対して，補習や学習の進め方の助言等を実施する。	（利用延件数）8,338件
	情報交換事業	ひとり親家庭が定期的に集い，お互いの悩みを相談しあう場を設ける。	（開催回数）567回
	子どもの生活・学習支援事業	ひとり親家庭の子どもに対し，放課後児童クラブ等の終了後に基本的な生活習慣の習得支援，学習支援や食事の提供等を行い，ひとり親家庭の子どもの生活の向上を図る。	（利用延人数）232,391人
母子生活支援施設		配偶者のない女子又はこれに準ずる事情にある女子及びその者の監護すべき児童を入所させて，これらの者を保護するとともに，これらの者の自立の促進のためにその生活を支援し，あわせて退所した者について相談その他の援助を行うことを目的とする施設	施設数：227か所 定員：4,648世帯 現員：3,789世帯（児童6,346人）
子育て短期支援事業		児童の養育が一時的に困難となった場合に，児童を児童養護施設等で預かる事業。	ショートステイ実施　　　：845箇所 トワイライトステイ実施：413箇所

注：実績等について母子・父子自立支援員：平成29年度末現在，母子生活支援施設：平成29年度末現在，
　　子育て短期支援事業：平成29年度変更交付決定ベース，ひとり親家庭等日常生活支援事業及びひとり
　　親家庭等生活向上事業：平成29年度実績。
出所：図9-2と同じ，20頁。

ておらず，また，支援内容も施設より施設機能も異なることがある。

　ひとり親家庭にとって，子育てや生活支援は基本的な生活を送る上でとても重要なものである。今後も，生活を送るためにも，これらの支援がどの地域においても，より利用しやすくなることが求められている。

　また表9-2にある「短期入所生活援助（ショートステイ）」とは，保護者の疾病や仕事等の事由により児童の養育が一時的に困難となった場合，又は育児不安や育児疲れ，慢性疾患児の看病疲れ等の身体的・精神的負担の軽減が必要な場合に，児童を児童養護施設等で一時的に預かっているものである。2歳未満児は，乳児院で事業を行っており，2歳以上児は，児童養護施設や母子生活支援施設で行われていることが多い。

　「夜間養護等（トワイライトステイ）事業」とは，保護者が仕事その他の理由により平日の夜間又は休日に不在となり家庭において児童を養育することが困難となった場合その他緊急の場合において，その児童を児童養護施設等において保護し，生活指導，食事の提供を送るものである。

2）就業支援

　ひとり親家庭の就業支援は，①母子・父子自立支援プログラムの策定やハローワークとの連携による就業支援の推進，②母子家庭等の就業・自立支援センターの推進，③能力開発等のための給付金の支給，などである（表9-3）。

　ひとり親家庭のうち，特に母子家庭は経済的に困窮しやすいことから，資格取得や職業技能訓練を受けることで就職やより高い給与を取得しやすい環境をつくることは大事である。一方で，高校中退しているなどの場合には，「高等学校卒業認定（高卒認定）[28]」をとりやすくするための支援や，精神的に不安的な状況のひとり親へは健康面の支援などその人にあった支援も必要となる。

3）養育費確保支援

　ひとり親家庭の子どもにとって，別居している親からの支援があることはとても重要である。その一つとして，養育費の確保支援はとても重要である。その内容は，①養育費相談支援センター事業の推進，②母子家庭等就業・自立支援センター等における養育費の推進，③「養育費の手引き」やリーフレットの

表9-3　ひとり親家庭の就業支援関係の主な事業

事業名	支援内容
1　ハローワークによる支援 　・マザーズハローワーク事業 　・生活保護受給者等就労自立促進事業 　・職業訓練の実施　・求職者支援制度　など	子育て女性等に対する就業支援サービスの提供を行う。
2　母子家庭等就業・自立支援センター事業 　（H15年度創設） 　・平成29年度自治体実施率：97.4%（112／115） 　・相談件数：7万5,537件 　・就職実人数：5,497人	母子家庭の母等に対し，就業相談から就業支援講習会，就業情報の提供等までの一貫した就業支援サービスや養育費相談など生活支援サービスを提供する。
3　母子・父子自立支援プログラム策定事業 　（H17年度創設） 　・平成29年度自治体実施率：64.4%（582／904） 　・プログラム策定数：6,702件	個々の児童扶養手当受給者の状況・ニーズに応じ自立支援計画を策定し，ハローワーク等と連携のうえ，きめ細かな自立・就労支援を実施する。
4　自立支援教育訓練給付金（H15年度創設） 　・平成29年度自治体実施率：94.5%（854／904） 　・支給件数：1,965件 　・就職件数：1,619件	地方公共団体が指定する教育訓練講座（雇用保険制度の教育訓練給付の指定教育訓練講座など）を受講した母子家庭の母等に対して，講座終了後に，対象講座の受講料の6割相当額（上限，修学年数×20万円，最大80万円）を支給する。
5　高等職業訓練促進給付金（H15年度創設） 　・平成29年度自治体実施率：96.5%（872／904） 　・総支給件数：7,312件（全ての修学年次を合計） 　・資格取得者数：2,585人 　　（看護師989人，准看護師1,154人，保育士132人，介護福祉士43人等） 　・就職者数：1,993人 　　（看護師873人，准看護師765人，保育士111人，介護福祉士31人等）	看護師など，経済的自立に効果的な資格を取得するために1年以上養成機関等で修学する場合に，生活費の負担軽減のため高等職業訓練促進給付金（月額10万円（住民税課税世帯は月額7万500円），上限4年，課程修了までの最後の12か月は4万円加算）を支給する。
6　ひとり親家庭高等職業訓練促進資金貸付事業（H27年度創設（補正）） 　・平成29年度貸付件数 　　入学準備金：1,977件　就職準備：821件	高等職業訓練促進給付金を活用して就職に有利な資格の取得を目指すひとり親家庭の自立の促進を図るため，高等職業訓練促進資金（入学準備金50万円，就職準備金20万円）を貸し付ける。
7　高等学校卒業程度認定試験合格支援事業 　（H27年度創設） 　・平成29年度自治体実施率：29.4%（266／904） 　・事前相談：201件　支給件数：50件	ひとり親家庭の親又は児童が高卒認定試験合格のための講座を受け，これを修了した時及び合格した時に受講費用の一部（最大6割，上限15万円）を支給する。

注：115自治体（都道府県，政令市，中核市の合計），904自治体（都道府県，市，福祉事務所設置町村の合計）。
出所：図9-2と同じ，33頁。

配布などである。

　養育費を確保するためには，面会交流とセットで考えられることが多い。中には，別居している相手からの暴力被害から逃げている親や子どもがいるなど様々な場合や，養育費を出すことが難しいと思われる場合があるなど，養育費の確保は，簡単なことではない。今後，欧米諸国のように，離婚後も，子どもの養育を共にみていくことができる環境になっていくことが望まれる。

4）経済的支援

　ひとり親家庭の経済的支援には，①児童扶養手当の支給，②母子父子寡婦福祉資金貸付金などがある。

　児童扶養手当は，離婚によりひとり親家庭になった児童に対し国より児童が育成される家庭の生活の安定と，自立の促進のために手当が支給される制度である。子どもの人数に応じて支給される費用は異なり，子どもが18歳になるまで（障害児の場合は20歳未満）支給される。

　母子父子寡婦福祉資金貸付金制度は，配偶者のない女子又は配偶者のない男子に対し，児童を扶養するための事業開始や修学資金など経済的自立のために資金を一時的に借りることができる制度である。

　これは，前述の制度と異なり，貸付であることから，一時的に借り，返済期限までに返済することが求められている。しかし，その後も生活困窮から抜け出せず，借りた資金を返済できない利用者もいる。今後は，この制度があることを広く知ってもらう一方，計画的な家計の資金計画を考えることが重要である。特に，子どもが大学等へ進学できる機会をつくるための教育費助成は，将来のチャンスをつくる重要なものであるため，返済しなくてよい制度のしくみが望まれる。

（4）ひとり親家庭が抱える課題

　ひとり親家庭が抱える課題については，これまでも述べてきたが，収入が厳しい，一人で子育ての負担が過大である，他人に相談しづらい，仕事に有利な学歴や資格がない，離婚や親権問題等の裁判などが精神的に負担である，養育

表9-4　ひとり親家庭・多子世帯等自立応援プロジェクト（全体像）

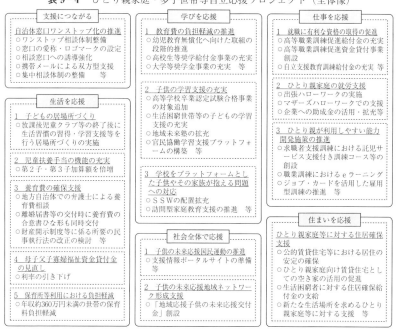

支援につながる

自治体窓口ワンストップ化の推進
- ○ワンストップ相談体制整備
- ○窓口の愛称・ロゴマークの設定
- ○相談窓口への誘導強化
- ○携帯メールによる双方型支援
- ○集中相談体制の整備　等

生活を応援

1　子どもの居場所づくり
- ○放課後児童クラブ等の終了後に生活習慣の習得・学習支援等を行う居場所づくりの実施

2　児童扶養手当の機能の充実
- ○第2子・第3子加算額を倍増

3　養育費の確保支援
- ○地方自治体での弁護士による養育費相談
- ○離婚届書等の交付時に養育費の合意書ひな形も同時交付
- ○財産開示制度等に係る所要の民事執行法の改正の検討　等

4　母子父子寡婦福祉資金貸付金の見直し
- ○利率の引き下げ

5　保育所等利用における負担軽減
- ○年収約360万円未満の世帯の保育料負担軽減

学びを応援

1　教育費の負担軽減の推進
- ○幼児教育無償化へ向けた取組の段階的推進
- ○高校生等奨学給付金事業の充実
- ○大学等奨学金事業の充実　等

2　子供の学習支援の充実
- ○高等学校卒業認定試験合格事業の対象追加
- ○生活困窮世帯等の子どもの学習支援の充実
- ○地域未来塾の拡充
- ○官民協働学習支援プラットフォームの構築　等

3　学校をプラットフォームとした子供やその家族が抱える問題への対応
- ○SSWの配置拡充
- ○訪問型家庭教育支援の推進　等

社会全体で応援

1　子供の未来応援国民運動の推進
- ○支援情報ポータルサイトの準備　等

2　子供の未来応援地域ネットワーク形成支援
- ○「地域応援子供の未来応援交付金」創設

仕事を応援

1　就職に有利な資格の取得の促進
- ○高等職業訓練促進給付金の充実
- ○高等職業訓練促進資金貸付事業創設
- ○自立支援教育訓練給付金の充実　等

2　ひとり親家庭の就労支援
- ○出張ハローワークの実施
- ○マザーズハローワークでの支援
- ○企業への助成金の活用・拡充等

3　ひとり親が利用しやすい能力開発施策の推進
- ○求職者支援訓練における託児サービス支援付き訓練コース等の創設
- ○職業訓練におけるeラーニング
- ○ジョブ・カードを活用した雇用型訓練の推進　等

住まいを応援

ひとり親家庭等に対する住居確保支援
- ○公的賃貸住宅等における居住の安定の確保
- ○ひとり親家庭向け賃貸住宅としての空き家の活用の促進
- ○生活困窮者に対する住居確保給付金の支給
- ○新たな生活場所を求めるひとり親家庭等に対する支援　等

出所：図9-2と同じ，16頁。

費が中々もらえない，ドメスティックバイオレンスや虐待などの影響から精神的にダメージを受けているなど様々な課題がある。そうした状況下で，相談ができないまま生活が困窮していくひとり親家庭も少なくない。また，利用できる制度も多くはない。

　そのため，ひとり親家庭・多子世帯等自立応援プロジェクトが2016（平成28）年度より開始された（表9-4）。

　これは，相談をしやすくするための「自治体窓口ワンストップ化の推進」に加え，「生活」「住まい」「学び」「仕事」などを社会全体で応援していくものである。国等の施策だけではなく，より身近な地域社会が，子育て世帯を応援していくことはとても重要なことである。今後は，行政だけではなく，地域のNPOや社会福祉法人，住民たちができるところから，時には連携しながら支

援していくことが求められている。

2　貧困家庭の子どもとその家庭

（1）子どもの貧困

　日本は世界的に見て豊かな国であると考えられている。それゆえに，「貧困」という言葉に実感が持てないと思われる傾向にある。しかし2008（平成20）年に阿部彩の著書『子どもの貧困』により，豊かであるはずの日本に子どもの貧困が存在することが明確にされた。それ以降，子どもの貧困は社会問題として捉えられ，2013（平成25）年には「子どもの貧困対策の推進に関する法律」が制定され，子どもの貧困問題に注目が集まるようになった。厚生労働省の国民生活基礎調査（2017年）によれば，2015（平成27）年度の日本の子どもの貧困率は13.9％で，これは7人に一人の子どもが貧困状態にあることを意味する。子どもが生まれた環境で不利益を受けることがないようにするにはどうすればよいのか，貧困問題について考えていく。

（2）貧困の概念

　貧困について考える際に，「絶対的貧困」と「相対的貧困」の2つの概念が挙げられる。

　絶対的貧困とは，その国で人間が文化的な生活をするのに必要な最低限の所得が得られていないことをいう。つまり，食べるものがない，住むところがないといった日常の衣食住が満たされない生活状況のことである。

　一方，相対的貧困とは，ある国や地域の中で，平均的な生活レベルよりも，著しく低い水準に置かれている状態をいう。国の等価可処分所得（世帯の可処分所得を世帯人員の平方根で割って調整した所得）の中央値の半分に満たない世帯のことをいう。日本の文脈で「子どもの貧困」が語られる際には，相対的貧困にある18歳未満の子どもの存在及び生活状況のことを指すことが多い。具体的に示すと，部活で必要な道具等の購入ができない，塾に通うことが難しい，携

帯電話を持つことができない，給食以外の食事の摂取が困難である等，経済的事情により活動が制限されることが挙げられる。

　このような子どもたちは学校には通学できていることが多いが，貧困からくる生活の困難さは見過ごされがちであり，それゆえ「子どもの貧困」はわかりにくいとされている。しかし，これらの貧困からくる行動の制限が，子どもの活動に，ひいてはその将来に影響を及ぼすことになる。「子どもの貧困」とは，経済的事情を指すだけではなく，そこから派生する様々な困難を指していることを理解しておかねばならない。

（3）貧困が子どもにもたらす影響

　ここでは，貧困が子どもにもたらす影響について，生活・教育の側面からみていく。

1）生活面での影響

①　衣　食　住

　前述したように，日本の子どもの貧困の大半は相対的貧困である。それゆえに，子どもの貧困も衣食住は足りている場合がほとんどだが，ここではその質に着目したい。例えば衣類でも，その子どもの年齢や体格，嗜好にあったものが用意できるかという問題がある。特に学校で制服の着用指定がある場合は必ず用意しなければいけないものだが，これも家庭にとっては出費となり準備が難しいこともある。

　食事も家庭の状況によっては十分に得られない。筆者が関わっていた不登校の中学生のための居場所では，提供されるおやつをすぐさま平らげる子どもがいた。個別に話を聞いてみると，家庭では食事は用意されず，給食が食事らしい食事であったこと，しかし友人関係のトラブルで不登校になってからはそれも食べられないことを語った。また，成長には栄養バランスの取れた食事が不可欠であるが，その実現には経費がかかる。一品で完結するレトルト食品は安価で便利ではあるが，栄養が偏ってしまうことになる。飢えないことは大事であるが，栄養のバランスといった質を考えることもまた大事なことである。

表9-5　家庭の学校外教育支出と子どもの学力の関係（小学校6年生）

	国語A（点）	国語B（点）	算数A（点）	算数B（点）
支出なし	53.4	39.6	67.9	48
5,000円未満	58.8	44.7	74.4	54.7
10,000円未満	61.3	47.6	76.2	56.4
15,000円未満	63.2	50.6	78	59
20,000円未満	64	52	79.5	60.9
25,000円未満	66.8	54.2	80.6	62.9
30,000円未満	69.2	56.7	84.2	64.9
50,000円未満	74.2	61.3	85.1	70.6
50,000円以上	79.7	63.8	88.9	76.2

注：Aは「知識」に関する出題。Bは「活用」についての出題。
出所：国立教育政策研究所「平成25年度全国学力・学習状況調査保護者に対する
　　　調査」を基に筆者作成。

　居住空間は，子どもの成長に合わせてエリアや家の広さを変えていくことが必要なこともある。しかし，子どもが成長しても家の広さが変化しなかったり，何人もの親族が共同で生活したりしていると，住空間が確保されていても，年齢に応じたプライベートな空間が確保されないこともありうる。子どもが落ち着いて勉強できる場や，特に思春期以降に自身を見つめるための空間というものが得られにくいことになる。

②　医　　療

　貧困状態にある家庭では，医療費の出費も痛手となる。日本には国民皆保険制度があり，医療費の一部を保険料が負担するので体調が不調の際は気兼ねなく受診することが可能である。しかし，近年は保険料の支払いが難しく，無保険である家庭や子どもの存在がクローズアップされている。千葉県保険医協会が2017（平成29）年に調査した学校歯科治療調査報告書によると，千葉県内の公立小・中・特別支援学校で学校歯科検診を受け，要受診と診断されても52％が未受診であったという結果が出た。この原因としては保護者の経済的事情によるものが大きいとされており，貧困が子どもの健康状態に影響を及ぼす一例として受け止めなければならない。子どもの発達においてはその健康状態が気

になったときに，予防的に関われることが望ましいが，貧困によりそれが阻害されると深刻な問題につながる可能性も出てくる。

2）教育面での影響

① 勉強・進学

ベネッセ教育総合研究所の調査によると，就学前の6歳児の82.7％が何らかの習い事に通っているという[29]。

さらに小学校に進学すると，習い事は塾へと変化していく。学年が上がるにつれて，学習内容も複雑化していき，学校外学習に力を入れている家庭の子どもとそうでない子どもの学力には一定の差が見られるようになる。表9-5を見てみると，塾にかける費用が高額になればなるほど，子どもの「知識」とそれを「活用」する力が上昇することがわかる。つまり，経済的理由で塾に通うことができない子どもは，学習の場において不利な立場に立たされることが多いといえる。義務教育後の進路が偏差値によって決定づけられることが多い現状では，学力の差は子どもの進路に影響を与える。

② 部 活 動

中学校学習指導要領の第1章総則には，生徒の課外活動について「教育課程外の学校教育活動と教育課程の関連が図られるように留意するものとする。特に，生徒の自主的，自発的な参加により行われる部活動については，スポーツや文化，科学等に親しませ，学習意欲の向上や責任感，連帯感の涵養等，学校教育が目指す資質・能力の育成に資するものであり，学校教育の一環として，教育課程との関連が図られるよう留意すること」と示されている。つまり運動部活動をはじめとする部活動は，その活動を通じて，子どもの様々な能力を引き出すと同時に，協調性やコミュニケーション能力を高める効果があるとされている。しかし，それら部活動にも費用が生じることは否めない。運動部であればユニフォーム類，文化部であれば楽器などの費用，試合や発表会があれば参加費や交通費がかかる。それらの費用は経済的事情を抱えた家庭の子どもにとっては厳しいものであり，部活動を楽しみたい思いはあっても，経済的な側面から部活動を継続できなくなる。子どもにとってはやりたいことができない

だけではなく，そこから学ぶべき協調性等を養う機会が得られにくくなる。

　このように，貧困が子どもに与える影響は様々な場面に及ぶ。さらに，子どもの意欲まで奪う可能性があるのだ。近年注目されている非認知能力は，協調性やコミュニケーション能力，問題解決能力，忍耐力，主体性等を総称しており，これらは成績などの数値で測定できない能力のことをいう。一方で認知能力とは成績等の数値で測定可能な能力を指す。子どもは学校で認知能力を中心に学ぶが，付随した様々な場面において非認知能力も養っている。例えば，授業内の課題に取り組むことで，間違っても繰り返し挑む忍耐力を培うかもしれない。友人と部活動に参加することで，協調性やコミュニケーション能力を培うかもしれない。

　しかし，周囲の子どもより勉強の進度が遅れているとわかっていて，何度もがんばって取り組むだろうか。経済的事情で部活動が続けられないことを，友人に言えるだろうか。協調性を養う機会が得られるだろうか。このように考えていくと，貧困は病気や成績という眼に見えるものだけではなく，子どもの非認知能力や内的成長にも影響を及ぼすと考えられる。

（4）貧困が発生する社会構造

1）雇用形態の変化

　貧困を生み出す背景として，雇用形態の変化が挙げられる。日本は長らく終身雇用制度に則った雇用形態が展開されていた。しかし，近年ではより自分に合った職種や，ステップアップを求めて転職する人が増えている。またバブル崩壊以降の景気の停滞は就職難をもたらした。さらに1995（平成7）年に日本経団連が「新時代の『日本的経営』」を公表した。これにより終身雇用の適用範囲は限定され，パートや派遣といった非正規雇用への切り替えが進むこととなった。非正規雇用は正規雇用と比べて賃金は安く，企業側にとっては人件費削減につながっている。

　厚生労働省によると，1994（平成6）年以降，労働者における非正規雇用の割合は増加の一途をたどっており，2019年には労働者の38％が非正規労働者で

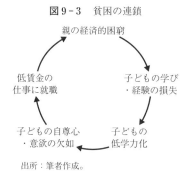

図9-3　貧困の連鎖

親の経済的困窮 → 子どもの学び・経験の損失 → 子どもの低学力化 → 子どもの自尊心・意欲の欠如 → 低賃金の仕事に就職 → 親の経済的困窮

出所：筆者作成。

あるという調査結果も出ている。非正規労働者は雇用する企業にとっては低賃金で雇用でき，企業の都合で雇用契約を結んだり契約を切ったりしやすい。しかし雇用される側にしてみれば，仕事はあるのか，いつまで働くことができるのかという不安が常にあることになる。

2）貧困の連鎖

　第3章でも言及したが，日本財団子どもの貧困対策チームの「子どもの貧困の社会的損失推計」の調査によると，子どもの貧困によって国民全体の所得の総額は約43兆円減少するとも推計されている。

　図9-3に示したように，貧困は連鎖していくと考えられる。親の経済的困窮により，子どもが受けるべき学外教育や部活動等，経験の制限が生じる。特に学外教育の不足は成績に反映され，塾に通い手厚い教育を受けている子どもたちと差が出てしまい，低学力に陥る可能性が高い。成績の低下，部活動ができない等で自尊心が低下し，「どうせ自分なんか…」という思いが募る。その結果，就職先を選択することができず，とりあえずは職についてみたものの興味のある仕事ではなかったりやりがいを感じられなかったりで長続きせず，職を転々として収入が安定しないことにつながる。このように，最初は経済的困窮からくる学力の格差であったことが，長じて後には経済格差につながることが貧困問題の課題であるといえる。

　また，貧困問題をそのままにしておくと，新たな生活困窮者を生み出すだけではなく，国の財政に影響することにもなる。国の制度である生活保護制度や国民医療保険料等，生活困窮者の支援には税金が充てられるが，貧困の連鎖を断ち切り安定した就職や生活を送ることができればそれらの支出は発生しないことになる。親の経済的事情で子どもの教育や就職の機会が制限されることは望ましくないことであり，子どもの今後を考えてどのように支援をするかが子ども家庭福祉には求められている。

（5）子どもの貧困に関わる施策

　子どもの貧困に関わる施策を，法令と地域活動の2つの側面から見ていく。

1）法　　令

①　子どもの貧困対策の推進に関する法律（2013年）

　深刻化する子どもの貧困問題を解決するべく，国は2013（平成25）年に「子どもの貧困対策の推進に関する法律」を制定した。2019年に見直しが行われ，下記の総則は2019年の見直し後の内容が反映されたものになっている。2013年当初は，子どもの「未来」しか示されてなかったが，2019年の改正では「現在と未来」について言及されることとなり，子どもの現在と将来が環境により左右されないよう，また教育の機会が均等になるように，国の責務を明確にしている。

　国が責任をもって貧困対策を推進すること，また教育・生活・就労・経済的支援を行うことが明記されている。以下は，その第1条である。

> **第1条**　この法律は，子どもの現在及び将来がその生まれ育った環境によって左右されることのないよう，全ての子どもが心身ともに健やかに育成され，及びその教育の機会均等が保障され，子ども一人一人が夢や希望を持つことができるようにするため，子どもの貧困の解消に向けて，児童の権利に関する条約の精神にのっとり，子どもの貧困対策に関し，基本理念を定め，国等の責務を明らかにし，及び子どもの貧困対策の基本となる事項を定めることにより，子どもの貧困対策を総合的に推進することを目的とする。

②　子供の貧困対策に関する大綱（2014年）

　子どもの貧困対策の推進に関する法律に基づき策定された。2019年に改定が行われた。以下は，その目的・基本方針・指標である。

> 　目　　的：現在から将来にわたり，全ての子供たちが夢や希望を持てる社会を目指す。子育てや貧困を家庭のみの責任とせず，子供を第一に考えた支援を包括的・早期に実施
> 　基本方針：①親の妊娠・出産期から子供の社会的自立までの切れ目のない

　　　　　支援。

　　　　②支援が届かない又は届きにくい子供・家庭への配慮。

　　　　③地方公共団体による取組の充実。

　　指　　標：ひとり親の正規雇用割合，食料又は衣服が買えない経験等を追

　　　　　　加。

　2019年の改定では，貧困に関する指標が追加された。電気・ガス・水道料金の未払い経験，食料又は衣服が買えなかった経験，親の正規職員の割合等，より具体的な指標を追加することで，対応策の検討に貢献できるようにと考えられた。

２）地域で見守る

　内閣府は，子どもの貧困の特徴として①見えにくく捉えづらい②社会的に孤立している③困難・ニーズが多様であることの３点を挙げている。これらの状況を早期発見するには地域の力が必要になる。ここでは次の２つの側面から地域の見守りを考えていく。

①　子ども食堂

　家庭で十分な食事が得られない地域の子どもたちに，無料あるいは安価で栄養バランスの取れた食事を提供しようという活動が子ども食堂である。2013（平成25）年頃から始まり，NPO法人全国こども食堂支援センター・むすびえによると2019年は全国46都道府県において3,718カ所で実施されている。法律の整備に加えニュースで取り上げられる頻度も増え，地域で子ども食堂への関心が高まっていると考えられる。

　子ども食堂の良さは，地域内で食事をすることができる利便性にある。また，ただ食事を摂るだけではなく，その場に集まった人との交流が生まれることも大きな利点である。地域で自分たちを見守る人の存在に触れる機会は，子どもにとって心強いものになると考えられる。

　一方で，子ども食堂の活動は毎日ではない。多くの実施団体は独自の裁量で運営しており，携わる人もボランティアの場合が多いので無理はできない状況であり，開催日は各団体が決めている。週に１回や月に２回など，少ない開催

回数にならざるを得ず，子どもの日常の食生活を満たすには難しいところである。しかし，このような場の存在が，子どもの食と心を満たしているということは意義深いことといえる。

② 保育者の役割

貧困問題を改善するには，地域の役割が大きいと考えられる。保護者の中には，自身の状態を貧困状態であると気づいていなかったり，気づいていても国の支援策やどこに相談に行くのが適切かを知らないこともある。また，身近に相談できる人物が不在であり，孤立していることがあるかもしれない。

保育所や幼稚園といった保育の場では，子どもの送迎の機会や子どもの遊びの姿を通して保護者に深く関わることができる。生活に困っている保護者がいれば，保育の場の特性を生かして様々な支援を知らせることが可能である。そのためにも，日々の保育を通じて保護者との信頼関係を形成することが望まれる。貧困は個人の責任で語るものではなく，社会全体で取り組むべき課題である。保育者として，地域の一員として何ができるかを考えながら関わることが必要である。

3　外国籍の子どもとその家庭

（1）はじまり──世界大戦の影響

日本にはオールドカマーと呼ばれる外国人とニューカマーと呼ばれる外国人が存在する。オールドカマーは在日コリアンとも呼ばれ，主に大韓民国（韓国），朝鮮民主主義人民共和国（北朝鮮）といった「1910（明治43）年～1945（昭和20）年の日本の植民地政策のもと，経済的理由や強制連行などで渡日し，その後定住した朝鮮半島出身者とその子孫[30]」をいう。つまり日本が1910（明治43）年に韓国を併合しその領土であった朝鮮半島を領有した後，第2次世界大戦終了までに日本に渡った人々のことである。1945（昭和20）年には約210万人に及んだ朝鮮半島出身者の多くは，第2次世界大戦で日本が敗戦したことによって独立した朝鮮半島に戻ったが，60万人を超える人は故郷での生活基盤の損失や

政情不安で日本に残ったといわれている。

（2）多様化の引き金——社会のあり方の転換期

1）グローバル化が生んだ法律

　現在の外国人の急増と多様化の引き金となったのは，1989（平成元）年に改正・翌年施行された「出入国管理及び難民認定法」（以下，入管法）である。在留資格について日本の経済社会のグローバル化の進展や，バブル経済による人手不足に伴い，日本で就労する外国人の増加に対応するため専門的な技術，知識，技能を活かして職業活動に従事する外国人等の在留資格の整備・拡充が行われた。

　また，日系人についての位置づけが明確化された。日系三世に対し「定住者」という就労活動に制限のない在留資格が創設され，当該在留資格が付与されることが明示された。これによりブラジル人を筆頭に日系南米人の来日が促進される。それ以前の外国人登録者はオールドカマーがほとんどを占めてきたが，入管法と1972（昭和47）年の日中国交正常化，1983（昭和58）年の留学生受入れ10万人計画[31]，アジアからの研修生・技能実習生の受け入れ[32]，さらには国際[33]結婚などで来日した「ニューカマー」の定住が増加していく。定住者の増加により，言語と文化の壁，教育や医療の現場での支援不足など，定住生活の上で必要となる基本的な条件が日本の社会システムの中に整っていない現状が露見し，それらによる地域社会からの孤立やアイデンティティーの問題も生じた。こうして外国人も同じ地域住民として認識し共に生活していくという新しい地域社会の在り方が求められるようになった。[34]

2）大災害で直面した問題

　多文化共生という言葉が初めて新聞紙面に載ったのは1993（平成5）年1月12日の「毎日新聞」である。分科会の一つとして川崎市桜本地区へのフィールドワークが開催された外国人団体主催のフォーラムに関しての記事であるが，その言葉が全国的に認知されるのはその2年後のことである。1995（平成7）年の阪神・淡路大震災が起こると，外国人のための災害関係の情報不足が浮き

彫りになった。この問題に対応するために市民ボランティアが集まり誕生した
のが神戸のNPO多文化共生センターであった。センターは設立後，その拠点
を東京まで拡大し，多文化共生の考え方が大きく広まると同時に，より多くの
人々が関心を寄せるようになる。

（3）「共生」を模索する

1）急速に広がる活動

　1990年代から始まった動きは，2000年代に入るとその範囲を広げながら活発
化していった。2001（平成13）年，外国籍住民が多い13都市で外国人集住都市
会議が結成され，外国人住民との共生を目指した「浜松宣言及び提言」の申し
入れを行った。2004（平成16）年には，日系ブラジル人などの外国籍住民が一
定数居住する5県1市で多文化共生推進協議会が結成。さらに翌年の2005（平
成17）年には地域単独での動きとして神奈川県川崎市が「川崎市多文化共生社
会推進方針」を，東京都立川市が2005（平成17）年度から2009（平成21）年度ま
での5年間を計画期間とした「立川市第1次多文化共生推進プラン」を策定し
た。

2）増える「地域の変化」

　後述する総務省の多文化共生定義後は，より数多くの地方自治体によって多
文化共生指針が策定された。特に外国籍住民の割合が全国平均の1.7％を上回
る市区においては，2016（平成28）年4月現在で約85％の団体が策定してい
ることからも，多文化共生への関心度が上昇したことが伺える。

3）国が表明した定義

　地方自治体が動き出した中で総務省は2005（平成17）年6月に「多文化共生
の推進に関する研究会」を設置し，地域における多文化共生を「国籍や民族な
どの異なる人々が，互いの文化的ちがいを認め合い，対等な関係を築こうとし
ながら，地域社会の構成員として共に生きていくこと」と定義し，外国人の就
労・就学・生活環境の整備を，はじめて国レベルで検討していくこととなった。
また，翌年の2006（平成18）年3月には「地域における多文化共生推進プラン」

を策定し，地域での多文化共生を具体的に進めていくよう提言した。

（4）子どもを取り巻く多文化の“今”

1）家庭環境

① 統計から見る家庭状況

　在留外国人は2018（平成30）年現在，特にこの数年で上昇の一途をたどっている（図9-4）。それと同時に，外国人出生数（両親あるいは片親が外国籍のもとで生まれた子どもの総数）も増加の傾向が見てとれる（図9-5）。国を見ると中国，ブラジル，フィリピンといったアジア圏が多い。

　また在留資格を見ると，日本に長期滞在すると思われる「永住者」「定住者」「特別永住者」「日本人の配偶者等」が過半数を占めている（図9-6）。このことから，日本国内で家庭を持ち，地域の一員として活動に参加したり，子どもが日本の保育・教育を受けて育つ可能性が高いと考えられる。現に外国籍の子どもが一般的な幼稚園・認定こども園に通っている割合はすでに一定数ある。1園当たりの在籍数は平均3.85人で，神奈川県や東京都をはじめとする都市型分散地域では人数が多めである(38)（表9-6）。

　次に，家庭状況について見てみる（図9-7）。国籍別に母子家庭の割合を見ると，先述した滞在数の多いフィリピン，ブラジルなどの中南米籍が高い。神奈川県の川崎市では，これらの国籍保有者の世帯年収199万円以下の割合が比較的多いという調査結果を発表している。

② 保護者の困り感──文化や言語の違いからくる苦悩

　川崎市ではさらに，外国人市民で現在，子どもが小・中・高校に通っている人を対象に，保護者としての困り感について調査をしている（図9-8）。困り感はないという回答が最多である一方で，「先生とうまく意思が通じない」「学校からのお知らせの内容がわからない」「日本の学校の仕組みがよくわからない」など，日本の学校制度面，言語面への不安が増加しているとわかる。

　また，多文化子育てネットワークが行った園児を抱える外国籍の親に対する調査では，裸足保育や薄着習慣への違和感といった育児観の違いを持つ意見が

図9-4　在留外国人推移

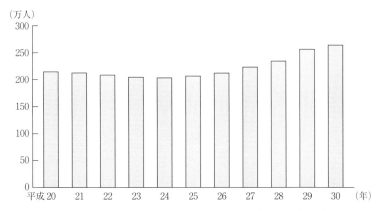

出所：法務省入国管理局「平成30年末現在における在留外国人数について」2018年1頁。

図9-5　日本における外国人出生数推移

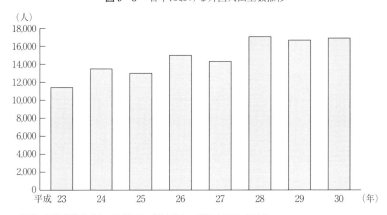

出所：厚生労働省「人口動態統計（確定数）の概況」2011-2018年。

寄せられたことを記している。これらの問題を解消するには，互いの習慣への理解を深める必要があるが，やはり言語の壁が立ちはだかる。特に在籍年数が短いほど壁を厚く感じる傾向がある（表9-7）。理解できるまで繰り返し説明するなどの保育者からのアプローチが円滑なコミュニケーションの実感を生むようである。

図9-6　在留資格別在留外国人の構成比（令和元年6月末）

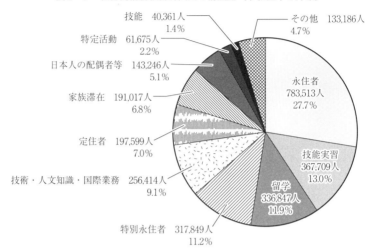

技能　40,361人
1.4%

特定活動　61,675人
2.2%

日本人の配偶者等　143,246人
5.1%

家族滞在　191,017人
6.8%

定住者　197,599人
7.0%

技術・人文知識・国際業務　256,414人
9.1%

特別永住者　317,849人
11.2%

その他　133,186人
4.7%

永住者
783,513人
27.7%

技能実習
367,709人
13.0%

留学
336,847人
11.9%

出所：法務省「令和元年6月末現在における在留外国人数について（速報値）」2019年，
3頁。

表9-6　1園当たりの外国人幼児在籍者の人数及び国数（地域別平均値）

地　域	N	平均在籍数（人）	N	平均国数（か国）
愛　知	70	3.0	67	2.0
群　馬	34	4.2	33	2.4
滋　賀	17	3.8	16	1.6
東　京	64	6.2	62	3.2
神奈川	43	7.4	39	3.0
大　阪	15	2.7	14	1.8
福　岡	13	2.5	11	1.7
岩　手	4	1.0	4	1.0

出所：岡上直子「外国人幼児の受入れにおける現状と課題について」文部科学省，
2019年，5頁。

図9-7　国籍別母子家庭の割合

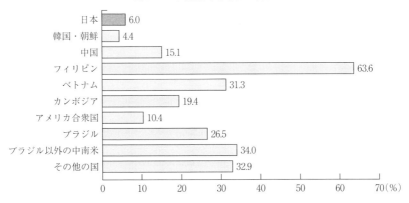

出所：田中稲子「外国籍等の子どもの貧困問題にみる多文化共生への課題」日本学術協力財団，
　　　2017年，35頁。

図9-8　保護者として学校と進路について困っていること（2014年および2019年の比較）

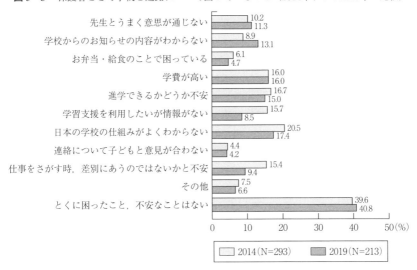

注：無回答を除外。
出所：川崎市「外国人市民意識実態調査」2020（令和2）年，78頁。

表9-7　滞在年数別コミュニケーションのうまくいかない理由

	3年未満 （N=18）	3〜10年未満 （N=132）	10〜20年未満 （N=81）	20年以上 （N=10）
連絡帳や園便りが読めない	61.1	40.2	37.0	30.0
日本語で話しかけられない	72.2	51.5	39.5	0.0
自分が忙しくて話しができない	5.6	19.7	29.6	50.0
先生がいつも忙しそう	5.6	8.3	11.1	10.0
先生が避けている	5.6	6.8	4.9	6.2

出所：多文化子育てネットワーク「第2回 多文化子育て調査報告書」2013年，15頁。

2）行政の取り組み

① 国の動き

2018（平成30）年に改訂された「保育所保育指針」「幼稚園教育要領」「認定こども園教育・保育要領」には，外国籍の子どもに対する記述がなされている。保育者が異文化に関心を持ち，理解を深め尊重しようという姿勢を求められている。

また，「保育所保育指針」「認定こども園教育・保育要領」の2つには多文化共生という言葉が明確に記されているが，これは子どもが過ごす時間が幼稚園より長く，より生活に根ざしていることが要因と考えられる。『保育所保育指針解説書』「オ　子どもの国籍や文化の違いを認め，互いに尊重する心を育てるようにすること。[39]」，および『認定こども園教育・保育要領解説書』「（5）園児の国籍や文化の違いを認め，互いに尊重する心を育てるようにすること。[40]」において「外国籍の子どもをはじめ，様々な文化を背景にもつ子どもが共に生活している。保育士等はそれぞれの文化の多様性を尊重し，多文化共生の保育を進めていくことが求められる[41]」と記載がされていた。方法の例としては，子どもやその保護者が異なる文化に触れる機会を，外国籍の保護者などと共に作るといったことが挙がっている。

② 取り組みの例——地域

総務省は2006（平成18）年の「地域における多文化共生推進プラン」策定から10年の節目に「多文化共生事例集作成ワーキンググループ」を設置し，10年

の中で実施された取り組みを掲載した多文化共生の事例集「多文化共生事例集2017」を作成している。事例の中から，未就学児への取り組みを行う団体をいくつか紹介する。

・NPO法人シェイクハンズ

活動拠点：愛知県犬山市

活動期間：2005（平成17）年～

散在する外国籍児童の放課後の居場所づくりを目的として「にじいろ寺子屋」を開催しており，寺子屋内では未就学児童対象のプレスクールを実施している。年齢を問わずボランティアを受け入れ，プレスクール指導者の養成講座を無料で開催するなど，地域全体の意識向上にも貢献している。その功績を称えられ2013（平成25）年に平成25年度博報賞，[42]2015（平成27）年に平成27年度住友生命「未来を強くする子育てプロジェクト」スミセイ未来賞を受賞した。[43]

・WISH（Wide International Support in Hamamatsu）

活動拠点：静岡県浜松市

活動期間：2012（平成24）年～

2004（平成16）年，浜松国際交流協会がはじめた取り組みが徐々に地元大学生ボランティア（静岡文化芸術大学，浜松学院大学など）主体に変化し，2012（平成24）年に「WISH」として設立された。毎年3月，小学校への入学を控えた未就学児に対し，登下校から給食，書字など学校生活を様々な角度から疑似体験できる「ぴよぴよクラス」を開催。加えて，入学した1年生児童の授業指導補助をする Super Assistant Teacher（SAT）を実施し，充実した学校生活のサポートを行う。

・NPO法人 にほんご豊岡あいうえお

活動拠点：兵庫県豊岡市

活動期間：2012（平成24）年～

外国籍住民の母親とその子どもに焦点を合わせ，日本の生活習慣・言葉・学校知識を学べる場を提供している。横の繋がりを持つきっかけの

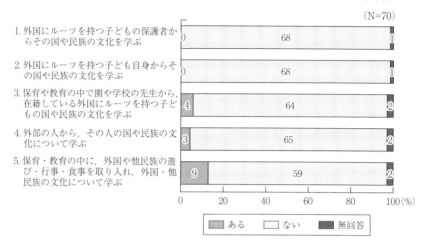

図 9 - 9　幼稚園・保育所（園）・こども園で日本の乳幼児が異文化に触れる取り組み

(N=70)

1. 外国にルーツを持つ子どもの保護者からその国や民族の文化を学ぶ　0　68　1
2. 外国にルーツを持つ子ども自身からその国や民族の文化を学ぶ　0　68　1
3. 保育や教育の中で園や学校の先生から，在籍している外国にルーツを持つ子どもの国や民族の文化を学ぶ　4　64　2
4. 外部の人から，その人の国や民族の文化について学ぶ　3　65　2
5. 保育・教育の中に，外国や他民族の遊び・行事・食事を取り入れ，外国・他民族の文化について学ぶ　9　59　2

ある　　ない　　無回答

出所：松尾由美「多数派集団の乳幼児を対象とする多文化共生保育の実態」『関東短期大学紀要』61，2019年，5頁。

図 9 -10　幼稚園・保育所（園）・こども園で日本の乳幼児が多文化共生意識に触れる取り組み

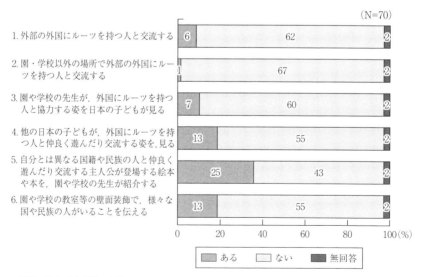

(N=70)

1. 外部の外国にルーツを持つ人と交流する　6　62　2
2. 園・学校以外の場所で外部の外国にルーツを持つ人と交流する　1　67　2
3. 園や学校の先生が，外国にルーツを持つ人と協力する姿を日本の子どもが見る　7　60　2
4. 他の日本の子どもが，外国にルーツを持つ人と仲良く遊んだり交流する姿を，見る　13　55　2
5. 自分とは異なる国籍や民族の人と仲良く遊んだり交流する主人公が登場する絵本や本を，園や学校の先生が紹介する　25　43　2
6. 園や学校の教室等の壁面装飾で，様々な国や民族の人がいることを伝える　13　55　2

ある　　ない　　無回答

出所：図 9 - 9 と同じ，7頁。

図9-11　外国籍の子どもに対する配慮事項——「とても配慮した」「配慮した」の割合

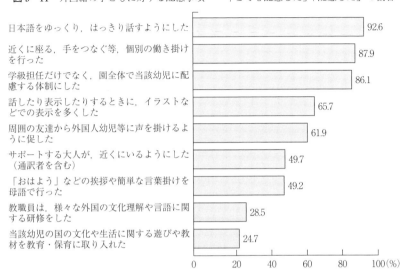

項目	割合
日本語をゆっくり，はっきり話すようにした	92.6
近くに座る，手をつなぐ等，個別の働き掛けを行った	87.9
学級担任だけでなく，園全体で当該幼児に配慮する体制にした	86.1
話したり表示したりするときに，イラストなどでの表示を多くした	65.7
周囲の友達から外国人幼児等に声を掛けるように促した	61.9
サポートする大人が，近くにいるようにした（通訳者を含む）	49.7
「おはよう」などの挨拶や簡単な言葉掛けを母語で行った	49.2
教職員は，様々な外国の文化理解や言語に関する研修をした	28.5
当該幼児の国の文化や生活に関する遊びや教材を教育・保育に取り入れた	24.7

出所：岡上直子「外国人幼児の受入れにおける現状と課題について」文部科学省，2019年，9頁。

　場として定期的にお茶会やサロンを定期的に開催。また団体内での活動を超え，拠点とする豊岡市の役所や病院が発行するアンケート，お知らせ，手続き資料などの多言語化を実現した。2019（令和元）年第13回かめのり賞(44)（人材育成部門）を受賞。

③　取り組みの例——保育所

　2018（平成30）年の「保育所保育指針」「幼稚園教育要領」「認定こども園教育・保育要領」改訂後行われた，園内の多文化共生のための取り組みの実態調査の結果を参考に解説する。調査によれば，子どもが異文化に触れる取り組みとして，保育の中に様々な国や民族の遊び・行事・食事を取り入れている事例が多数あることが見て取れる（図9-9）。さらに，多文化共生への意識育成として，絵本の紹介や壁面装飾，園内外の外国籍の人との交流の場を設けるなどの取り組みが比較的多く挙がっている（図9-10）。

　幼稚園・認定こども園への質問紙調査を実施した研究によれば，外国籍の子どもに対し日本語を聞き取りやすく話す配慮を9割以上の園が行っているとい

う。その他に，イラストを用いたコミュニケーションが6.5割，通訳者を含む大人のサポート体制があると答えた園は約半数との結果を出している（図9-11）。

（5）共生し平等な保育を行うために

　子どもたちの生活を支える立場である保育者は，一般市民以上に多文化共生に関心を持った上で現場に臨むことが必要だと考えられる。人格の基盤が形成される乳幼児期にある外国籍の子どもにとって，母国のアイデンティティや日本人の子どもとは異なる文化や伝統を尊重した保育は必要不可欠だからである。

　また多文化共生への取り組みは外国人のみに向けて行うものではない。園内に外国籍の子どもがいれば，日本人の子どもに外国の文化に関して説明する場面が少なからずあると思われる。上野葉子らは「「子どもはみな同じ」「子どもは偏見を持たない」という考え方は，必要な支援が看過される危険性を孕む[45]」と述べており，保育者は，差異は多様性であると認識し，日本人の子どもに「違いがあることはよくないことだ」と思わせない対応をしなくてはならない。だがわが国において，マイノリティについて考える機会はどうしても少ない。この現状の中で，保育者として現場に出る前に保育者養成校で外国にルーツのある子どもについて触れる機会を提供することで，意識を持った状態で支援に臨むことができると考える。そして現場に出た後も定期的に関心を寄せ，タイムリーな情報を取得できるよう，研修の場にて多文化共生を扱う頻度の増加も望まれる。

注
(1)　厚生労働省「平成28年度全国ひとり親世帯等調査」2016年，2頁。
(2)　同前。
(3)　同前資料，3・4頁。
(4)　厚生労働省「令和元年（2019）人口動態統計（確定数）の概況」2019年，3頁。
(5)　東京都「平成29年度東京都福祉保健局基礎調査」2017年，105頁。
(6)　同前資料，169頁。

⑺　厚生労働省，前掲⑴，13頁。

⑻　同前。

⑼　同前資料，14頁。

⑽　同前資料，35頁。

⑾　厚生労働省「2019年国民生活基礎調査の概況」2020年，9・14頁。

⑿　厚生労働省，前掲⑴，50・51頁。

⒀　同前資料，55頁。

⒁　同前資料，61頁。

⒂　離婚などで子どもと離れて暮らしている親と子どもが直接会ったりするなどにより親子の交流をする権利のこと。

⒃　配偶者や恋人などの親密な関係にある，又はあった者から振るわれる暴力のこと。暴力の形態としては，身体的なもの，精神的なもの，性的なものがある。

⒄　厚生労働省「被保護者調査の結果の概要」2020年，1頁。

⒅　厚生労働省，前掲⑴，8頁。

⒆　同前資料，9頁。

⒇　同前資料，74頁。

㉑　同前資料，74・75頁。

㉒　同前資料，75頁。

㉓　同前資料，76・77頁。

㉔　同前資料，86頁。

㉕　同前資料，89頁。

㉖　同前資料，90・91頁。

㉗　同前資料，89・90頁。

㉘　高等学校を卒業していない者等の学習成果を適切に評価し，高等学校を卒業した者と「同等以上の学力」があるかを認定する試験のことである。認定後には，進学や就職や資格取得等に活用することができる。

㉙　ベネッセ教育総合研究所「第5回幼児の生活アンケート」2015年。

㉚　多文化共生キーワード事典編集委員会編『多文化共生キーワード事典 改訂版』明石書店，2010年，62頁。

㉛　1972（昭和47）年9月29日に「日本国政府と中華人民共和国政府との共同声明」を発表し，日本国と中華人民共和国が国交を結んだこと。

㉜　当時の中曽根康弘内閣総理大臣が「21世紀初頭において当時のフランス並みである10万人の学生を受け入れる」と提言した。

㉝　「外国人研修・技能実習制度」のことで，日本の公私の機関で，一定期間，技術・技能，知識の修得を目的とする。研修生の期間は1年で18歳以上，就労活動は認めら

れない。技能実習生は期間が2年で期間終了後在留資格が特別活動に変更されるため受け入れ先との雇用関係を成立できる。

(34) こうした状況については，以下の文献において詳細に述べられている。田村太郎・北村広美・高柳香代「多文化共生社会の形成と日本における取り組みに関する現状分析」『多文化共生に関する現状およびJICAでの取り組み状況にかかる基礎分析』JICA研究所，2007年，7-8頁。総務省「多文化共生の推進に関する研究会報告書──地域における多文化共生の推進に向けて」2006年，3-5頁。

(35) 会員都市は2020（令和2）年現在で13都市（6県12市1町）。

(36) 総務省「多文化共生事例集」2017年，11頁。

(37) 総務省「多文化共生の推進に関する研究会報告書──地域における多文化共生の推進に向けて2006年，5頁。

(38) ①集住地域（群馬，愛知，滋賀）②都市型分散地域（東京，神奈川，大阪，福岡）③少数地域（岩手）にある幼稚園・認定こども園1,079園を対象に質問紙調査を実施（回答率50.4％）。

(39) 厚生労働省『保育所保育指針解説書』2018年，295頁。

(40) 内閣府・部科学省・厚生労働省『幼保連携型認定こども園教育・保育要領解説』2018年，306頁。

(41) 厚生労働省『保育所保育指針解説書』2018年，295頁，内閣府・部科学省・厚生労働省『幼保連携型認定こども園教育・保育要領解説』2018年，306頁。

(42) 博報堂教育財団が主催する賞。ことばの育成や特別新教育，多文化共生教育などを領域の対象とし，草の根的活動を展開する学校・団体・教育実践者を顕彰する。

(43) 住友生命が主催する賞。子育て環境整備への貢献を目的とし，特徴的な子育て支援活動を行う個人・団体を顕彰する。

(44) かめのり財団が主催する賞。日本とアジア・オセアニアの次世代の人材育成，相互理解の場を提供している団体または個人を顕彰する。

(45) 上野葉子・石川由香里・井石令子・田渕久美子・西原真弓・政次カレン・宮崎聖乃「長崎市における多文化保育の現状と展望」『保育学研究』46(2)，2008年，286頁。

参考文献
・第1節
厚生労働省「平成28年度国民生活基礎調査の概況」2016年。
厚生労働省「平成28年度全国ひとり親世帯等調査」2016年。
厚生労働省「令和元年（2019）人口動態統計（確定数）の概況」2019年。
東京都「平成29年度東京都福祉保健局調査」2017年。

・**第3節**

総務省「多文化共生の推進に関する研究会報告書──地域における多文化共生の推進に
　向けて」2006年。

多文化共生キーワード事典編集委員会編『多文化共生キーワード事典（改訂版）』明石
　書店，2010年。

<table>
<tr><td>第10章</td><td>次世代育成支援と地域ネットワークの推進
――今後重視される課題</td></tr>
</table>

1　次世代育成支援と子ども・子育て支援新制度

（1）次世代育成支援

　第1章2でも触れた通り，戦後日本の出生数は，1949（昭和24）年に269万6,638人という過去最高の出生数となり，合計特殊出生率は4.32にのぼった。しかし，第2次ベビーブームのピークである1973（昭和48）年以降は減少の一途を辿り，1989（平成元）年の合計特殊出生率は過去最低の1.57まで減少した。この数字は「1.57ショック」という言葉とともに，社会に大きな衝撃を与えることになった。この「1.57ショック」を皮切りに，政府は1994（平成6）年に「今後の子育て支援のための施策の基本的方向について」（エンゼルプラン）や緊急保育対策等5か年事業，1999（平成11）年には「重点的に推進すべき少子化対策の具体的実施計画について」（新エンゼルプラン）が策定されるなど，様々な少子化対策を打ち出したものの，少子化に歯止めがかからなかった。

　そこで，少子化対策だけではなく，次代の社会を担う子どもを育成する家庭に対する支援や，子どもが健やかに生まれ，育成される環境の整備，すなわち次世代育成支援に目が向けられるようになっていった。その後，2002（平成14）年にまとめられた少子化対策プラスワンを踏まえ，次世代を担う子どもを育成する家庭を社会全体で支援する目的で，2003（平成15）年に次世代育成支援対策推進法が制定された。

　次世代育成支援対策推進法第1条は，「我が国における急速な少子化の進行並びに家庭及び地域を取り巻く環境の変化にかんがみ，次世代育成支援対策に関し，基本理念を定め，…（中略）…次世代育成支援対策を迅速かつ重点的に

推進し，…（中略）…子どもが健やかに生まれ，かつ，育成される社会の形成に資すること」を目的としている。本法律では，次世代育成支援に対する国や地方公共団体，事業主や国民の責務を明示している。

　また，自治体や従業員が101名以上の企業は行動計画策定指針に基づく行動計画を策定することが義務付けられている。なお，100名以下の企業は努力義務となる。なお，次世代育成対策推進法は，2005（平成17）年度から10年間の時限立法であったが，引き続き，子どもが健やかに生まれ，育成される環境を更に改善し，充実させることが必要であることから2014（平成26）年に法改定が行われ，2015（平成27）年度から2024年度まで10年延長されている。

　その後，歯止めをかけることができない少子化問題に対して，2003（平成15）年7月に国会に提出された少子化社会対策基本法が成立し，2004（平成16）年6月に少子化社会対策大綱が策定された。そして，同年12月にはこれら施策を効果的に推進するために，「少子化社会対策大綱に基づく重点施策の具体的実施計画について」（子ども・子育て応援プラン）が策定されきたものの，従来の対策のみでは少子化の流れを変えることができなかった。

　他方，少子化対策を総合的に推進するために，少子化社会対策基本法に基づく少子化社会対策会議が2003（平成15）年9月に設置された。この会議では，少子化社会対策大綱や2006（平成18）年の「新しい少子化対策について」などの策定，少子化対策に必要な関係行政機関相互の調整や少子化対策に関する重要事項の審議および実施の推進が行われた。「新しい少子化対策について」では，従来の少子化対策の反省をふまえて，子ども・子育て応援プランの推進に合わせて子どもの成長に応じた総合的な子育て支援策や働き方の改革，必要な財源の確保と合わせたて新たな少子化対策の推進がなされていった。

　2010年1月には，2010年から2014年までの施策内容と数値目標を定めた少子化社会対策大綱である子ども・子育てビジョンが策定された。子ども・子育てビジョンでは，少子化対策から子ども・子育て支援へと視点を移し，社会全体で子育てを支えるとともに，生活と仕事と子育ての調和が目指されていった。少子化社会対策会議では，この施策の閣議決定とともに，子ども・子育て新シ

ステム検討会議を設置し，幼保一体化を含む新たな次世代育成支援のための包括的・一元的なシステムの構築の検討がなされ，後に子ども・子育て新システムの基本制度の決定や，子ども・子育て支援法等の３法案の国会への提出が進められていった。

（2）子ども・子育て支援新制度

1）子ども・子育て支援新制度の概要とポイント

　幼児教育・保育・地域の子ども・子育て支援を総合的に推進するために，子ども・子育て関連３法が2012（平成24）年８月に成立した。子ども・子育て支援新制度とは，この「子ども・子育て関連３法」に基づく制度のことであり，2015（平成27）年４月に本格施行された。これにより，すべての子ども・子育て家庭を対象に，幼児教育，保育，地域の子ども・子育て支援の質・量の拡充を図ることを目指している。その後，総合的な少子化対策を推進する一環として，子育てを行う家庭の経済的負担の軽減を図るために子ども・子育て支援法施行令や子ども・子育て支援法などが改正された。これにより，2019（令和元）年10月より認定こども園や幼稚園，保育所等の利用者負担を無償化する措置が講じられている。子ども・子育て支援新制度について，内閣府は７点のポイントを示している。ポイントの概要は，以下の通りである（図10‐1）。

①　認定こども園，幼稚園，保育所を通じた共通の給付（施設型給付）および小規模保育等への給付（地域型保育給付）の創設

　　地域型保育給付は，都市部における待機児童解消とともに，子どもの数が減少傾向にある地域における保育機能の確保に対応した。

②　認定こども園制度の改善（幼保連携型認定こども園の改善等）

　　幼保連携型認定こども園について，認可・指導監督の一本化や，学校および児童福祉施設として法的に位置づけた。また，認定こども園の財政措置を施設型給付に一本化した。

③　地域の実情に応じた子ども・子育て支援の充実

　　地域の実情に応じて，市町村の判断で実施できる子育て支援事業を充

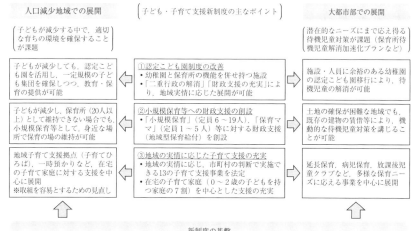

図10-1　地域の実情に応じた子育て支援の展開

人口減少地域での展開　［子ども・子育て支援新制度の主なポイント］　大都市部での展開

| 子どもが減少する中で，適切な育ちの環境を確保することが課題 | | 潜在的なニーズにまで応え得る待機児童対策が課題（保育所待機児童解消加速化プランなど） |

| 子どもが減少しても，認定こども園を活用し，一定規模の子ども集団を確保しつつ，教育・保育の提供が可能 | ①認定こども園制度の改善
・幼稚園と保育所の機能を併せ持つ施設
・「二重行政の解消」「財政支援の充実」により，地域実情に応じた展開が可能 | 施設・人員に余裕のある幼稚園の認定こども園移行により，待機児童の解消が可能 |

| 子どもが減少し，保育所（20人以上）として維持できない場合でも，小規模保育等として，身近な場所で保育の場の維持が可能 | ②小規模保育等への財政支援の創設
・「小規模保育」（定員6〜19人），「保育ママ」（定員1〜5人）等に対する財政支援（地域型保育給付）を創設 | 土地の確保が困難な地域でも，既存の建物の賃借等により，機動的な待機児童対策を講じることが可能 |

| 地域子育て支援拠点（子育てひろば），一時預かりなど，在宅の子育て家庭に対する支援を中心に展開
※取組を容易とするための見直し | ③地域の実情に応じた子育て支援の充実
・地域の実情に応じ，市町村の判断で実施できる13の子育て支援事業を法定
・在宅の子育て家庭（0〜2歳の子どもを持つ家庭の7割）を中心とした支援の充実 | 延長保育，病児保育，放課後児童クラブなど，多様な保育ニーズに応える事業を中心に展開 |

新制度の基盤

| ④市町村が実施主体
・住民に身近な市町村に，子育て支援の財源と権限を一元化
・市町村は地域住民の多様なニーズを把握した上で，計画的に，その地域に最もふさわしい子育て支援を実施 | ⑤社会全体による費用負担
・消費税率引上げにより，国・地方の恒久財源を確保
・質・量の充実を図るため，消費税率の引上げにより確保する0.7兆円程度を含めて1兆円超程度の追加財源が必要 |

出所：内閣府「子ども・子育て支援新制度について（令和2年10月）」2020年，10頁。

実させた（詳細は第6章2参照）。

④　市町村が実施主体

　　市町村は地域のニーズに基づき子ども・子育て支援事業計画を策定し，給付・事業を実施する。また，国や都道府県は実施主体である市町村を重層的に支えることが明示された。

⑤　社会全体による費用負担

　　幼児教育・保育・子育て支援の質・量の拡充を図るためには，1兆円超程度の追加財源が必要であった。そのため，消費税率の引き上げによる，国および地方の恒久財源の確保を前提とすることで，社会全体で費用負担する仕組みとした。

⑥　政府の推進体制

　　内閣府に子ども・子育て本部を設置することで，制度ごとにバラバラ

図10−2　子ども・子育て支援新制度の概要

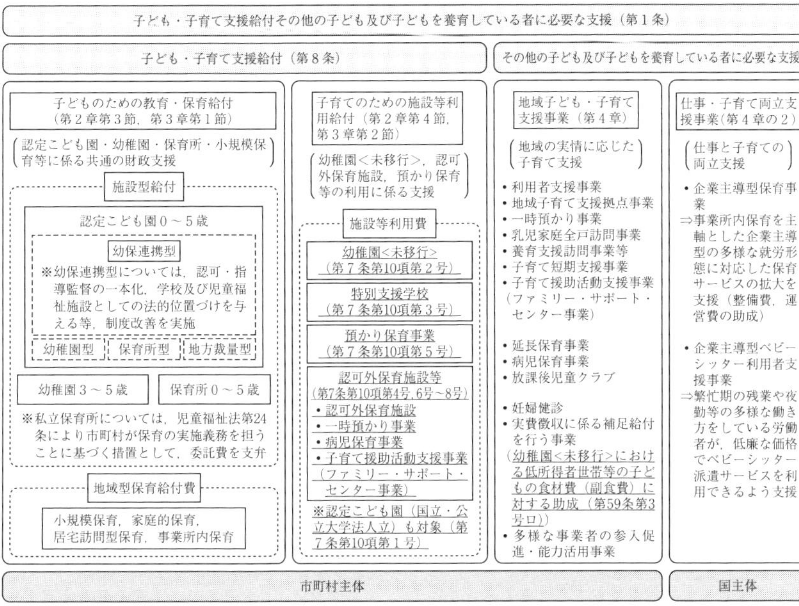

子ども・子育て支援給付その他の子ども及び子どもを養育している者に必要な支援（第1条）

子ども・子育て支援給付（第8条）	その他の子ども及び子どもを養育している者に必要な支援

子どものための教育・保育給付
（第2章第3節，第3章第1節）

認定こども園・幼稚園・保育所・小規模保育等に係る共通の財政支援

施設型給付

認定こども園 0〜5歳

幼保連携型

※幼保連携型については，認可・指導監督の一本化，学校及び児童福祉施設としての法的位置づけを与える等，制度改善を実施

幼稚園型　保育所型　地方裁量型

幼稚園 3〜5歳　　保育所 0〜5歳

※私立保育所については，児童福祉法第24条により市町村が保育の実施義務を担うことに基づく措置として，委託費を支弁

地域型保育給付費

小規模保育，家庭的保育，居宅訪問型保育，事業所内保育

子育てのための施設等利用給付（第2章第4節，第3章第2節）

幼稚園＜未移行＞，認可外保育施設，預かり保育等の利用に係る支援

施設等利用費

幼稚園＜未移行＞（第7条第10項第2号）

特別支援学校（第7条第10項第3号）

預かり保育事業（第7条第10項第5号）

認可外保育施設等（第7条第10項第4号，6号〜8号）
・認可外保育施設
・一時預かり事業
・病児保育事業
・子育て援助活動支援事業（ファミリー・サポート・センター事業）

※認定こども園（国立・公立大学法人入）も対象（第7条第10項第1号）

地域子ども・子育て支援事業（第4章）

地域の実情に応じた子育て支援

・利用者支援事業
・地域子育て支援拠点事業
・一時預かり事業
・乳児家庭全戸訪問事業
・養育支援訪問事業等
・子育て短期支援事業
・子育て援助活動支援事業（ファミリー・サポート・センター事業）

・延長保育事業
・病児保育事業
・放課後児童クラブ

・妊婦健診
・実費徴収に係る補足給付を行う事業
（幼稚園＜未移行＞における低所得者世帯等の子どもの食材費（副食費）に対する助成（第59条第3号ロ））
・多様な事業者の参入促進・能力活用事業

仕事・子育て両立支援事業（第4章の2）

仕事と子育ての両立支援

・企業主導型保育事業
⇒事業所内保育を主軸とした企業主導型の多様な就労形態に対応した保育サービスの拡大を支援（整備費，運営費の助成）

・企業主導型ベビーシッター利用者支援事業
⇒繁忙期内残業や夜勤等の多様な働き方をしている労働者が，低廉な価格でベビーシッター派遣サービスを利用できるよう支援

市町村主体	国主体

出所：厚生労働省「子ども・子育て支援法の一部を改正する法律について（概要）」2019年，2頁。

な政府の推進体制を整備した。

⑦　子ども・子育て会議の設置

　　国に，子ども・子育て会議を設置した。この会議では，有識者，地方公共団体，事業主代表・労働者代表，子育て当事者，子育て支援当事者等が，子育て支援の政策プロセス等に参画・関与することができる仕組みとなっている。また，市町村等は合議制機関（地方版子ども・子育て会議）の設置が努力義務とされた。

2）子ども・子育て支援新制度の仕組み

　子ども・子育て支援新制度は，市町村が主体となる給付・事業と，国が主体となる事業に分かれる（図10−2）。市民にとって身近な存在である市町村は，子ども・子育て支援給付と地域子ども・子育て支援事業を総合的かつ計画的に実施している。

表10-1 施設型給付費等を受ける子どもの認定区分

○子どものための教育・保育給付（現行）…施設型給付費，地域型保育給付費等の支給

認定区分（支給要件）	保育必要量（内容）	利用定員を設定し，給付を受ける施設・事業
満３歳以上の小学校就学前子どもであって，<u>２号認定子ども以外のもの</u>（１号認定子ども） （第19条第１項第１号）	教育標準時間	幼稚園 認定こども園
満３歳以上の小学校就学前子どもであって，保護者の労働又は疾病その他の内閣府令で定める事由により家庭において必要な保育を受けることが困難であるもの（２号認定子ども） （第19条第１項第２号）	保育短時間 保育標準時間	保育所 認定こども園
満３歳未満の小学校就学前子どもであって，保護者の労働又は疾病その他の内閣府令で定める事由により家庭において必要な保育を受けることが困難であるもの（３号認定子ども） （第19条第１項第３号）	保育短時間 保育標準時間	保育所 認定こども園 小規模保育等

保育必要量の認定が不要

○子育てのための施設等利用給付（新設）…施設利用費の支給

認定区分（支給要件）	支給に係る施設・事業
満３歳以上の小学校就学前子どもであって，新２号認定子ども・新３号認定子ども以外のもの（新１号認定子ども） （第30条の４第１号）	幼稚園，特別支援学校等
満３歳に達する日以後最初の３月31日を経過した小学校就学前子どもであって，第19条第１項第２号の内閣府令で定める事由により家庭において必要な保育を受けることが困難であるもの（２号認定子ども） （第30条の４第２号）	・認定こども園，幼稚園，特別支援学校（満３歳入園児は新３号，年少児からは新２号） ・認可外保育施設，預かり保育事業，一時預かり事業，病児保育事業，ファミリー・サポート・センター事業（２歳児まで新３号，３歳児からは新２号）
満３歳に達する日以後最初の３月31日までの間にある小学校就学前子どもであって，第19条第１項第２号の内閣府令で定める事由により家庭において必要な保育を受けることが困難であるもののうち，保護者及び同一世帯員が市町村民税世帯非課税者であるもの（新３号認定子ども） （第30条の４第３号）	

出所：図10-2と同じ，8頁。

　子ども・子育て支援給付の種類は，子ども・子育て支援法第８条によれば，①子どものための現金給付，②子どものための教育・保育給付，③子育てのための施設等利用給付がある。まず，子どものための現金給付とは，児童手当法に定める児童手当がこれに当たる。次に，子どものための教育・保育給付は，施設型給付と地域型保育給付に分かれる（図10-2）。施設型給付は，認定こ

も園，幼稚園，保育所のことを指す。地域型保育給付は，小規模保育，家庭的保育，居宅訪問型保育，事業所内保育のことを指す（詳細は第6章1参照）。次に，子育てのための施設等利用給付は，子どものための教育・保育給付対象外の幼稚園や特別支援学校の幼稚部，預かり保育事業，認可外保育施設等を指し，2019（令和元）年10月の子ども・子育て支援法の改正により創設された。

　子どものための教育・保育給付を受け保育所等を利用するためには，利用認定を受ける必要がある。認定は，市町村が客観的基準に基づき決定する（表10-1）。

　①　利用のための認定区分（支給要件）

　認定区分は，1号認定，2号認定，3号認定の3つに区分されている（表10-1）。認定されると，1号認定の場合は認定こども園や幼稚園，2号認定の場合は認定こども園や保育所，3号認定の場合は認定こども園や保育所，小規模保育施設などの地域型保育事業の利用希望申し込みができる。

　②　保育を必要とする事由

　2号認定ならびに3号認定は，家庭において必要な保育を受けることが困難な者が対象となる。その事由は，就労や妊娠・出産，保護者の疾病・障害，就学，虐待やDVの恐れがある場合などが該当する。保育を必要とする事由により保育の必要性が認定されることで，保育所等の利用希望申し込みができる。

　上記以外に，ひとり親家庭や生活保護世帯，親の失業，虐待やDVのおそれがある場合，子どもが障害を有する場合などは，子どものための教育・保育給付による教育・保育施設優先利用の対象となっており，その判断は各市町村によって決定される。

　③　保育の必要量（利用時間）

　保育の必要量には，保育標準時間と保育短時間の利用区分がある。保育標準時間利用は最長11時間であり，主にフルタイム就労者を想定している。保育短時間は最長8時間であり，主にパートタイム就労者などを想定している。

　次に，子育てのための施設等利用給付を受けるためには，子どものための教育・保育給付と同様に，認定を受ける必要がある（表10-1）。子育てのための

施設等利用給付の認定区分は，新1号認定（満3歳以上の小学校就学前の子どもであって，新2号認定ならびに新3号認定以外の者），新2号認定（満3歳に達する日以後，最初の3月31日を経過した小学校就学前の子どもであって，保護者の就労や疾病などの事由により，家庭において必要な保育を受けることが困難な者），新3号認定（満3歳に達する日以後，最初の3月31日までの間にある小学校就学前の子どもであって，保護者の就労や疾病などの事由により，家庭において必要な保育を受けることが困難な者のうち，保護者や同一世帯員が市町村民税世帯非課税者である者）の3つに区分される。認定されると，新1号認定の場合は幼稚園や特別支援学校の幼稚部，新2号認定や新3号認定の場合は認定こども園や幼稚園認可外保育施設などの利用希望の申し込みができる。

次に，地域子ども・子育て支援事業は，①利用者支援事業，②地域子育て支援拠点事業，③妊婦健康診査，④乳児家庭全戸訪問事業，⑤養育支援訪問事業・子どもを守る地域ネットワーク機能強化事業（その他要保護児童等の支援に資する事業），⑥子育て短期支援事業，⑦子育て援助活動支援事業（ファミリー・サポート・センター事業），⑧一時預かり事業，⑨延長保育事業，⑩病児保育事業，⑪放課後児童クラブ（放課後児童健全育成事業），⑫実費徴収に係る補足給付を行う事業，⑬多様な事業者の参入促進・能力活用事業の13事業が定められた（詳細は第6章2参照）。これらは，市町村が主体となり，地域の実情に応じて実施することとしている。

次に，国が主体となる事業は仕事・子育て両立支援事業がある。仕事・子育て両立支援事業には，企業主導型保育事業と企業主導型ベビーシッター事業がある。これらは子ども・子育て支援の提供体制の充実を目的としており，仕事と子育ての両立のために従業員の働き方に応じた柔軟な保育サービスを提供できるよう，運営費用助成を行う事業である。

（3）次世代育成支援と子ども・子育て支援新制度にかかわる展望と課題

子ども・子育て支援新制度では，市町村が実施主体となり，地域の実情に応じた子ども・子育て支援の充実が目指されている。各市町村は地域のニーズに

基づき子ども・子育て支援事業計画を策定し，給付・事業を実施している。2015（平成27）年度より第1期が開始され，2020（令和2）年度より，第2期が開始された。

　子ども・子育て支援事業計画策定にあたり，地域によって保育サービスの必要性が異なることから，各市町村が実施する地域のニーズが重要となる。しかし，各市町村は地域のニーズに応じて量の見込みを算出しているものの，計画が達成できていない実態も浮かび上がっている。例えば，都市部における待機児童数は2020（令和2）年4月1日時点で1万2,439人となっている。前年より4,333人減少したものの，待機児童が0にはなっていない。このことは，ニーズ推計に課題を抱えていると考えられる。ニーズの推計には，労働市場の状況，祖父母の状況，保護者の意識など，様々な条件を推定しなければならないが，実際には正確にニーズを把握するのは限界がある。実際に，2020（令和2）年4月1日時点で保育所等を利用する児童の数は274万人であり，前年より5万8,000人増加しているがこういった点までも見通したニーズ調査が求められるのである。地域の実情に応じた子ども・子育て支援の充実のために，保育サービスの必要量を正確に推定するとともに，過小な保育ニーズ推計にならないようにしていくことが求められるであろう。同時に，保育サービスの量を増やしても，その担い手がいなければサービスを提供することができない。2015年に打ち出された保育士確保プランや潜在保育士の掘り起こしなど，保育の担い手の問題に対する解決とともに，保育の担い手における保育の質の担保を同時に検討していくことが今後の課題であろう。

2　地域ネットワークと要保護児童対策地域協議会

（1）要保護児童対策協議会の歴史的変遷

　要保護児童対策地域協議会（子どもを守る地域ネットワーク）（以下，要対協）の設置及び運営に関する経過は，児童虐待の防止等に関する法律（以下，児童虐待防止法）の制定から法改正に至る過程と歩を同じくしているので，その成立

過程及び，成立後の見直し（法改正）から説明する。

　時代は遡るが，1933（昭和8）年に制定された旧児童虐待防止法があった。同法の規定はその時代背景を反映させたもので，14歳未満の労働（物乞いや酌婦等）に関する禁止，若しくは制限を課するものであったが，1947（昭和22）年12月31日に廃止され，その役割は児童福祉法に引き継がれていくことになる。しかし，「児童虐待とは何か」（定義）については，児童虐待防止法の成立まで長らくの間，曖昧なままであった。そして，「厚生労働省が，1990（平成2）年度より児童相談所における児童虐待対応件数を発表しはじめたその年，日本初の児童虐待を防止するための民間団体（現・認定NPO法人児童虐待防止協会）が創設され，それから10年経った2000（平成12）年，児童虐待防止法が成立した」[3]。

　この児童虐待防止法において，児童虐待（児童虐待防止法第2条）を，身体的虐待・性的虐待・ネグレクト・心理的虐待の4種類と定義し，被虐待児童等（非行児童を含む）の早期発見・支援という観点から，住民の通告義務が課されることになった。その後，2004（平成16）年に1度目の改正をした時点で要対協は，市町村における設置が努力義務ではあるが法定化されることになった。この改正によって，地域住民による通告義務が「虐待を受けたと思われる場合」も対象となり，市町村（福祉事務所）は，要保護児童の第一義的に相談対応する通告先となり，役割が明確化されたのである。

　この法改正以降，要対協の設置は進み，2008（平成20）年4月1日現在，1,532市町村に設置され，進捗率84.6%である。その後も要対協の設置運営が進み，2017（平成29）年度4月1日現在，1,735市町村，進捗率は99.7%である（4町・2村未設置）[4]。さらに，2008（平成20）年の児童福祉法の一部改正により，要対協の機能強化が図られ，協議対象が要支援児童や特定妊婦にまで拡大した。こうした度重なる法改正の背景には，潜在化する要保護児童等とその世帯を要対協に関係する機関及び地域住民等が，いかにして早期に発見し，適切に対応していくかという問題がある。児童相談所における児童虐待対応件数の増加だけを注視しても，今後とも，要保護児童・要支援児童・特定妊婦は，量的に拡大することが予想されるからである。

　この間の児童相談所における児童虐待対応件数の推移を見てみると，「1990（平成2）年度，1,101件であったが，児童虐待防止法が成立した2000（平成12）年度，17,725件，要対協の設置が努力義務化された2004（平成16）年度，33,408件[4]」と急増していく。因みに，2019（令和元）年度には，19万3,780件（速報値）となり，要保護児童問題は深刻度が加速している。

　このように児童虐待の通告が増加する中，わが国は，2016（平成28）年に，児童福祉法の改正に踏み切った。これは1947（昭和22）に児童福祉法を公布した当初の戦災孤児対策としての施設収容型の保護パラダイムを抜本的に改正するものである。権利の主体が子どもにあるということ，そして子どもの最善の利益を保障するという国及び地方自治体並びに保護者の役割が明確化された。さらに，体罰禁止及び体罰によらない子育て等の推進（しつけと称した体罰の禁止）について，児童虐待防止法と児童福祉法の改正案を閣議決定（2019〔平成31〕年3月19日）し，同年6月19日には参院本会議において全会一致で可決・成立に至り，2020（令和2）年4月より施行された。

　今後，要対協に関係する諸機関はもとより，国民自らが躊躇うことなく通告できる仕組みを作り，要保護児童等に早期対応することが必要である。

（2）子どもを守る地域ネットワークの役割

　要対協は，子どもを守る地域ネットワーク（以下，地域ネットワーク）のことである。そもそも，ネットワークとは人と人，あるいは機関と機関等の繋がりを意味するのであり，人や機関による情報交換が行える場と考えて差し支えない。地域ネットワークは，その網の目（縦軸と横軸）が緊密に張られ，網の目の大きさが均一であることが求められる。網の目（縦軸と横軸）には大きく分けて3つあり，①通告先と通告元，②行政と民間（フォーマルとインフォーマル），③「熱い胸と冷たい頭」[5]（「対象者に近い視点」と「対象者を含む個別ケース全体を俯瞰した視点」）である。

1）通告先と通告元

　要保護児童等の通告先は児童相談所であったが，児童虐待防止法を2004（平

成16）年に改正した時，市町村（福祉事務所）が第一義的な通告先としての役割の明確化が図られた。

通告元は，「児童養護施設・乳児院・保育所・幼稚園・認定こども園・学校（教育委員会）・病院等（医師会や歯科医師会）・司法機関（弁護士会）・児童委員・児童家庭支援センター・里親支援機関・NPO・その他（自治体）(6)」であり，当然のことであるが，地域住民も含まれるのである。また，通告先である児童相談所と市町村（福祉事務所）においては，双方向に通告先であり通告元という関係にある。

通告元は，現に要保護児童に関する個別ケースと何らかのかたちで接触しており，まさにリアル（臨場感のあるエピソード）な通告であり，それぞれの機関が持つ専門性をフィルターにして，要保護児童の発見に努めている。個別のケースについて通告元が単一の場合と複数の場合が存在するが，通告先はいずれの場合においても真摯に個別ケースと向き合い，要対協の実務者会議等において，個別ケース検討会議の開催の可否について検討することとなる。

これらの一連の流れは，通告元と通告先を縦軸と横軸として緊密に織り込まれることが求められるのである。

２）行政と民間（フォーマルとインフォーマル）

行政と民間の大きな違いは，報酬の有無であり，行政は職務としての役割が明確であるのに対して，民間は無報酬でありボランタリーな要素を多分に含んでいる。ここで，筆者の働いていた児童養護施設において，ひとり親（母）家庭の親子関係を再構築した上で，家族を再統合した事例を紹介する。

8歳女児・4歳男児の家庭引き取りについて，母親が深夜の飲食店勤めで，夜間，養育者が不在であることから，施設としては，時期尚早との意見を持っていたのであるが，児童相談所は，4歳男児の保育所入所も決定しており，そもそもの措置理由が，母就労による施設入所であり，児童虐待による入所ではないことから引き取りを認める判断をしたのである。この事例に関しては，施設側から家庭引き取り前から要対協における個別ケース検討会議での検討を強く要請し，開始に至ったのであった。

　個別ケース検討会議では，措置権は児童相談所の持つ権限であり，引き取りの判断の是非については要対協の権限ではないが，時期尚早ではないか，また母親への転職（昼間勤務が可能な職場）に対する勧奨の必要性の有無，４歳男児の保育所入所後の支援などについて検討がなされた。

　施設としては，子どもたちの夜の見守りが可能な社会資源はないかと考え，当該地域のリサーチをするが，行政サービスでは見つからなかったため，母親の了解を得て賃貸マンションのオーナーに相談したのであった。

　オーナー夫婦は，賃貸マンションの１階に居住しており，自らの子育てを終えていたことから，子どもたちは夜間，オーナー宅で生活することになった。子どもたちも，オーナー夫婦も大変喜んでおり，母親の心配もなくなったのである。この個別ケースのように，民間のインフォーマルな社会資源が見守ることも少なくないと考える。この個別ケースのその後の見守りのキーパーソンは，オーナー夫婦となったが，予後経過は良好である。これらの一連の流れは，行政（フォーマル）と民間（インフォーマル）を縦軸と横軸として緊密に織り込まれることが求められるのである。

３）熱い胸と冷たい頭

　「熱い胸と冷たい頭」とは，「対象者により近い視点」と「対象者を含む個別ケース全体を俯瞰した視点」を意味する。「熱い胸と冷たい頭」は，イギリスの経済学者アルフレッド・マーシャルが提唱し，一番ヶ瀬康子が日本の社会福祉関係に広めたことばである。この考えは，子どもを守る地域ネットワークという組織全体として共有し，常に念頭に置くことが必要である。個別ケースの通告元や近隣住民は「対象者により近い視点」で接しており，その「熱い胸」に十分傾聴し，「冷たい頭」で問題解決していくことが喫緊の課題である。

　しかし，子どもを守る地域ネットワークという組織としては，「対象者を含む，個別ケース全体を俯瞰した視点」を持った対応が求められるのではないだろうか。この両者間のバランスを欠くことなく個別ケースに対応するためには，実際の個別ケース検討会に参加する各々に，要保護児童等に対する健全育成及び児童の最善の利益追求という，熱い思い（胸）を持ちながらも，あらゆる局

面においての冷静な判断（頭）が要求されると考える。このことを，組織全体で共有し，立場の違いからの視点のズレを認識することで，責任の押し付け合いが払拭され，円滑な要対協運営が可能になるのである。

（3）事例にみる要保護児童対策地域協議会の課題

　本項では，筆者の経験した個別ケースから要対協の課題について取り上げる。筆者の働いていた社会福祉法人は，乳児院と児童養護施設を併設している。新生児で同法人の乳児院に入所した子どもの措置理由は，若年夫婦で養育能力が低く，小学校へ入学するまで預かって欲しいとのことであった。両親による乳幼児期の面会状況は，本児が0歳の時に6回と定期的にあったが，1歳の時に3回，2歳以降は3歳の時に1回のみで音信不通状態が続いたのである。

　しかし，幼稚園の年長（5歳児）になった秋頃から，頻繁に連絡があり面会も繰り返し行われた。父親は，実家（遠方の地方都市）の跡継ぎ（寺の住職）であり，両親が実家に戻るタイミングで引き取りたいとの希望であった。両親宅への外泊経験も無いままの引き取り希望であったが，虐待による入所でないとの児童相談所の判断から措置解除が決定した。

　施設側としては，養育経験の全くない両親の引き取りに対しての不安から，また引き取り先が遠方であるため，児童相談所に対して，当該県の児童相談所及び市町村に設置されている要対協への情報提供を強く要望したが，両親への当該地域の一般的な子育て支援資源の情報提供にとどめたのである。不安の強い施設側は，引き取り先は遠方ではあったが担当職員に出張してもらい，当該県にある児童家庭支援センターに情報提供した。両親宅への家庭訪問も実施し，子どもとの面会も実現し，元気そうであることを確認できたことで，施設職員一同，ホッと胸をなで下ろしたことを覚えている。

　しかしながら，児童家庭支援センターがこの個別ケースについて，当該県の児童相談所へ状況確認したが，情報なしとの返答であったとのことである。その後，懸念していた予想が的中し，措置解除から約半年経過した秋，地方新聞に当該児童に対する身体的虐待による父親逮捕が掲載されるに至るのである。

　このことから，要対協の課題として挙げられることは，他の市町村への転居に際してのリスクについて，転居元の児童相談所のみで対応していることである。今日では，児童相談所設置の自治体及び全市町村で情報共有する方向であるが，情報提供元と情報提供先に専門性の違いがある場合は，共通のリスクアセスメントシートで共有するにしても，その読み込み等に情報提供元と情報提供先に齟齬が生じるなど心配な部分が少なくない。また，全ての個別ケースに関して転居元と転居先の関係者で対面による引き継ぎがなされるかと言えば，困難を極めることから，今後はオンラインでの打ち合わせの可能性などについて，検討が必要であると思われる。

注

⑴　内閣府『子ども・子育て支援新制度について（令和2年10月）』2020年，4-5頁。

⑵　厚生労働省「保育所等関連状況取りまとめ（令和2年4月1日）及び「子育て安心プラン」集計結果を公表（令和2年9月4日）」。

⑶　小川恭子・坂本健編著『実践に活かす社会的養護Ⅰ』ミネルヴァ書房，2020年，207頁。

⑷　厚生労働省「2．要保護児童対策地域協議会の設置運営状況調査結果の概要」（https://www.mhlw.go.jp/content/11900000/000349526.pdf，2020年2月11日アクセス）。

⑸　一番ヶ瀬康子『社会福祉の道』風媒社，1972年，57頁。

⑹　厚生労働省「児童虐待の定義と現状」（https://www.mhlw.go.jp/seisakunitsuite/bunya/kodomo/.../dv/about.html，2020年2月11日アクセス）。

参考文献

・第1節
内閣府『少子化社会対策白書　令和2年版』日経印刷，2020年。
・第2節
金子恵美編集代表『要保護児童対策調整機関専門職研修テキスト──参考文献基礎自治体職員向け』明石書店，2019年。

索　引

著者紹介 （所属，分担，執筆順，＊は編者）

普光院 亜紀 （保育園を考える親の会代表・浦和大学講師：第1章1）

加藤 直子 （東京家政学院大学非常勤講師・日本女子大学学術研究員：第1章2・第5章1）

兎澤 聖 （尚絅学院大学総合人間学系心理・教育学群子ども学類専任講師：第2章）

原田 旬哉 （園田学園女子大学人間教育学部准教授：第3章）

＊佐久間美智雄 （編著者紹介参照：第4章1・2）

＊坂本 健 （編著者紹介参照：第4章3）

久利 要子 （新渡戸文化短期大学非常勤講師：第5章2）

鎮 朋子 （梅花女子大学心理こども学部准教授：第6章1・第9章2）

野澤 義隆 （東京未来大学子ども心理学部専任講師：第6章2・第10章1）

佐藤 千晶 （昭和女子大学人間社会学部専任講師：第6章3）

阿南 健太郎 （元・児童健全育成推進財団総務部長：第6章4）

小川 恭子 （藤女子大学人間生活学部教授：第7章1）

髙橋 美帆 （いずみ寮副主任支援員：第7章2）

齋藤 信哉 （国立障害者リハビリテーションセンター学院児童指導員科主任教官：第8章1）

佐々木 誠二 （宮城県さわらび学園技術主査：第8章2）

長沼 豊 （元・児童福祉施設指導員：第8章3）

上出 香波 （明星大学教育学部特任准教授：第8章4）

小館 貴幸 （立正大学非常勤講師：第8章5）

齋藤 弘美 （大洋社常務理事：第9章1）

堀井 遥奈 （放課後等デイサービス TEENS 児童指導員：第9章3）

木塚 勝豊 （大谷大学教育学部准教授：第10章2）

編著者紹介

佐久間美智雄（さくま・みちお）

　東洋大学大学院社会学研究科社会福祉学専攻博士後期課程満期退学。
　現　在　東北文教大学短期大学部子ども学科教授。
　主　著　『社会的養護』（共著）全国社会福祉協議会，2011年。
　　　　　『保育者のための教育と福祉の事典』（共著）建帛社，2012年。
　　　　　『実践に活かす社会的養護Ⅰ』（共著）ミネルヴァ書房，2020年。

坂本　健（さかもと・たけし）

　東洋大学大学院社会学研究科社会福祉学専攻博士後期課程満期退学。
　現　在　白百合女子大学人間総合学部教授。
　主　著　『児童相談援助活動の実際』（編著）ミネルヴァ書房，2002年。
　　　　　『保育者のための児童福祉論』（共著）樹村房，2008年。
　　　　　『子どもの社会的養護』（編著）大学図書出版，2011年。

シリーズ・保育の基礎を学ぶ②
実践に活かす子ども家庭福祉

2021年3月30日　初版第1刷発行　　　　　〈検印省略〉

定価はカバーに
表示しています

編 著 者	佐久間　美智雄
	坂　本　　　健
発 行 者	杉　田　啓　三
印 刷 者	中　村　勝　弘

発 行 所　株式会社　ミネルヴァ書房
607-8494　京都市山科区日ノ岡堤谷町1
電話代表（075）581-5191
振替口座　01020-0-8076

© 佐久間・坂本ほか，2021　　　　中村印刷・藤沢製本

ISBN978-4-623-08920-8

Printed in Japan

シリーズ・保育の基礎を学ぶ

全7巻（＊は既刊）

A5判・並製カバー・各巻平均250頁

──────── ミネルヴァ書房 ────────

https://www.minervashobo.co.jp/